Hubert Wisskirchen · Die Wiederentdeckung des schöpferischen Lernens

Hubert Wisskirchen

Die Wiederentdeckung des schöpferischen Lernens

Schönbergers
Verlag

Umschlagabbildung: Roman Haller, »Vermählung von Natur und Technik«
Umschlaggestaltung: Bine Cordes, Weyarn
Lektorat: Bücherwerkstatt Peter Bramböck, München
Satz: AdLitteras, Gauting
Druck und Bindung: Franz Spiegel Buch GmbH, Ulm
Printed in Germany
ISBN 3-89114-019-3

Dieses Buch widme ich allen Menschen,
die auf der Suche nach einem neuen Sinn
von Schule – von Leben schlechthin – sind.

Inhalt

Vorwort

Wer dieses Buch zur Hand nimmt, um darin zu lesen, besitzt eine Fähigkeit, die er lernend erworben hat. Er beherrscht die Kunst des Lesens. Fragen wir, wo diese Eigenschaft ausgebildet wurde, werden wir mit aller Wahrscheinlichkeit an einen Ort zurückgeführt, der Schule heißt. Sie war es auch, die uns weitere Fertigkeiten und Kenntnisse wie etwa Schreiben, Rechnen, Geschichts- und Geographiewissen vermittelte. Wir können folglich sagen, daß ein nicht unbeträchtlicher Teil unserer sogenannten ›Kulturtechniken‹ ihren Ursprung und die weitere Ausformung in der Schule fanden. Ein bestimmter Teil unseres heutigen Wissens und Könnens basiert somit primär auf Lernprozessen, die von einer wie auch immer gearteten Lernanstalt geprägt wurden. Wer erinnert sich nicht an den Ausspruch: »Nicht für die Schule, sondern für das Leben lernen wir!« Ist es jedoch wirklich so, daß uns die Schule ›für das Leben‹ vorbereitete, damit wir es als ein lebendiges, freudiges, tüchtiges, ganzheitliches erkennen und weitergestalten konnten? Und trifft diese Frage nicht in gleicher Weise auf die jetzige Generation – auf alle nachfolgenden Generationen – junger Menschen zu?

Auf was legt die Schule *heute* Wert? Welche Sinninhalte stehen zur Vermittlung an? Zweifelsohne bewirkt sie zunächst das, was man seit ihren Anfängen zu einem kulturellen Leben zu benötigen scheint: Lesen, Schreiben, Rechnen und einige andere Dinge mehr. Darüber hinaus versucht sie dem Kind, je nach weiterführender Schulbildung, das beizubringen, was man allgemein unter dem Begriff ›Bildung‹ versteht. Dem heutigen jungen

Menschen steht in den Industriegesellschaften ein nahezu perfekt organisiertes Schulsystem zur Auswahl, das ihm den Erwerb verschiedener Bildungsgrade anbietet. So kann z. B. in der Bundesrepublik Deutschland der eine etwa eine mehr einfach-praktische Bildung in Form des qualifizierten Hauptschulabschlusses anstreben; ein anderer mag die humanistische oder naturwissenschaftliche Bildung durch den Gymnasialabschluß beabsichtigen und ein dritter eine technische oder kaufmännische Bildungsrichtung bevorzugen, die ihm durch Realschulen bzw. andere Fachschulen angeboten wird.

Nach wie vor gilt die Meinung, die Schulbildung sei maßgeblich daran beteiligt, wie weit und wie gut jemand ein ›erfolgreicher Mensch‹ werde. Dabei meint man seit jeher mit dem Wort ›Erfolg‹ hauptsächlich einen materiellen und statusmäßigen *äußeren* Wert. Es kann nicht von der Hand gewiesen werden, daß Kategorien wie Macht, Besitz, Wissen, Stellung – kurzum: positives Ansehen – nach wie vor von schulischen Bildungsgraden, von erfolgreich erworbenen Zertifikaten abhängig sind, ja, daß sie es heute mehr denn je zu sein scheinen. Selbst der ›Dümmste‹ oder Faulste mit gerade noch bestandenem Zeugnis ist ein ›Besserer‹ und ›Gebildeterer‹ als ein wirklich Kluger und Strebsamer ohne Zeugnis. Von wenigen Ausnahmen abgesehen, ist es so, daß ein bestimmter beruflicher, aber auch privater Status mit einer spezifischen (formalen) Schulbildung in Zusammenhang gesetzt wird.

Weniger interessant scheint dagegen die Frage zu sein, *wie* und *warum* – mit welchen tieferen Sinnhintergründen – bestimmte Bildungs- und Ausbildungsinhalte in Vergangenheit, Gegenwart und Zukunft von den Schulen gefordert und gelehrt werden. Nach dem Motto: ›Die Schulbehörden und Lehrer werden es schon wissen, warum dies und jenes in den Lehrplänen steht‹ wird gerade von den Eltern vieles hingenommen, was für das gegenwärtige wie künftige Leben des Kindes ganz und gar nicht von lebensumschließendem Sinn ist. Nicht selten triumphiert in den Schulen der Un-Sinn über den Sinn.

Werfen wir nur einen kurzen Blick auf die inneren geistigen Fähigkeiten, die neben der Erziehung in der Familie durch die Schulbildung im Kind heranreifen sollen, so stehen wir gerade in der heutigen Zeit vor einem orientierungsunsicheren, scheinliberalistischen, schwammigen und anonymen Torso. Immer weniger Schüler erkennen in der Schulbildung einen tieferen Sinn, der es ihnen ermöglicht, Freude, Engagement und Identifizierung (zumindest grundsätzlich) mit der Schule zu finden. Aus pragmatischer Einsicht wissen die Schüler zwar nach kurzer Zeit, daß es eben nötig ist, sich mit dem ›Moloch Schule‹ mehr schlecht als recht zu arrangieren. Doch das scheint zumeist schon alles zu sein. Fragt man ein Durchschnittskind, welche innere Befriedigung es aus der ›Veranstaltung Schule‹ zieht, zeigt sich irritierte Befangenheit. »Was soll ich schon viel anderes von ihr erwarten, außer dem Auswendiglernen von Wissensfakten und möglichst guten Noten? Ich brauche eben all dieses Zeug, um damit später hoffentlich eine gute Berufsausbildung zu erlangen!« Und so wundert es nicht, daß bei der Frage, welche kreativen Eigenschaften und Fähigkeiten die Schule des ausgehenden zweiten Jahrtausends im jungen Menschen schafft, die Antwort deprimierend ausfällt: Beim Schüler bleibt »kaum etwas von dem schulischen Archivwissen [...] hängen, kaum etwas bildet fürs sonstige Leben, und noch weniger ist für die Berufspraxis zu gebrauchen«, meint Joseph Huber, Autor des Buches »Die Regenbogen-Gesellschaft«.

Wie sehr es um den rapiden Motivations- und Vertrauensabfall der Schule bestellt ist, belegt eine wissenschaftliche Studie des Frankfurter Professors Allerbeck. Im Laufe der letzten 20 Jahre ist die schülerische Meinung von einer Schule, die man relativ gern besucht, von 75 Prozent auf 43 zurückgegangen, und die Tendenz ist weiter im Fallen begriffen (*Süddeutsche Zeitung* vom 3./4. 8. 1985). Bei der Frage nach der Schule als »Institution der Gerechtigkeit« sieht es noch viel schlimmer aus: Waren es bereits 1962 nur 36 Prozent der jungen Menschen, die aussagten, ihre Lehrer gingen gerecht mit ihnen um, so äußerten das 1983 nur noch 14 Prozent. Würden wir weitere Schulbeliebtheitsstatistiken heranziehen und dabei vor allem diejenigen zitieren, nach denen jährlich Tausende deutscher Schüler Selbstmordüberlegungen anstellen, weil sie die Schule als unüberwindbares und grausames Hindernis erleben, so käme ein noch weitaus deprimierenderes Bild zum Vorschein. Und das alles trotz der vor rund 15 Jahren erfolgten Bildungsreformen!

Wir sehen, daß auch – ja vielleicht gerade – die heutige Schule mit ihren Mitteln dem Schüler nur sehr bedingt einen kreativen und harmonischen Lebenssinn vermitteln kann, sondern ihm statt dessen hauptsächlich in abenteuerloser, abgestumpfter Art und Weise Lern- und Wissensfakten einimpft. Sie und ihre Lehrer haben es in kaum einer Hinsicht geschafft, zu einem generellen Hort vertrauensvoller positiver Autorität und Lebensorientierung zu werden. Damit trägt die Schule zu keiner konstruktiven Gelassenheit und Begeisterungsfähigkeit bei, welche Kopf *und* Herz des jungen Menschen ansprechen würde. Wo immer das Herz auf Kosten des Kopfes fortwährend einer Einschränkung unterliegt, wird der Mensch nie zum freudigen und sinnerfüllten Leben finden. Wie soll das auch entstehen, wenn man in einem jahrelangen eindimensionalen intellektuellen Lern- und Paukverfahren Tausende von Fakten hauptsächlich nur gehirnorganisch zu vernetzen hat? So verkörpern die momentanen Schulen ein Bild, das von vorgestern ist. Nach wie vor entsprechen sie in großem Umfang »zentralistisch-obrigkeitlichen Institutionen aus der Zeit des aufgeklärten Absolutismus« (Joseph Huber), und ihre heute propagierten Schlagworte Freiheit der Bildung und Gleichheit der Chancen sind in Wirklichkeit nichts weiter als Ergebnisse »bürokratiegeleiteter Einheitlichkeit« (Carl-Christian von Weizsäcker, zit. nach J. Huber).

Unser eingangs erwähnter Ausspruch »Nicht für die Schule, sondern für das Leben lernen wir!« ist auch insofern momentan nicht zutreffend, als die Schule für das Leben nur dann tauglich und gewissenhaft vorbereiten kann, sofern sie sich erst einmal selbst mit Lebenskraft und Geist ausstattet, um nicht nur das krampfhaft und theoretisch dem Schüler einzuüben, was immer sie von außen, von bestimmten gesellschaftlichen Kreisen, auferlegt bekommt: Übernahme und Einordnung sogenannter Sach-

und Verwirklichungszwänge ökonomisch-technologischer wie ideologischer Herkunft.

Zu fast allen Zeiten besann sich die Schule zu wenig auf sich selber, auf den aus der Antike stammenden Auftrag, den Menschen zu einer Persönlichkeit im Sinne der Selbsterkenntnis zu erziehen, sondern mußte bzw. wollte das vollziehen, was man von außen her für die Aufrechterhaltung und Weiterentwicklung der jeweiligen Gesellschaftsordnung für wichtig und erstrebenswert befand. Insofern war und ist sie jeweils der verlängerte Arm einer bestimmten politisch-ideologischen Gesinnung mit der Absicht, im Kind dasjenige Gedanken-, Könnens- und Verhaltensgut möglichst widerspruchslos zu reproduzieren, das zur Aufrechterhaltung und Erweiterung hinterfragenswerter Worte wie ›Fortschritt‹, ›Zeitgeist‹ und ›Vernunft‹ geboten erscheint. Wie wir im späteren Verlauf sehen werden, spiegeln Vergangenheit und Gegenwart der Schule dies nur allzu deutlich wider. In Wahrheit diente und dient nicht das Individuum der eigentlichen Pflege und Höherentwicklung, sondern sein Gegenpol: das Kollektiv, der ›von oben‹ oder, wie man heute zu sagen pflegt, der durch ›Sachzwänge‹ möglichst gleichzuschaltende ›Herdenmensch‹ im Sinne des ›guten Bürgers‹.

Nach wie vor steht also nicht das offene Zulassen und Erlernen eigener Erfahrungen, Vertrauensbekundungen oder Widersprüche auf dem Programm der Schule des endenden 20. Jahrhunderts, sondern weit mehr das Vermeiden und Verdrängen davon. Es gehört zu den Widersinnigkeiten des Menschen, daß er seinen Geist weitaus mehr zur Aufrechterhaltung der *unreflektierten Anpassung* gebraucht als zur selbstkritischen Beleuchtung. Statt dessen stellt der Mensch, besonders heute, seinen begrenzten Intellekt dem Geist voran und schafft so das Weltbild eines einseitigen nackten Pragmatismus und extrem wissenschaftlichen Rationalismus, welches ihn am Fließen von Körper, Seele und Geist hindert. So kommt es nicht von ungefähr, daß die Suche nach dem pulsierenden Geist, den doch jede Schule dem Kind vermitteln sollte, in aller Regel negativ ausfällt. Er ist ebenso schwer auffindbar wie eine in den Heuhaufen geworfene Stecknadel. Dem menschlichen Geist wird somit die »Selbstbeobachtung und Selbstbespiegelung« (Viktor Frankl) durch ein schulisches Weltbild verweigert, das sich immer mehr zum blinden geistigen Fleck westlicher Gesellschaften entwickelt, denen es nicht mehr viel um die inneren Werte und sinngebenden Ausformungen ihrer Nachkommen zu gehen scheint. Die Schule als gesellschaftliches Aushängeschild ist hierzu ein markantes Beispiel.

Als mein Verlag mit der Bitte an mich herantrat, über eine Schule zu schreiben, die dem jungen Menschen einen anderen Lebenssinn vermittelt als heute, erfüllte sich ein länger gehegter Wunsch in mir. Seit Jahren beschäftige ich mich mit der Frage, wie es möglich ist, die Schule derart neu zu gestalten, daß sie Schülern, Lehrern und Eltern grundsätzlich mehr Freude, Faszination und Partnerschaft ermöglicht, ohne deshalb unter ihrem legitimen Auftrag zu leiden, Wissens- und Könnensfakten in den Hintergrund zu drängen. Wie soll diese Art von Schule und geistiger Bildung aussehen? Und welche Lehrerpersönlichkeiten benötigt man dazu? Sicherlich ist es zunächst so, wie Mahatma Gandhi bemerkte, »daß man Bildung des Geistes nicht durch Bücher vermitteln kann. Ebenso wie körperliche Ausbildung durch Leibesübung erfolgen muß, konnte die Bildung des Geistes nur durch die Übung des Geistes geschehen. Und die Übung des Geistes hing durchaus ab von Leben und Charakter des Lehrers« (Gandhi, *Handeln aus dem Geist*).

Als Dozent einer Fachakademie für Sozialpädagogik in München erlebe ich regelmäßig junge erwachsene Studierende, die mit einemmal Freude und Interesse am Lernen empfinden, weil sie sich einer Schule zugehörig wissen, die ihnen das ›Lebendige Lernen‹ anbietet. Man kann es als einen ganzheitlich orientierten Lernversuch begreifen, der durch Kopf *und* Hände, durch Denken *und* Fühlen zustande kommt. Leitziel ist die Persönlichkeitsbildung – das: »Mensch, erkenne dich selbst!« Fachliche wie persönliche Wissens- und Könnensvermittlung sowie deren möglichst unmittelbare Übertragbarkeit auf die menschlichen Empfindungen bilden den Hauptbestandteil des Dialoges Lehrer–Studierende, Studierende–Lehrer. Der Dialog ist weder durch nur intellektuelles Gerede gekennzeichnet noch durch dessen Gegenteil: durch nackt-instinktive Gefühlsausbrüche. Statt dessen ist es ein geistiges, um Verstehen und Verständnis bemühtes gemeinsames Lernen, das die Gegensätze im Auge hat und um deren Integration bemüht ist. Es besteht nicht in der weiteren Aufrechterhaltung und Zersplitterung menschlicher Gegensätze, sondern es zielt auf deren Überwindung im Zeichen der Synthese.

Spricht man mit den Studierenden über ihre vorherigen Schulerfahrungen, so zeigt sich, daß ihr schulischer Weg meist mit großen Enttäuschungen und Ängsten gepflastert war. Sie standen einem durchweg geistlosen anonymen Schulsystem gegenüber, das ihnen kaum etwas Nennenswertes zum kreativen Erlebnis werden ließ. Kein einziger der Studierenden ist mir bislang begegnet, der etwas konstant Erfreuliches über seine zurückliegende Schulzeit berichtet hätte. Zugleich fällt auf, daß niemand der von mir befragten Studierenden der Meinung anhing, die Schule an sich sei das damalige Übel der Unzufriedenheit gewesen; es war vielmehr die Art und Weise, *wie* sie sich als Anstalt des Lernens verstand. Mit anderen Worten: Den jungen Menschen scheint es nicht um die Existenzberechtigung der Schule als solcher zu gehen, sondern sie kritisieren ihre oft menschenverdummenden und unschöpferischen Lern- und Organisationssysteme, mit denen die Schule immer noch glaubt bzw. glauben machen will, Motivation, Wissensdurst und Lerneifer im Schüler zu erzeugen.

Aus alledem kann natürlich nichts Vernünftiges hervorgehen, solange die Schule der Ansicht ist, erfolgreiches Lernen und Leben bestünde hauptsächlich darin, möglichst viel theoretisches Wissen und Glänzen in die Gehirncomputer junger Menschen einzuspeichern. Wer immer solchen Vorstellungen anhängt, betreibt ›geistigen Raubbau‹ an sich entwickelnden Menschen und sollte mit Erziehung und Schule im eigentlichen Sinn des Wortes nichts zu schaffen haben. Leider ist dem überwiegend nicht so, und daraus ergibt sich der bedauernswerte Umstand, daß unsere Schulen mehr denn je Institutionen lernbürokratischen Unsinns gleichen statt Orten, an denen sich miteinander sinnerfüllt lernen und leben läßt.

Absicht dieses Buches ist es, den Leser zu neuen Entdeckungen und Bewußtseinsveränderungen zu führen. Es ist nicht nur für Eltern, Lehrer, Schule und Schüler geschrieben, sondern letztlich für alle, denen am Beispiel von Schule und Familie die konkrete Selbstveränderung mehr am Herzen liegt als der einseitige Ruf nach struktureller Veränderung von außen, durch die Gesellschaft.

Das Buch ist in vier Hauptabschnitte gegliedert. Im ersten Teil werden die geschichtlich-geistigen Anfänge, Begründungen und Weiterentwicklungen der Schule aufgezeigt. Dem Leser wird Existenz und Wirkkraft einiger Schulformen und Menschenbilder vor Augen geführt, die teilweise bis zum heutigen Tag von Einfluß und Bedeutung sind bzw. sein sollten.

Den zweiten Teil bestimmt die Auseinandersetzung mit dem Ist- und Soll-Zustand der gegenwärtigen Schule, mit der Frage nach der Persönlichkeit ihrer Lehrer sowie der Rolle und Verfassung ihres ›Partners‹ Familie. Hat nicht gerade die Familie maßgeblichen Anteil daran, wie gut oder wie schlecht die Schule arbeitet und in der Öffentlichkeit dasteht? Baut die Schule nicht wesentlich mit auf dem auf, was durch die Erziehung des Kindes in der Familie gesät wird? Und inwieweit kann man dann überhaupt noch davon sprechen, der Schule die Hauptschuld am Versagen ihrer Bildungs- und Ausbildungsinhalte zu geben? Sollten nicht beide Teile – Schule *und* Familie – zu einer ganz anderen Zusammenarbeit, zu einem partnerschaftlichen Miteinander, gelangen, und was steht dem im Moment entgegen?

Den dritten Teil bildet ein Elternratgeber, der zum einen Auskunft über eine ganze Reihe heute schon existierender Alternativschulen mitsamt deren Weltbildern und Methoden erteilt. Zum anderen werden nochmals thesenartig die wesentlichen Punkte herausgestellt, die für ein besseres erzieherisches Selbstverständnis von Eltern, Lehrern und Schule bedeutsam sind. Gerade sie spiegeln auch die Nahtstellen für ein neues verstehendes Miteinander der »Dreiheit« Eltern-Kind-Schule wider.

Schließlich befaßt sich der vierte Teil mit dem Modell der Neuen Schule, die nicht zufällig den Namen Sokrates-Schule trägt. In ihren Grundzügen basiert sie auf dem Gedankengut Sokrates', auf dem geistigen Menschenbild der klassischen Antike, einer Erziehung und Bildung von Körper, Seele und Geist. Ziel der Neuen Schule ist es, den Schüler nicht sozial, psychisch, leistungsmäßig und schulorganisatorisch zu ›spalten‹, sondern ihn in der Ganzheit seiner Person, in seinen ›guten‹ *und* ›schlechten‹ Anteilen anzunehmen, zu verstehen und mit Kopf *und* Herz zu fördern. In ihr Wirken bezieht sie die aktive Mitarbeit der Eltern als Selbstverständlichkeit ein. Sie ist mit ein Kernstück der Neuen Schule.

Auf einen kurzen Nenner gebracht: Parallel zur allgemeinen Wissensvermittlung ist das Weltbild der Neuen Schule ein zutiefst hinter die Dinge und Zusammenhänge blickendes, ein metaphysisches, das dem Schüler einen Rückbezug zu sich selbst und dem Leben gegenüber vermittelt. Er soll zu der Erkenntnis gelangen, daß alles in Welt und Kosmos miteinander in Zusammenhang steht, d. h. alles sich gegenseitig bedingt und ergänzt, daß im Kleinen (im Samenkorn) bereits das Große (der Baum oder der Mensch) und im Großen wiederum das Kleine zu finden ist. Und daß hierzu neben aller wissenschaftlichen Logik und Machbarkeit der Glaube an ein anderweitig Höheres nötig ist, welches letztlich alle menschliche intellektuelle Vernunft und Vorstellungskraft übersteigt.

Die Neue Schule ist keinesfalls ein Ort isolierter Weltentrücktheit im Sinne von Feindschaft gegenüber Wissenschaft und Technologie. Sie will den Schüler nicht dazu aufrufen, durch ›Anlegen des Lendenschurzes‹ zur angeblich ach so friedfertigen und harmonischen ›Naturgesellschaft‹ zurückzukehren, in der alles paradiesisch-glücklich erschien. Im Gegenteil: Die Neue Schule erblickt in der modernen wissenschaftlichen Welt das Resultat menschlicher Schaffenskraft und Evolution, das jedoch dem Menschen aus den Händen zu gleiten droht, weil er sich dabei immer mehr selber im Wege steht, indem er seinem Forschen, Lernen und Handeln keinen tieferen Sinn und Inhalt zuordnet. Und somit ist es richtig, zu sagen, daß die Neue Schule Schülern und Eltern darin beisteht, wie man mit Menschen und Dingen, vor allem aber mit sich selber, sinn- und ganzheitsorientiert umgehen kann, damit sie einen nicht über kurz oder lang zum Sklaven eigener uneinlösbarer Ansprüche, Wünsche und Hoffnungen machen.

Der Neuen Schule ist bewußt, daß sie ihre Inhalte dem Schüler weder durch eine laxe und autoritätslose ›Tu-was-du-willst-Haltung‹ noch durch eine autoritär-gefühlskalte ›Du-mußt-Einstellung‹ vermitteln kann. Kein Mensch wird auf Dauer zu einer selbstverantwortlichen Persönlichkeit heranreifen, wenn er fortwährend nach dem Lust- und Spaßprinzip verfahren kann oder stets der ›von oben‹ gelenkten Law-and-Order-Pflicht nachkommen muß. Aus diesem Grund stellt die Neue Schule zunächst jedem Lehrer die Bedingung, erst einmal selber eine Persönlichkeit zu verkörpern, die aus ihrer zentralen Mitte heraus entspringt, um sie dann auf junge Menschen übertragen zu können. Im Sinne der Neuen Schule bedeutet Persönlichkeit immer auch zugleich positive Autorität. Ihre Eigenschaften sind Vorbildcharakter, offenes Vertrauen und verstehende Liebe im Sinne von Gewährenlassen, aber auch von Klare-Grenzen-Setzen. Sie sind das Stützkorsett jeder echten Erziehung und Bildung, die tatsächlich beabsichtigt, den jungen Menschen ernst zu nehmen, und ihn bei seiner Lebens- und Sinnfindung orientierend unterstützt.

Dem Autor steht es fern, mit dem Schulsystem von gestern und heute ›abzurechnen‹, was jedoch nicht bedeutet, daß er dessen Mißstände nicht unverblümt aufzudecken bereit ist. Vielmehr ist er darum bemüht gewesen, beim Leser Verständnis dafür zu gewinnen, warum es gerade heute mehr als krank darniederliegt. Dem ›Patienten‹ Schule ist nicht damit zur Wiedergesundung zu verhelfen, daß man ihm noch zusätzlich lieblos die Fehler vorhält, die ihn krank werden ließen. Statt dessen wird um ein neues Selbstverständnis geworben, das der Schule vor allem den *verstehenden Weg in die Herzen* ihrer Schüler weist. Mit anderen Worten: Es geht weit mehr um die Frage, wie wir zu einer sinnbezogenen Neuen Schule kommen, die ihr Handeln nicht ursächlich auf nackte Intelligenz, ›Sachlichkeit‹ und Bürokratisierung ausrichtet, sondern einer herzlichen Bildung im Sinne von Liebe und Vertrauen die nötige Beachtung schenkt. Aus diesem Grunde will das Buch nicht in erster Linie objektiv-wissenschaftlich sein, sondern ›nur‹ menschlich-schöpferisch. Sein Anspruch mißt sich am Wesen der humanen Vernunft, der »Logik des Herzens« (Pascal), deren Absicht Synthese der Polaritäten, Vereinigung und Erkenntnis der Gegensätze lautet. Es soll all denjenigen Hilfe und Selbsthilfe sein, die den Glauben an den persönlichen Einsatz für eine lebens- und menschenfreudige Schule noch nicht aufgegeben haben.

Erster Teil

Die Ur-Anfänge der Schule und ihre Entwicklungen bis zur Mitte des 20. Jahrhunderts

»Die Geschichte von Erziehung und Schule ist voll menschlicher Irrtümer, Greueltaten und Selbstanmaßungen. In ihr finden wir aber auch die tiefsten geistigen Ideen und Praktiken der Menschheit.

Des Menschen Tragödie besteht bis zum heutigen Tag nur darin, letztere nicht verwirklicht zu haben. Wir benötigen deshalb keine neuen humanen Ideen, sondern nur neue Menschen, die sie durch Bewußtwerdung *anderer* Schul- und Lebensphilosophien in die Tat umsetzen.« (Hubert Wisskirchen)

Die Gesellschaft der Primitiven – Ort ohne Schule

Bei den Nachforschungen darüber, wo und wann wir erstmals auf den Begriff ›Schule‹ stoßen, werden wir gewahr, daß es ihn in den Urgesellschaften der Menschheit nicht gibt. Man ist geneigt, menschliche Gemeinschaften, die weder Schulen noch schulähnliche Systeme aufweisen, als primitiv, ungebildet und inhuman zu etikettieren. Aus unserem heutigen Blickwinkel betrachtet, scheint diese Art von Vorurteil zum normalen gesellschaftlichen Denken zu gehören. Der Durchschnittsbürger bemüht sich wenig, die Frage zu stellen, inwieweit eine Gesellschaft ohne Existenz einer Schule nicht ähnlich zivilisiert, human und zufrieden-sinnhaft gelebt haben könnte wie wir, ja, ob sie nicht womöglich menschlicher, zwangloser und ganzheitlicher gewesen ist.

In der Gegenwart ist es praktisch nicht denkbar, sich eine schullose Situation vorzustellen. Wenngleich sich unsere Kinder eine solche Situation in aller Regel gut vor Augen halten können, sie sich sogar nicht selten herbeisehnen, betrachten wir Erwachsenen das anders. Für uns bedeutet Schule zumeist das privat wie beruflich erfolgreiche oder nicht erfolgreiche ›Tor zum Leben‹. Schon aus diesem Grund ist die schulische Bildung, welche die erwachsene Generation für ihre Nachkommenschaft institutionell eingerichtet hat, von alternativlosem Interesse. Sie ist vielmehr das, was jeder zivilisierte Mensch neben der Familie für sein Leben unweigerlich zu benötigen scheint. Gemessen an der kulturellen Realität, ist diese Einsicht seit mehreren Generationen von essentieller Wichtigkeit. Deshalb existiert auch in allen sogenannten zivilisierten Ländern der Welt, ungeachtet ihrer unterschiedlichen Ideologien und Staatsformen, die Schulpflicht. Kein annähernd ›vernünftiger‹ Zeitgenosse käme auf die Idee, sie grundsätzlich in ihrer Existenz zu hinterfragen; keinem Politiker, der die nächsten Wahlen gut überstehen möchte, und keinem Lehrerverband, der sich bei der Gesellschaft ein pädagogisches Gehör zu verschaffen wünscht, käme es in den Sinn, ernsthaft für die Abschaffung der Schule zu plädieren. Viel lieber bemüht man sich da schon um die weitere Aufrechterhaltung, Humanisierung, Differenzierung, Bürokratisierung und Aufblähung der Schule.

Bevor wir auf die historisch gewachsenen Inhalte und Formen diverser Schularten und -vorstellungen stoßen, erfolgt zunächst der Versuch, in die schullosen Gesellschaftszeiten zurückzugehen. Sie machen im Rahmen der gesamten Menschheitsgeschichte den überwältigend größten zeitlichen Teil unserer Evolution aus. Wir wissen kaum Konkretes über die damaligen Denk- und Lebensweisen unserer Ur-Ahnen. Neben wenigen archäologischen Funden sind wir letztlich mehr auf Vermutungen als auf reale Fakten angewiesen. Das hat seinen Grund darin, daß der damalige Mensch noch nicht über das Werkzeug der Schrift verfügte. Exakt das ist der entscheidende Punkt dafür, warum wir Heutigen dazu neigen, unsere Vorfahren mit dem Prädikat ›primitiv‹ zu versehen. Nach unserem Glauben beruht die primitive menschliche Existenz auf dem Nichtvorhandensein der Schrift, dem mangelnden Gedächtnis und der unfertigen Sprache sowie auf der Fixierung auf die Begriffe Ursprünglichkeit, Naturnahheit, Magie und Mythos.

Alles, was der frühgeschichtliche Mensch seinen Nachkommen lernen und lehren will, gibt er im unmittelbaren Kontakt, in verbal undifferenzierter wie bildnerischer Gestalt weiter – im ›Learning by doing‹, würde man heute sagen. Hierbei dient das Leben und Wirken der Natur als primärer Lehrmeister. Mit ihr im Gleichgewicht zu sein, d. h. ihr sinnhaftes wie dämonisches Wirken analog auf das menschliche Dasein zu übertragen, ist das kardinale Bestreben des damaligen Menschen. Der Natur ehrfürchtig zu dienen, sie aber zugleich auch entdecken und erforschen zu wollen, darin liegt das primäre Anliegen des Ur-Menschen. Jenes Ziel gilt es auf die Kinder zu übertragen, damit sie in gleicher Weise im praktischen Alltag die Wert- und Normvorstellungen anwenden. Der Ort des Lernens ist die Familie bzw. der familienähnliche Clan. Hier gibt der Frühmensch seine Kenntnisse, Fertigkeiten und Überlegungen, die mit einem übergroßen magischen Verständnis einhergehen, an die Nachkommen weiter. In der von kastenmäßiger Abkapselung geprägten Vor-Familienwelt versucht man, den Kampf ums Dasein gegenüber der äußeren Natur mit ihren Unwägbarkeiten zu bestehen. »110 000 Jahre vor unserer Zeit« beginnt der »früheste Mensch unserer Art« (Veit Valentin) mit seinem Clan als Nichtseßhafter von Höhle zu Höhle zu ziehen, begreift sich als Jäger, Sammler oder Fischer. Erst mit der Entdeckung und Beherrschung des Feuers beginnt der eigentliche Durchbruch zur Seßhaftigkeit, erhebt sich der Mensch über das Tier und besinnt sich langsam darauf, ein intelligent-kulturelles Wesen zu werden.

Der allein dem Menschen eigentümliche Begriff der Arbeit als Produktion von Werkzeugen und anderen nützlichen Dingen rückt mehr und mehr ins Blickfeld. Mit ihr einhergehend entstehen die ersten verbindlichen gesellschaftlichen Stammes- und Familienordnungen, begründen sich die bewußten Anfänge einer geregelten Sprache sowie die Möglichkeit und der Drang, die Nachkommenschaft zu (gleichwertigen) Mitgliedern der Lebensgemeinschaft zu machen, d. h. bewußt auf sie einzuwirken, sie zu *erziehen*. So besteht z. B. eine der Aufgaben der Erziehung darin, daß die vom einzelnen erjagte Nahrung nicht gleich von ihm, seinem Trieb entsprechend, verkonsumiert oder egoistisch beiseite geschafft wird. Vielmehr kommt es primär darauf an, sie der Gemeinschaft zur Verfügung zu stellen, damit sie allen zur Sättigung dienen kann.

Spätestens mit dem Ausklingen der Eiszeit hat der primitive Mensch, »verängstigt, wie er war, von übermächtigen Gewalten der Natur bedroht und zur Selbstbehauptung erweckt, doch bereits ein religiöses und geistiges Leben entwickelt, urtümlich einfach, befangen isoliert und gebannt, aber voll persönlicher Kraft; schon kommen verabredete Verständigungszeichen bildhafter Natur vor« (Veit Valentin). Als Viehzüchter und Ackerbauer vollzieht der Frühmensch den göttlichen Auftrag, sich »die Erde untertan« zu machen. Noch immer findet man weit und breit keinen Hinweis darauf, daß die menschlichen Geschicke und Bedürfnisse einer schulähnlichen Situation bedurft hätten. Vielmehr besteht die einzige ›Schule‹ in den lebenspraktischen, aber teilweise auch schon vorphilosophisch-magischen Unterweisungen innerhalb der Familie. Sie und die Natur sind die beiden einzigen konkreten Quellen des Lernens.

Das Leben in diesen eng begrenzten persönlichen und sozialen Verhältnissen ist das Ergebnis der familienähnlichen Verschweißungen. Aus den moralischen Regeln, was Gut und Böse, was Entstehung und Ende des irdischen Lebens bewirken, bezieht man den Sinn seiner Existenz. Obwohl es hierbei bestimmte kulturelle Unterschiede zwischen den diversen Völkern und Stämmen gibt, sind allen ganz exakte Denk- und Verhaltensweisen gemein, wie es z. B. die besagte Gruppenabgeschlossenheit, das Fehlen größerer sozialer Rangunterschiede und das Nichtvorhandensein beruflicher Spezialisierung sowie die unmittelbare Überschaubarkeit der Lebensverhältnisse ausdrücken. Vor allem aber ist man gegenüber der Arbeit, die getan wird, nicht entfremdet, d. h. der Mensch kann Ausmaß und Wirkung seines handelnden Tuns von Anfang bis Ende mitverfolgen. Er sieht sein selbst erzeugtes Produkt mit eigenen Augen entstehen und kann sich damit direkt identifizieren. Seine Arbeit ist noch so stark mit der Natur verwoben, daß diese unausgesprochen die ›Schule‹ schlechthin darstellt. Natur und Arbeit fließen ineinander über, wobei jedes Stück Arbeit zugleich einen Teil des Umganges mit der Natur darstellt. Entsprechend dem noch geringen Entwicklungsniveau der Produktivkräfte existieren keine eigentliche Arbeitsteilung und damit einhergehend keine Widersprüche zwischen Hand- und Kopfarbeit. Die körperliche, intellektuelle und sittliche Erziehung ist durch die engen Beziehungen zwischen dem Erziehungs- und dem Arbeitsprozeß sowie dem übrigen gesellschaftlichen Leben miteinander verknüpft.

In diesem Klima naturhafter Lebensweise wächst das Kind weitgehend ohne erzieherisch bewußte Absichtserklärungen und Methoden auf. Quasi blind nimmt es die Verhaltensweisen an, die allen Mitgliedern seiner sozialen Gruppe eigen sind. »In der Körperhaltung wie in den Gebärden, im Tempo wie in der Redensweise, in der Art wie im Inhalt seines Denkens, in seiner Gefühlsansprechbarkeit wie in den Formen, in denen sich seine Gefühle ausdrücken«, so schreibt die Kulturanthropologin Margret Mead (zit. nach Tröger), paßt sich das Kind den jeweiligen Normen und Leitbildern seiner Gruppe an. Ein anderes Beispiel sind die physischen Abhärtungsmaßnahmen, die von klein auf erlernt werden müssen, um gegen plötzlich hereinbrechende Naturgewalten oder Hungersnöte geschützt zu sein. Von den Ureinwohnern Ceylons, den Wedda, berichtet man: »Schon in sehr jungen Jahren kann man die Knaben Strickleitern hinaufklettern sehen, die über die Felsen, nahe ihren Höhlenwohnungen, gehängt sind; zwar zweifellos ein Spiel, aber eines, das die Geschmeidigkeit, die Geschicklichkeit, die Nerven übt, die später für den erwachsenen Sammler erforderlich sind« (C. G. und B. Z. Seligmann, zitiert nach »Geschichte der Erziehung«, hrsg. v. Karl-Heinz Günther). An diesen Grundeinstellungen ändert sich über einen Zeitraum Zehntausender von Jahren inhaltlich kaum etwas.

Ironisch könnte man fragen, was der damalige Mensch denn auch mehr zu seinem (zufriedenen) Dasein benötigte? Sein Bewußtsein steht noch längst nicht unter dem grundsätzlichen Anspruch vorwissenschaftlich-technischer Sinnesschau. Er ist noch nicht auf diejenige Neugierde und Reflexion wider sich selbst und seiner Umwelt ausgerichtet, wie es beim späteren Kulturmenschen der Fall sein wird. Und dennoch gelingt es unseren Ur-Ahnen, die Existenz in ihrem Lebensraum zu meistern, ja, sie womöglich ganzheitlicher zu erfahren, als das bei vielen von uns heutigen Menschen der Fall ist. Nicht nur, daß sie Kenntnisse über die wesentlichen pflanzlichen wie tierischen Gifte, Genußmittel, Heilmittel besitzen und vor allem einen konkreten, unmittelbaren, natürlich-instinktiven Bezug zu ihnen aufbauen – sie sind auch in der Lage, die Bewegung des Sternenhimmels ›wissenschaftlich‹ zu beobachten und zu deuten. Darüber hinaus besitzen einige Volksgruppen die Fähigkeit, geographische Landkarten anzufertigen sowie viele Naturvorgänge aufgrund exakter Beobachtungen zu erklären. Umgekehrt vermischt sich jede in das Rationale gehende Welt- und Naturerklärung mit mythisch-magischen Fakten und Emotionaldaten. Die Emotionen – das seelische Korsett – sind die Hauptantriebsfeder der jeweiligen Sicht.

Die Anfänge des kulturellen Menschen – ein Ruf nach ›Schule‹

Versuchen wir, eine Vorstellung über die beginnende Kulturgeschichte des Menschen zu gewinnen. Es ist eine Zeitepoche, in welcher der Mensch nicht mehr in dem Ausmaß wie früher gezwungen ist, seine Überlebenskräfte gegen die unwägbaren und drohenden Naturgeschehnisse einzusetzen. Langsam findet er die nötige Muße und Kraft, sich seiner selbst bewußter zu werden. Seine Werkzeuge sind effizienter und vielseitiger geworden, und er ist im Begriff, sie mehr und mehr zu gebrauchen, zu differenzieren und ganz neue Entdeckungen zu tätigen. Den drohenden Gefahren der Natur steht er gelassener, weil wissender und beherrschender gegenüber. Die Sorge um die tägliche Nahrung weicht dem Bewußtsein, weitaus mehr produzieren und ernten zu können, als zum unmittelbaren Konsum benötigt wird. Generell gesprochen verspürt unser präkultureller Mensch dadurch mehr Freiheit und Eigenständigkeit. Das veranlaßt ihn, sich auf ›höhere‹ Dinge, auf einen anderen Lebensstil im Sinne von Neugierde und Wissensdrang, zu konzentrieren.

Versetzen wir uns in seine wahrscheinliche Gesamtsituation zurück: Mehr und mehr erfährt er sich als eigenständiges Wesen mit ganz bestimmten individuellen Ansprüchen und Hoffnungen. Diesen Empfindungen gegenüber steht die Realität, ein den Familien- und Stammesriten größtenteils ausgeliefertes Subjekt zu sein. Die Gemeinschaft hat das Sagen und wacht peinlich über die Werteordnung. Dennoch: Der persönliche Drang und Wunsch, dem Leben den Stempel eigener autonomer Ansprüche und Experimente aufzudrücken, wächst. Kollektivismus und Individualismus zeichnen sich als gewisse Widersprüchlichkeiten ab, aber das ›Ich‹ des einzelnen Menschen scheint allmählich die innere Macht gegenüber dem starren ›Wir‹ der Kollektivordnung zu gewinnen. In bewußter Manier beginnt er sich in Form von Bildern und Skulpturen nachzubilden und zu verewigen. Das Auftreten erster Schriftzeichen, der Hieroglyphen, fällt ebenfalls hierunter. Ähnliches gilt es von der Bau- und Tempelkunst zu sagen. Wenngleich sie nach außenhin vorwiegend dem Götter- und Ahnenkult geweiht ist, gründet sie gleichwohl in dem Wunsch nach individueller Befriedigung und Welterschließung. Es schält sich die Erfahrung heraus, daß, wer ›besser‹ im Sinne von einfallsreicher, intelligenter und begabter als der andere ist, auch mehr Macht und Einfluß über seine Familie oder seinen Stamm besitzt. Ein weiteres Phänomen kommt hinzu: Wer in einem gewissen materiellen Wohlstand lebt, kann es sich zum einen erlauben, die zum Leben und darüber hinaus nötigen Güter nicht mehr mit eigener Hände Kraft zu produzieren, sondern das von anderen Mitmenschen – von seinen sogenannten Untertanen oder Sklaven – bewerkstelligen zu lassen. Dadurch ist die Möglichkeit gegeben, Mühe und Zeit für den ›lästigen‹ Lebensunterhalt zu sparen und ihn sich von Menschen ›zweiter Ordnung‹ besorgen zu lassen. Somit hat man Raum und Muße für die angenehmeren und ›höheren‹ Bedürfnisse wie etwa die künstlerisch-wissenschaftliche Beschäftigung oder die Vermehrung seines Besitzes.

Die Ur- und Naturgesellschaft hat damit aufgehört zu existieren, und der Klassengesellschaft ist der Weg bereitet. Der Mensch findet kein großes Interesse mehr daran, materiell wie intellektuell mit seinesgleichen brüderlich zu teilen und sich zu solidarisieren. Statt dessen wächst die Teilung und Zersplitterung der Gesellschaft in streng getrennte Kasten, Herrschaftsschichten und Dynastien – in ein krasses Oben-Unten-Verhältnis. Fortan treffen wir auch auf die ersten bewußten Ansätze schulähnlicher Bildungsbemühungen seitens derjenigen gesellschaftlichen Schichten und Machtträger, die zum einen Interesse am geistig-kulturellen Fortschritt des Lebens an sich zeigen und zum anderen beabsichtigen, ihre individuellen

Denk- und Besitzansprüche an diejenigen jungen Menschen weiterzugeben, die kraft Geburt und Verwandtschaft der familienähnlichen Sippe angehören. »Unter der Leitung der Dorfältesten, der Häuptlinge oder der Medizinmänner werden sie in einer Art Internatsschule systematisch erzieherisch beeinflußt und auf das öffentliche Leben vorbereitet. Durch theoretischen Unterricht werden sie in das religiöse Glaubensgut, in die sittlichen Vorschriften, in die Rechtsauffassungen, in die Geschichte ihres Volkes und in seine kulturelle Überlieferung eingeführt« (Brezinka). So führt bereits während der Übergangszeit von der Urgesellschaft zur Kulturepoche z. B. das Erlernen des Schmiedens zu einer bestimmten, nur ganz wenigen Menschen eigenen Spezialausbildung, die sich auch im Rahmen konkreter gesellschaftlicher Privilegien wie Ansehen und Wissen niederschlägt.

Der Sektor der geistig-religiösen Sinn- und Lebensexistenz wird zunehmend von Priestern, Medizinmännern und ähnlichen Personengruppen von Weisen bekleidet, die eine für jeden Stamm oder jedes Volk herausragende und quasi unantastbare Propheten- und Schulungsrolle einnehmen. Sie werden zu gottähnlichen bzw. göttergleichen, unhinterfragbaren Autoritäten. Jene Gruppen bilden neben oder mit den weltlichen Herrschern (Häuptlingen, Königen) die geistigen Herrscher und damit die Elite der jeweiligen Gesellschaftsform. Aus jenen Kreisen rekrutieren sich so etwas wie philosophische Bildung, Kunst und Ästhetik, die das systematisierte Nachsinnen über sich selbst, die Welt und den Kosmos zum Hauptgegenstand haben. Mehr und mehr sondert sich diese Oligarchie der Wissenden vom restlichen Großteil des Volkes oder Stammes ab, und im gleichen Maße beginnt auch ihr beherrschender und unterdrückender Einfluß.

Bereits bei den Azteken, dem sagenumwobenen Volk mit einer hochentwickelten Kultur, finden wir eine Form von Schule, in der die Kinder privilegierter, von der Alltagsproduktion ausgeschlossener Schichten der Priester und der weltlichen Herrscher eine Ausbildung genießen. Ähnliches wird uns von den polynesischen Paumotu-Inseln berichtet, wo der Sohn des Häuptlings in einem Zeitraum von zwölf Jahren vom Stamm isoliert eine ganz spezielle Schulerziehung erhält. »Je reicher und vielseitiger das Leben eines Volkes wird, je mehr sein materieller und geistiger Besitz wächst, desto weniger ist es möglich, daß die Familie allein genügt, um die Jugend vollständig auszubilden. Es werden so viele Fertigkeiten und Künste bekannt, daß ein einzelner sie nicht mehr alle beherrschen kann« (Brezinka).

Die zeitgeschichtlich bereits frühe Spezialisierung mag uns heute in Erstaunen versetzen, sind wir doch vom Glauben beseelt, damals sei alles noch überwiegend ›aus einer Hand‹ hervorgegangen. Sicherlich hat der kulturelle Frühmensch einen noch weitaus konkreteren praktischen Bezug zu seinen Produkten und zu seiner Welt – und dennoch befindet auch er sich bereits auf dem Wege zur materiellen Spezialisierung. Jedenfalls ist er bei weitem nicht mehr das mit der Natur und dem Stamm gänzlich verschmolzene ›blinde‹ Individuum der Ur-Geschichte. Das führt uns zu der Einsicht: »Je stärker der Gemeinschaft ihr Eigenleben [die schemenhafte Erkenntnis, daß ich ich bin und mich nicht nur stur dem Kollektiv anpassen will – Anm. H. W.] bewußt wird, desto reichhaltiger wird auch ihr kulturelles Erbe. Es treten begabte Sänger und Dichter auf. Religiöse Lehrer verkünden ihre Botschaft. Politische Führer festigen den Zusammenhalt der Gruppe und verfeinern die Rechtsprechung. Große Heldentaten gehen in die geschichtliche Überlieferung ein. Sie werden von einigen hervorragenden Männern im Gedächtnis behalten. Diese hüten das für die Gemeinschaft bedeutungsvolle Wissen. Um daran Anteil zu gewinnen, muß man ihnen zuhören und sich einweihen lassen. Sobald eine Schrift ausgebildet oder von anderen Völkern übernommen wird, wird es mit einem Schlage möglich, die weit verstreuten Erfahrungen zu sammeln und mühelos festzuhalten« (Brezinka). In den bereits erwähnten Hieroglyphen, die von den Ägyptern 1200 v. Chr. erfunden werden und in ihrer Endform bereits Einzelbuchstaben kennen, finden wir die Vorläufer der späteren Schrift. Ihnen voran geht 3000 v. Chr. die Erfindung der Keilschrift durch die Sumerer. Diese sind in unserem Zusammenhang überhaupt ein höchst interessantes Volk, da sie bereits ein subtil entwickeltes

›Schulwesen‹ besitzen. Dank archäologischer Funde haben wir heute ein relativ sicheres Wissen über das schulische Leben in Sumer. Gerade an diesem Volk zeigt sich die phänomenale Wirkkraft der Entdeckung der Schrift bzw. ihrer Vorformen, denn »die sumerische Schule war das unmittelbare Produkt der Erfindung und Entwicklung der Keilschrift, die Sumers bedeutsamsten Beitrag zu der menschlichen Zivilisation bildet« (Samuel Noah Kramer). Über das ganze Land verteilt gibt es sogenannte Schreibschulen, in denen man auf kleinen Tontafeln durch die Schriftgelehrten in die Kunst des Lesens und Schreibens eingeführt wird. Die in den letzten Jahrzehnten durch Ausgrabungen entdeckten Tafelfunde offenbaren das Gemisch eines kläglichen Gekritzels des Anfängers mit den elegant geformten Schriftzeichen des weit fortgeschrittenen Studenten, der sehr bald seine ›Reifeprüfung‹ ablegt. Die ›Schulhefte‹ geben aber auch einen Einblick in das Schulwesen Sumers. Sein Hauptzweck bestand darin, schriftkundige Menschen heranzubilden, »um die ökonomischen und administrativen Bedürfnisse des Landes, vor allem des Tempels und des Palastes, zu befriedigen. Das war auch weiterhin der Hauptzweck der sumerischen Schule, solange sie existierte. Aber im Verlaufe ihres Wachstums und ihrer Entwicklung [...] wurde die Schule zum Mittelpunkt der Kultur und Gelehrsamkeit [...]. Hier wurden die literarischen Schöpfungen der Vergangenheit studiert und kopiert, hier auch wurden neue geschaffen. [...] Die meisten Studenten entstammten reichen Familien. Die Armen konnten sich schwerlich die Kosten und den Zeitaufwand leisten« (Kramer).

Der Lehrplan war in zwei Hauptgruppen aufgeteilt, die zum einen die »halbwissenschaftlich und akademisch«, zum anderen die »literarisch und schöpferisch« gestaltenden Bereiche einschlossen. Es wäre falsch, zu glauben, die Themen des ersten Hauptbereichs seien einem wissenschaftlichen Impuls entsprungen, der »in dem Streben nach der Wahrheit um ihrer selbst willen erfolgte«. Statt dessen galt der Hauptzweck des Unterrichts der Absicht, in allererster Linie »dem Studenten das Schreiben beizubringen«. Hinsichtlich der literarischen und schöpferischen Bemühungen ging es primär »um das Studium, das Abschreiben und das Nachahmen der großen und vielfältigen Gruppe literarischer Werke, die vor allem in der zweiten Hälfte des dritten Jahrtausends entstanden sein müssen«. Bei alldem hatte das Auswendiglernen im Unterricht die herausragende Bedeutung. »Ein Umstand tritt deutlich hervor: Die sumerische Schule hatte keinesfalls etwas mit den modernen Idealen fortschrittlicher Erziehung zu tun. In Disziplinarfragen wurde mit der Rute nicht gespart [...]. Der Schüler hatte es nicht leicht. Täglich saß er von Sonnenaufgang bis Sonnenuntergang auf der Schulbank. Irgendwann im Laufe des Schuljahres muß er Ferien gehabt haben.« Kann man Parallelen zwischen den sumerischen und den heutigen Schulgebäuden ziehen? Wohl kaum. Sehen wir von dem Umstand ab, daß anhand von Ausgrabungen »in den Räumen eine besonders große Zahl von Tafeln gefunden wurde, scheinen sie sich nur wenig von gewöhnlichen Wohnzimmern zu unterscheiden« (Kramer).

Wenden wir uns abschließend einem authentischen Beispiel zu, das den Alltag eines Schülers in Sumer beschreibt. Der Fall ist einem Aufsatz etwa von 2000 v. Chr. entnommen, in dem ein Lehrer über die menschlichen Sorgen und Bemühungen eines Schülers berichtet und uns erkennen läßt, »wie wenig sich eigentlich die Menschennatur in all den Jahrtausenden geändert hat« (Kramer). So besteht damals wie heute die Angst des Schülers z. B. darin, zu spät in die Schule zu kommen und dafür Prügel, Schelte oder andere disziplinarische Sanktionen in Kauf nehmen zu müssen. In Sumer wird der Junge, sobald er sich in der Schule nicht normgerecht gebärdet, mit dem Rohrstock verdroschen.

»Der Aufsatz beginnt mit einer konkreten Frage des Lehrers an den Schüler: ›Schüler, wo bist du vom frühesten Tag an hingegangen?‹ Der Junge antwortet: ›Ich ging zur Schule.‹ Dann fragt der Autor: ›Was hast du in der Schule getan?‹ Nun folgt die Antwort des Schülers: ›Ich sagte meine Tafel auf, aß mein Essen, bereitete meine [neue] Tafel vor, schrieb sie, machte sie fertig. Dann gab man mir eine mündliche Arbeit und am Nachmittag eine schriftliche Arbeit. Als der Unterricht zu Ende war, ging ich nach Hause, betrat das Haus, und dort saß mein Vater. Ich erzählte ihm von meiner schriftlichen Arbeit, sagte ihm dann meine Tafel auf, und mein Vater war hoch erfreut. [...] Als ich am frühen Morgen erwachte, sagte ich zu meiner Mutter: „Gib mir mein Essen mit, ich will zur Schule gehen." [...] In der Schule sagte der Klassenordner zu mir: „Warum kommst du zu spät?" Ängstlich und mit klopfendem Herzen trat ich vor meinen Lehrer hin und machte eine respektvolle Verbeugung.‹

Aber Verbeugung hin, Verbeugung her, es scheint für unseren Schüler ein schlechter Tag gewesen zu sein. Er mußte sich von den Mitgliedern des Lehrpersonals verhauen lassen, weil er Dummheiten beging – Schwätzen, Aufstehen und zum Tor hinausgehen. Das Allerschlimmste war, daß der Lehrer zu ihm sagte: ›Deine Handschrift [Kopie] ist ungenügend‹, und ihn prügelte. Das scheint dem Knaben zuviel geworden zu sein, und er schlägt seinem Vater vor, den Lehrer einzuladen und ihn durch einige Geschenke milder zu stimmen – aller Wahrscheinlichkeit nach der erste Fall von ›Lehrerbestechung‹ in der Geschichte der Menschheit. Der Aufsatz geht weiter: ›Das, was der Schüler sagte, beachtete sein Vater. Der Lehrer wurde aus der Schule geholt, und nachdem er das Haus betreten hatte, räumte man ihm den Ehrenplatz ein [...].‹

Der Vater bewirtete den Lehrer, zog ihm ein neues Gewand an, schenkte ihm eine Gabe, steckte ihm einen Ring an den Finger. Durch soviel Großmut gerührt, ermuntert der Lehrer den strebsamen Jüngling mit poetischen Worten [...]: ›Junger Mann, mögest du, da du mein Wort nicht vernachlässigst, noch in den Wind geschlagen hast, die Zinnen der Schreibkunst erklimmen. [...] Deinen Brüdern mögest du ein Führer, deinen Freunden ein Oberhaupt und der Erste unter den Schülern sein. [...] Du hast deine Schularbeit gut gemacht, du bist ein gelehrter Mann geworden.‹

Mit diesen enthusiastischen und optimistischen Worten des Lehrers [die einer ganz konkreten Scheinheiligkeit und ›Speichelleckerei‹ nicht entbehren – Anm. H. W.] schließt der Aufsatz über den ›Schultag‹. Er ließ sich nicht träumen, daß [...] diese kleine Schilderung des Schulbetriebes, wie er ihn sah, viertausend Jahre später durch einen Universitätsprofessor des zwanzigsten Jahrhunderts aus dem Grabe geholt und wiederhergestellt werden würde« (Kramer).

Kommen wir nochmals auf die Entdeckung und Entwicklung der Schrift zurück. Nicht zuletzt sei hierbei die chinesische Silbenschrift erwähnt, die sich in einem Zeitraum von 2000 bis 200 v. Chr. entwickelt und mit dem Pinsel geschrieben wird. Gerade am Beispiel der Schrift eröffnet sich abermals, daß, wer sie beherrscht, auch zugleich eine unerhörte Macht über die anderen Menschen und Dinge zu besitzen scheint. Sowohl in Ägypten wie in China und anderswo sind die sogenannten ›Literaten‹ – die Kenner der Schriften – diejenigen, die zur maßgebenden Schicht des Volkes oder Stammes zählen. Sie sind an den Königs- und Herrscherhäusern zu Hause und bestimmen als Berater und Lehrer maßgeblich Politik und Schulung der oberen Schichten.

Aber nicht nur auf dem Sektor der Schrift zeigt sich der wissenschaftliche Fortschritt. Er beginnt sich ebenso in der Rechenkunst, der Geometrie, der Astrologie und der Alchimie, die der Vorläufer der Chemie ist, auszubreiten. So sind nach Ansicht vieler heutiger Wissenschaftler die ägyptischen Pyramiden das architektonische Produkt geometrischer Baukunst von bislang nicht wiederholbarer Präzision und Gigantik, die vermischt ist mit einem mystischen Ur- und Geheimwissen, dem bis dato unsere rational operierende Wissenschaft die Geheimnisse nicht entschlüsseln konnte.

Je größer der intellektuelle Bewußtseinsabstand zwischen den einzelnen Schichten wird, desto mehr beschränkt sich das Schulungs- und Bildungsmonopol auf die oberen Schichten. Besonders am Beispiel der Völker des Alten Orients läßt sich die dahingehende Entwicklung nachvollziehen. Bei Xenophon heißt es: »Die Kinder der persischen Großen werden am Hofe erzogen, wo sie Gelegenheit haben, ihren Geist zu bilden und nichts Unanständiges zu hören und zu sehen bekommen. Sie sehen und hören es auch, wenn einer vom König ausgezeichnet oder mit Schimpf belegt wird, so daß sie gleich von Kindheit an die Kunst zu befehlen und zu gehorchen lernen«

(zitiert nach Karl-Heinz Günther). Das System der elitären Bildung wird gestützt und tradiert durch einen gottähnlichen autoritären Machtapparat, der durch Zentralisierung der Verwaltung und den Einsatz sogenannter kleiner, mittlerer und gehobener Beamter, die oft als Schreiber tätig sind, funktioniert. Diese Schicht dem Herrscher gegenüber ergebener Personen hat den Auftrag, die beschlossenen Gesetze auf ihre Erfüllung durch das Volk hin zu verwalten und zu überwachen. Wesentliches Kriterium der altorientalischen Denk- und Lebensweise ist dabei die Festigung und der weitere Ausbau der Autorität im Sinne oberster Gewalt – des Königs –, was unter Zuhilfenahme der Vergöttlichung seiner personalen Macht geschieht. Alle diese beamtenähnlichen Positionen und Funktionen bedürfen einer speziellen schulischen Ausbildung, die in der Regel ihren Ort in oder bei den Tempeln und Königshäusern hat.

Im weiteren Verlauf der historisch-kulturellen Entwicklung schälen sich innerhalb der Schulen Spezialabteilungen heraus. So werden in der Spätzeit der ägyptischen Dynastie besondere Hofschulen für Schreiber gegründet, in denen hauptsächlich die Kinder derjenigen Eltern unterrichtet werden, die dem sogenannten gesellschaftlichen ›Mittelbau‹ – man würde heute sagen: der ›Mittelschicht‹ – angehören. Durch das organisatorische wie verwaltungsmäßige Anwachsen des staatsähnlichen Gefüges benötigt man fortan auch Menschen aus der ›zweiten Schicht‹, da die Angehörigen der Oberschicht zur Abdeckung der bürokratischen und machterhaltenden Aufgaben nicht mehr allein ausreichen. Genannt seien hierbei in erster Linie Schulen, die Zentralbehörden angegliedert sind und in denen man Schreiber für besondere Fachgebiete ausbildet. Deren Schüler rekrutieren sich zumeist aus der besagten ›Mittelschicht‹. Ihr Leitmotiv, das mit der Angst einhergeht, nicht in die unteren Stände abzurutschen, ist, durch eine solide Schulausbildung ihrer Kinder den ›Anschluß nach oben‹ nicht zu verpassen; denn weitaus konkreter droht der Abstieg in die Sklaverei wirtschaftlicher Besitzlosigkeit. Exemplarisch hierzu ist der Ausspruch eines Vaters zu seinem Sohn: »Sieh, es gibt keine Arbeit, wo sich nicht ein Aufseher befindet, ausgenommen die Arbeit des Schreibers, denn der Schreiber ist selbst ein Aufseher. [...] Es gibt keinen Schreiber, dem es an Nahrung aus dem Besitz des königlichen Hauses mangelt. Die Göttin der Geburt gibt dem Schreiber Überfluß und stellt ihn an die Spitze des Gerichts« (W. J. Awdijew, zitiert nach *Geschichte der Erziehung,* hrsg. v. Karl-Heinz Günther).

Im gesamten Bildungs-, Ausbildungs- und Vermittlungsprozeß fällt dem Priester oder priesterähnlichen Weisen eine eminent wichtige Lehr- und Vermittlungsrolle zu. Davon abgesehen, daß er in einem mehr oder weniger breiten Spielraum seinen eigentlichen Aufgaben, die ›reine‹ Form der Religion zu vertreten und zu verkünden, nachkommen soll, wird er zu einem gewichtigen Beeinflussungsträger weltlicher Macht und Autorität. Nicht selten ist der Priester der eigentliche ›König‹ des Volkes. Vor allem auf dem Schul- und Erziehungssektor ist sein Einfluß stark ausgeprägt, wo ihm das Privileg zukommt, diejenigen Lehren und Gesetze auszulegen und zu verkünden, welche das Volk zu übernehmen hat. So können wir in einem alten babylonischen Gedicht lesen: »Ich lehrte das Volk die Furcht vor dem Palast.« Aus den vormals starken Naturreligionen erwachsen im Laufe der Zeit menschenähnliche ›Religionen‹, aus den alten Naturgöttern werden nach und nach menschenverwandte Richter, Krieger und nicht zuletzt Könige, von denen die jeweils Herrschenden abzustammen vorgeben. Jede Auflehnung oder Hinterfragung gegen sie wird als Verbrechen wider die Religion gesehen und als solches grausam bestraft.

Es scheint zum schicksalsmäßigen Ablauf der Evolution zu gehören, daß ab einem bestimmten Entwicklungspunkt des Homo sapiens das ›Konzept Schule‹ auftaucht. Wie aufzuzeigen versucht wurde, ist jener Umstand nicht nur durch einen einzigen Faktor erklärbar, sondern er birgt vielschichtige Zusammenhänge in sich, die, Katalysatoren gleich, im Laufe von Jahrtausenden zur Vorstellung und Verwirklichung der Institution Schule führen. Somit basiert die Schule auf einem langen entwicklungsgeschichtlichen Prozeß, der vom Drang des Menschen bestimmt ist, einen Ort zu gründen, an dem er sich, seiner göttlichen Bestimmung gemäß, ein intelligentes Wesen zu sein, existentiell selbstverwirklichen und weiterentwickeln kann. Wo immer wir im weiteren Verlauf die Worte Schule, Akademie oder Universität vernehmen, müssen wir von eben dieser genetischen Grundsätzlichkeit ausgehen, die lautet: Der Mensch ist das einzige Lebewesen, das kreativ lernen und über sich selbst hinausblicken und -wachsen kann und will. Er ist das ›intellektuelle Tier‹, und darin liegt auch die tiefe Berechtigung, zur Krönung der Schöpfung auserkoren zu sein. Umgekehrt eröffnet sich dadurch aber auch eine Reihe von Gefahren für Mensch, Kreatur und Welt. Vor allem sind es die ausufernden Allmachtsvorstellungen des Menschen, die ihn, und nicht selten Teile seiner Gattung, in Verwerfnis, Unterdrückung und Lethargie stürzen. Große und epochale Entdeckungen und Ideen gehen oft mit niederschmetternden, irrigen Begleiterscheinungen und Rückschlägen einher bzw. sind die Auslöser hierzu.

Die Idee und die Verwirklichung der humanistischen Bildung des Menschen, die mit dem Beginn unserer abendländischen Kultur in Griechenland Wurzeln faßt, ist ein glänzendes Beispiel dafür. Ihrem Sinnauftrag zufolge, dem wir uns im nächsten Kapitel näher zuwenden wollen, stellt sie bis in den heutigen Tag hinein das Optimum geistiger Schulung dar, da sie die drei ›Aggregatszustände‹ des Menschen – Körper, Seele und Geist – kontinuierlich-harmonisch pflegt und kultiviert. Die Idee der humanistischen Schulbildung beruht auf der ganzheitlichen Erweckung des Menschen, sofern sie nicht nur seine intellektuellen und manuellen Aspekte formt, sondern sehr wohl auch seine emotionalen. Aus diesem Wechselspiel heraus ergibt sich der geistige Mensch – der Kosmopolit.

Auf der anderen Seite wird diese Bildungsart die längste Zeit über hauptsächlich nur gegenüber Menschen angewendet, die dem ›richtigen Stand‹ angehören – der Klasse der Begüterten und von Gott Auserkorenen. Vor allem an der Tatsache zeigt sich ihr großes sozialethisches Manko, daß sie in diesem Punkte genau das tradiert, was die Schul- und Bildungssysteme in der Zeit vor ihr ebenfalls bewirkten: Fortführung der Ungleichheit von Lebenschancen, welche z. B. durch die Geburt in einen gesellschaftsniedrigen (proletarisch-sklavenhaften) Stand für den jungen Menschen zu einem meist unüberwindbaren Hindernis werden. Nahezu 2000 Jahre lang spielt der Umstand, in welche sozialen und religiösen Verhältnisse ein Kind hineingeboren wird, für seine künftige Bildung und Ausbildung eine nur allzu gewichtige Rolle. Mit anderen Worten: Weniger die effektiven, angeborenen intellektuellen wie endogenen Fähigkeiten und Vorzüge des Kindes sind die wegweisenden Kräfte für sein künftiges Leben; vielmehr hängen sie primär davon ab, wie das kindlich-soziale Feld der Familie – der Ursprungsort seines irdischen Lebens – gesellschaftlich strukturiert und anerkannt ist.

Exkurs: Menschsein ist ›Autorität‹ – ›Autorität‹ ist Menschsein

Eine für den weiteren Verlauf hervorstechende Überlegung bedarf vorab einer kurzen Beleuchtung. Es ist vom Wort ›Autorität‹ die Rede. Sowohl in der Urgesellschaft als auch in der früh- und spätkulturellen Epoche, ja, bis in den jüngsten Tag hinein scheint Autorität ein nahezu magisch-mystisches Schlüsselphänomen für etwas zu sein, das man als lebenstragendes, auf Macht und Ansehen beruhendes Element menschlichen Zusammenlebens taxieren kann. Unter der Wirkkraft der Autorität soll gegenüber dem anderen das erreicht und geregelt werden, was sich der jeweilige Autoritätsinhaber mitsamt seinem dahinterstehenden Kultursystem wünscht und vorstellt. Ob es die familiäre Vater- oder Mutterrolle, die staatsähnliche Ordnung in Form des Königs, Priesters oder Lehrers ist: Überall werden ihre Träger sich in irgendeiner Form des Begriffes Autorität bedienen, um damit die Durchsetzung ihrer Ziele anzustreben.

Ist deshalb Autorität etwas schon an sich Negatives, indem sie die freie Entwicklung des Individuums von vornherein maßgeblich einzuschränken droht? Oder sind lediglich die Art und Weise negativ, wie ihre Inhaber damit umgehen? Vor allem aus den Forschungen der Tiefenpsychologie wissen wir heute, daß sich im Phänomen der Autorität so etwas wie eine genetisch vorprogrammierte Verhaltensbereitschaft verbirgt, die jedem neugeborenen Menschen zu eigen ist, mit dem anfänglichen Drang, sich dem ›Stärkeren‹ – Vater und/oder Mutter – zu ›beugen‹ und anzuvertrauen. Wir können diese Aussage psychoanalytisch damit untermauern, daß jedes Individuum bis etwa zum Alter von zwei bis drei Jahren eine ganz konkrete ›blinde‹, unbewußte Sucht nach Autorität verspürt, die sich im Bedürfnis nach Ur-Vertrauen und Geborgenheit im Sinne von Identifizierung mit den ›allmächtigen‹ Eltern äußert. So spricht der Psychoanalytiker Wolfgang Schmidbauer von der Vorgabe einer »biologischen Autorität« des Kleinkindes, welche ihm die genannten Bedürfnisse und Verhaltensweisen quasi naturgesetzlich auferlegt. Die psychische Gesundheit und Geborgenheit des Säuglings und Kleinkindes geht daher stets mit dessen unbewußtem Drang und Wunsch einher, Autorität vorzufinden. Jedoch findet diese Form von Autorität von seiten des Kindes wie auch in den Augen seiner Eltern mit dem Auftreten der sog. ›Trotzphase‹ (ab ca. drei Jahren) ein oft jähes Ende, sofern das Kind erstmals versucht, durch ein bewußt gesprochenes »Nein« sich mit den Eltern und der Umwelt ›anzulegen‹. Es verspürt den inneren Drang, auf eigenen Beinen stehen zu wollen und ein eigenständiges Ich zu entwickeln, um selber zu einer ›Autorität‹ – zu einer Persönlichkeit – zu werden.

Das erste ›Nein‹ des Kindes ist der erste Schritt zu seiner Ich-Entwicklung. Doch gerade jener Ablösungs- und Trotzprozeß ist es, der bei nicht wenigen Eltern und Erziehern Befangenheit und Verunsicherung auslöst, sofern ihnen ihr Kind mit einemmal hartnäckig zu widersprechen droht und es eigene Ansprüche, Ideen und Wege entwickelt bzw. durchsetzen will. Waren die Eltern es bislang nicht gewöhnt, daß das Kind zumeist lieb und nett war, daß es praktisch das meiste ausführte, was diese vorlebten? Muß man nicht spätestens jetzt mit ›härterer Hand‹ durchgreifen, damit das Kind einem nicht über den Kopf wächst und nur noch das macht, was es will? Und war man ihm gegenüber vorher vielleicht doch zu nachgiebig? Womöglich hatte man zuwenig Autorität ausgeübt, was jetzt zum autoritätswidrigen Verhalten, zum lieb- und respektlosen Aufbegehren des Kindes ihnen gegenüber führt?

Solche und ähnliche Fragen und Ängste zeigen ihre tiefe Ursache spätestens dann, wenn dem Betrachter gewahr wird, daß sie von einem mehr als befremdlichen Autoritätsbild geprägt sind. Anders gesagt: Zu praktisch allen Zeiten der Menschheitsgeschichte sorgten sich die Erwachsenen davor, gegenüber der nachwachsenden Generation ihre Autorität zu verlieren. Sie blähten sie deshalb zunehmend mit mehr und mehr künstlich-moralischen Ge- und Verboten auf. Die Autorität sollte zum angst- und ehrfurchtheischenden Instrument des Erwachsenen werden, dem sich das Kind möglichst willenlos zu unterwerfen hatte. Und man hatte damit auch Erfolg, indem sich ungeachtet aller kulturellen Aufstiege und Niedergänge, ungeachtet der philosophischen, religiösen wie politischen Aufklärungstendenzen, die Idee und Umgangsweise der Autorität im Kern kaum veränderte. Lediglich ihrer äußeren Form nach wandelte sie sich im Laufe der Zeiten, besonders in den letzten Jahrzehnten, in einem nicht unbeträchtlichen Ausmaß.

In der Autorität können wir deshalb den großen Lern-, Anpassungs- und Führungsmeister des Lebens sehen. Wer sie hat, der ›ist‹ jemand; nur derjenige scheint in der äußeren Welt Anerkennung, Respekt und Achtung zu finden, dem Autorität zu eigen ist. Sie ist der ›große Führer‹, dem sich die Geführten anschließen müssen oder wollen, sofern sie vom Gegenpol der Autorität – dem Autoritätslosen und ›Schwachen‹ – gefangen sind. Infolge ihrer eigenen Führungs- und Autoritätslosigkeit bevorzugen sie es weitaus mehr, von jemandem gelenkt und befehligt zu werden, als sich hilflos im Dunkel unmündiger Ohnmacht ziellos fortzubewegen. Das ist, auf einen kurzen Nenner gebracht, das menschheitsgeschichtliche Globalbild von Führer und Geführtem: Jeder benutzt und entwürdigt auf seine Weise den anderen, es sei denn, der Teufelskreis unmündiger Abhängigkeit wird von zumindest einer der beiden Seiten erkannt und der gemeinsamen Ent-Deckung zugeführt. Der Pädagoge und Bildungsforscher Hellmut Becker bemerkt hierzu, es sei dringend erforderlich, daß der kindliche »Ablösungsprozeß von dieser [elterlichen – Anm. H. W.] Autorität« gelingt, umgekehrt jedoch die Ich- oder »Identitätsfindung ohne die Begegnung mit Autorität nicht möglich ist«.

Dieses Erkennen läutet zugleich einen ganz neuen Standpunkt gegenüber der eigenen Macht und Autorität ein: Dem Betreffenden wird gewahr, daß im Mitmenschen bzw. zu Erziehenden gleiche oder ähnliche natürliche Machtansprüche und -motive wie in ihm selbst existieren, die ebenso auf ihre Erweckung, Austragung und Befriedigung warten. Ihm wird bewußt, daß seine Autorität nicht dafür bereitsteht, sie in Form autoritärer und verständnisloser Verhaltensweisen dem vermeintlich Schwächeren gegenüber zu mißbrauchen. Ihm tritt vor Augen, daß Autorität im eigentlichen Sinne des Wortes eine schöpferische Kraft bewirkt, die als Wegweiser menschlicher Selbsterkenntnis dient. Sie ist das Wesensmerkmal und die Hinführung zu jeder positiven Autorität und bezweckt, den Menschen vor der Gefahr lebenslanger Unmündigkeit zu bewahren. Positive Autorität zu sein bedeutet immer zugleich auch Aufklärung und Führung des heranwachsenden Menschen hinsichtlich seiner Fähigkeiten und des Mutes, Autonomie und Persönlichkeit zu entwickeln.

Das Kind soll z. B. die Überzeugung gewinnen, daß es in keinem absoluten Abhängigkeitsverhältnis gegenüber dem Erwachsenen steht, sondern daß dies nur ein relatives ist, das zudem der alters- wie rollenspezifischen Entwicklung und Wandlung unterliegt. Dadurch gelangt es vor allem zu jenem partnerschaftlichen Du, das ihm ermöglicht, sich und den anderen so zu sehen, wie beide im Grunde genommen sind: Wesen mit eigenständigen wie gemeinsamen Ansprüchen, Erwartungen, Stärken und Schwächen. Nur so gelingt es auch dem Erzieher, das Kind tatsächlich annehmen und verstehen zu können. Hier finden dann auch Worte wie »Strenge« und »Konsequenz« einen natürlichen und sinngemäßen Platz, da der Erzieher das Kind nicht um des Prinzips wegen, streng sein zu *müssen,* erzieht und schult, sondern aus der Erkenntnis heraus, daß es in diesem oder jenem Punkt seines Verhaltens einer konsequenten Veränderung bedarf, damit sein etwaiges negatives Tun nicht fortgesetzt auf seine Person oder andere Menschen und Dinge zurückschlägt. Der Erzieher soll dem Kind die Einsicht vermitteln, daß die Grenze seiner Macht bzw. das Ende seiner Freiheit dort ist, wo es die Macht bzw. Freiheit des Mitmenschen beschränkt oder gar eliminiert.

Das Kind ist am ehesten zur verinnerlichten Annahme dieser Erkenntnis bereit, wenn sein Erzieher ihm hierzu selber aktives Vorbild – positive Autorität – ist, er sich also bereits selber in seinem Wesen erkannt und umerzogen hat, denn das ›Geheimnis‹ jeder gelungenen Erziehung mitsamt der ihr zugrundeliegenden positiven Autoritätsentwicklung besteht darin, daß der Mensch damit bei sich selber begonnen hat, um sie dann auf die Nachwachsenden zu übertragen. Doch lehrt uns die Autoritätsproblematik, daß diese Form von vorbildhafter positiver Autorität zu keiner Zeit der menschlichen Geschichte verbindlich auf der Tagesordnung stand. Im Gegenteil: Bis zum heutigen Tag beklagt man sich darüber, die jungen Menschen zeigten viel zuwenig Respekt und Ehrerbietung gegenüber der herkömmlichen Autorität. Wie könnten sie es auch, wo sie doch in ihr gefühlsmäßig zumeist den Schwindel und die Scheinmoral verkappter erwachsener Maskenträgerei erkennen, hinter der nicht viel Aufrichtigkeit und echtes Rückgrat stecken. Würde man unter ›richtiger‹ Autorität die positive Autorität im Sinne obengenannten Gewährens, Förderns, aber auch Lenkens kindlicher Freiräume und Selbsterkenntnisprozesse verstehen, so hätte keine Generation größere Schwierigkeiten mit ihrer Jugend (und umgekehrt) gehabt. Beide wären in einem wechselseitigen Dialog und Austausch gestanden, der, geleitet von Vertrauen, Verständnis und ›Aufklärung‹, die Gemeinsamkeiten wie Widersprüche annimmt, begreift und löst.

Für unser augenblickliches Verständnis schien es an dieser Stelle von Bedeutung, das Phänomen Autorität in seinen grundlegenden Gegebenheiten und Ansprüchen beleuchtet zu haben. Wenn wir uns im weiteren mit dem abendländischen Sinn- und Existenzauftrag der Schule befassen, soll dem Leser ständig bewußt sein, daß alle Schulpädagogik, alle Schulmodelle, sämtliches Nachsinnen über Inhalte und Formen der Schule, Familie und Gesellschaft dem Spannungsfeld von ›negativer‹ und ›positiver‹ Autorität ausgesetzt waren und sind. Im Kielwasser der Autorität erfolgten die humansten und größten wie die grausamsten und niedrigsten Taten der Menschheit.

Der antike Sinnauftrag der Schule

Zu Beginn der abendländischen Kultur treffen wir auf eine besondere Idee von Schule, die mehr den Namen Akademie trägt. Das Ziel der Antike ist ein ganz und gar geistiges, das jedem freien Bürger (gegenüber dem unfreien Menschen, dem Sklaven, pflegt man weiterhin diese Auffassung nicht) das Recht zuspricht, sich in seiner einmaligen Individualität zu erkennen. Deshalb stehen die Begriffe Bildung und Erziehung an erster Stelle der Menschwerdung. Das freie Individuum soll zur Befähigung gelangen, seine innere Kultur zu finden. Dafür stehen ihm die äußeren Kulturleistungen in Form von Tempeln, Theatern, Gemälden, Skulpturen, philosophischen Schriften und Gedichten zur Verfügung. Innerhalb des athenischen Staates gründet man eine Art von vorschulischem Leben, indem die Knaben ab dem 7. Lebensjahr gesetzlich verpflichtet werden, sich musisch und gymnastisch ausbilden sowie sich unter Aufsicht eines Knabenführers (Pädagogen) aus dem Sklavenstande bei privaten Lehrern Unterricht in Lesen, Schreiben, Sprachlehre, Musik, Gymnastik, Zeichnen, Rechnen angedeihen zu lassen. Das religiöse Moment wird durch Weckung der Literatur und Musik, vor allem aber durch das Miterleben und Mittun beim Kult in der Öffentlichkeit und in der Familie geprägt. Viele Wettkämpfe stehen neben Festen auf dem schulischen Programm, und der Wunsch aller Erziehung ist, die Schönheit und das Ebenmaß des Körpers und der Seele herauszubilden.

400 v. Chr. entsteht die Idee der »Sieben freien Künste«, die bis in die Neuzeit hinein zu den tragenden Säulen eines umfassenden Bildungsbe-

griffes werden. Mit der Begründung der »Sieben freien Künste« (Grammatik, Dialektik, Rhetorik, Arithmetik, Geometrie, Astronomie und Musik) hebt ein verstärktes Nachsinnen an, welche spezielle Aufgabe dem erzieherischen Bildungsauftrag der Schule zukommen soll. Ihre Absicht ist es, dem frei geborenen Menschen mit Hilfe der einzelnen Fächer Lebensgeschicklichkeit sowie allumfassende Bildung zu ermöglichen. Das gesprochene Wort wird zum Schlüsselbegriff allen Handelns und zum Mittel der Macht. In ihm erkennen besonders die Sophisten die herausragende Stärke des Menschen. Man könnte sagen, erst durch die differenzierte Sprache wird der Mensch zum eigentlichen Menschen. Während es den Sophisten hauptsächlich um das formale und machtkonzentrierte Moment der Bildung geht, stoßen wir mit dem Namen *Sokrates* auf eine ganz andere Art von Bildungsidee. Sokrates ist das bis zum heutigen Tag größte Philosophen- und Erzieherphänomen, sofern es vor ihm kaum einem anderen Menschen gelang, das ›Geheimnis der Weisheit‹ derart erzieherisch schlicht und eindeutig zu definieren bzw. zu dechiffrieren. Man kann ihn als eine Persönlichkeit bezeichnen, welche die Augen zuallererst nicht vor sich selbst verschließt und dadurch die Fähigkeit besitzt, das Leben aus der eigenen Praxis – aus der Besinnung auf sich selbst – zu erklären.

Sokrates' grundlegender Weg zu diesem Ziel ist, seine Schüler in Widersprüche zu verwickeln, aus denen sie erkennen sollen, wie falsch und unwahr ihr bisheriges Wissen ist. Damit glaubt Sokrates zur Demaskierung gewohnter Denk- und Verhaltensweisen zu gelangen. Mit anderen Worten: Er will die Menschen, mit denen er einen Dialog führt, geistig wachrütteln und sie dazu führen, über sich selbst Klarheit zu gewinnen. Zu diesem Zweck diskutiert er mit den selbstsicher auftretenden jungen Leuten auf der Straße oder im Gymnasium und gibt vor, sich von ihnen über sittlich-ethische Grundsätze belehren zu lassen, weil sie darüber bessere Kenntnisse zu haben scheinen als er. Er verwickelt sie dann in Widersprüche und treibt sie solange in die Enge, bis sie ihr Wissen als Scheinwissen und ihren Hochmut als dumme Ignoranz erkennen und zur Überzeugung gelangen, daß das gesamte Wissen sein Ergebnis im Nichtwissen finden soll. »Ich weiß, daß ich nichts weiß!« – das sei das oberste Ziel menschlicher Selbsterkenntnis, sagt Sokrates. Hierin liegt auch sein einzigartiges Bildungsprinzip.

Schulische Bildung und Erziehung ist für Sokrates also in erster Linie das Nachsinnen über sich selbst, ohne daß er darauf verzichten würde, das Erfahrungswissen (die Wissenschaft) auszuschalten. Vielmehr geht es Sokrates darum, dem äußeren Wissen das Erahnen und Erfahren eines anderen Wissens – des inneren – gegenüberzustellen, um so eine Schwingungsebene zweier unterschiedlicher Wissensbereiche zu erfahren, die den Menschen zu jenem Punkt führt, den man die *Ein-Sicht* nennt. Sie besteht, wie gesagt, darin, schließlich und endlich zu wissen, daß man nichts weiß. Sobald der Mensch um sein Nichtwissen weiß, hat er seine wahre Weisheit erreicht, was voraussetzt, daß er durch lebenslanges Lernen (Denken und Fühlen) verpflichtet ist, sich vor Augen zu halten: Das irdische Dasein stellt in seinen letzten Begründungen ein Geheimnis, ein nicht entschlüsselbares Nichtwissen dar, das dem Glaubensprinzip unterliegt. Nur aus diesem Grund will Sokrates den Hochmut der Menschen brechen, indem er sie ihres äußeren Scheinwissens beraubt, indem er sie immer wieder fragend in die Enge treibt, aber niemals endgültig eine Antwort gibt, bis auf die eine, nichts zu wissen.

Folglich ist Sokrates kein Erzieher, der nur den Kopf schult. Vielmehr begreift er sich als philosophischer Lehrer, der aus Liebe zur Weisheit wirkt und das Wesen der Schule darin erblickt, durch Reflexion des gelernten Wissens es auf seine Fragwürdigkeit hin zu überprüfen. Nichts ist Sokrates so bedeutsam wie dieses Werden zur nichtwissenden Persönlichkeit. Schule und Lernen haben den Schüler somit zu einem ganz bestimmten Wissensstand zu führen, der einerseits die »Sieben freien Künste« einschließt, ihm aber andererseits zu der Erkenntnis verhelfen soll, daß er aus dieser Art von Wissen niemals zu seiner eigentlichen Schöpferkraft kommen kann, da der Intellekt in Gefahr steht, zu einer bloßen enzyklopädischen Faktensammlung herabzusinken.

Ähnlich wie Sokrates sieht *Platon* den Auftrag der schulischen Bildung in der Erweckung der »inneren Kultur« und Transzendenz. Der Mensch muß zuallererst aus der Seele heraus geführt und geschult werden und nicht aus dem Kopf. Nur was in ihr wurzelt, kann durch den Intellekt kreativ erkannt und zum Wohle des Individuums wie der Gemeinschaft umgesetzt werden. Warum es gerade die Seele sein soll, die das Wissen über die unveränderliche Wahrheit besitzt, glaubt Platon daraus zu folgern, daß sie unsterblich ist und darum über all das verfügt, was sie vor ihrer letzten körperlichen Wiedergeburt »im Reich des unveränderlichen Seins« (Reble) geschaut hat. Dort hat sie die Erfahrung »Wahrheit und Klarheit aller Ideen« (Reble) erblickt. Platons Schul- und Bildungsgedanken kreisen daher um die »Seelenerziehung« bzw. »Seelenführung« des Kindes. Sie sind unter anderem dadurch gekennzeichnet, daß es erkennt, wie sehr der Körper das Gefängnis der Seele ist, d. h. wie stark der Leib den Sinnlichkeiten der äußeren Welt verhaftet ist.

Hierbei geht es Platon nicht um die Aufforderung, der Mensch solle zur totalen Abkehr von dieser Welt gelangen, sondern es erfolgt lediglich die Warnung, in der Erscheinungswelt nicht die Wahrheit als solche zu sehen. Platons *Höhlengleichnis* gibt hierzu ein beeindruckendes Beispiel symbolischer Art, als es den in der Höhle gefangenen Menschen glauben macht, dieser Ort sei die einzige Realitätserscheinung für ihn. Derjenige Mensch, der jedoch den Mut und die Kraft zeigt, den schmalen Gang, der aus der Höhle hinausführt, zu beschreiten, um zu erforschen, wohin er führt, wird eines ganz anderen belehrt. Je weiter er ihn geht, desto mehr Bildung und Erkenntnis erfährt er, indem er wahrnimmt, daß ihn am Ende des Ganges ein immer gleißender werdendes Licht erwartet. Es sagt ihm, daß er im Dunkel und im Trug seiner bislang für einzig wahr gehaltenen Welt der Erscheinungen gelebt hat. Jetzt hat er den Durchbruch erreicht, der es ihm nicht mehr schwermacht, zu entscheiden, in welcher Form von Bewußtsein er weiterleben will. Dieses ist von der Suche nach Wahrheit und Selbsterkenntnis getragen, die hinter den Dingen der äußeren Welt liegen. Platons Höhlengleichnis deckt sich mit seinen Vorstellungen von einer sinngerechten Erziehung, als es Aufgabe von Schule und Lernen ist, den jungen Menschen auf dem Weg aus der Höhle zu begleiten. Der Philosoph ist der eigentliche Erzieher, sagt Platon, denn kein anderer verfügt über so viel Weisheit und Erkenntnis wie er. Er ist es, der im Vergänglichen der weltlichen Dinge und Erscheinungen nicht die eigentliche Wahrheit und das seligmachende Lebensglück sieht. Das beispielhafte Vorbildverhalten ist die Kraft, die der philosophische Lehrer gegenüber dem Lernenden anzuwenden hat, um ihn zu einem weisen Menschen heranzubilden.

Kommen wir zu *Aristoteles*. Er ist, im Gegensatz zu Sokrates und Platon, ein Mann der ›Wirklichkeit‹. Sein Denken kreist in allererster Linie um die sachliche und sichtbare Auseinandersetzung und Erforschung der Dinge, ›die sind‹, und daher gilt er als Begründer der abendländischen logischen Wissenschaft. Entsprechend ist auch sein Erziehungs- und Schulkonzept aufgebaut. Für ihn bedeutet Lernen in erster Linie, die Aufnahmebereitschaft des Individuums aus den realen Erscheinungen heraus zu bewirken, es folglich mit den vordergründigen Wissensaspekten zu konfrontieren. Aristoteles möchte den Menschen mit beiden Beinen auf dieser konkreten Welt stehend wissen. Sachlichkeit und nicht die Idealisierung bestimmter Vorstellungen und Fakten liegt seinem Denken zugrunde. Die drei Grundpfeiler der Bildung basieren auf den Begriffen Natur, Einsicht und Gewohnheit. Andererseits ist nicht zu vergessen, daß auch Aristoteles ein inneres Besinnen und Wachsen des Kindes fordert, damit seine Körper-Seele-Geist-Eintracht nicht verlorengeht und das Ziel der ethischen Persönlichkeitsentwicklung erreicht werden kann. Hierbei spielt die Tugendhaftigkeit eine herausragende Rolle. Tugend heißt, die goldene Mitte zwischen Innen und Außen zu finden, also ein Zuviel wie auch ein Zuwenig auf jeder der beiden Seiten zu vermeiden.

Der erste Schritt zur tugendhaften Persönlichkeit ist die Erziehung zur Gewöhnung, die es dem Kind ermöglicht, so etwas wie Selbstdisziplin zu erfahren. Es soll lernen, seine Triebe nicht nur auszuleben, sondern sie sich auch zu versagen. Aristoteles' »Anpassungslehre« ist jedoch alles andere als eine sture Disziplin, die zum Ziel setzt, das Kind zu unterdrücken. Vielmehr kommt es ihm darauf an, seine Anlagen innerlich wie äußerlich zur Entfaltung zu bringen. Er möchte es, ähnlich einer Pflanze, sorgsam und möglichst natürlich zum Wachsen und Gedeihen bringen. Nicht zuviel und nicht zuwenig – das ist seine Maxime.

Im weiteren stellt sich Aristoteles gegen die Eindimensionalität bzw. gegen das reine Spezialistentum beim Lernen, da es den Menschen vom »Thron der Geistigkeit« herunterstürzt und ihn zum ›Fachidioten‹ macht. Aristoteles geht es wie Sokrates und Platon um den freien Menschen, der mit Kopf und Herz zur Einheit findet. So lehnt er den reinen Gefühlstypus ebenso ab wie den reinen Intellekttypus. Keiner von beiden paßt in seine Vorstellung vom gebildeten Menschen, da jeder der Eigenschaft des anderen entbehrt und damit nichts schöpferisch Ganzes entstehen kann. Darum sollen die Fächer »Grammatik oder Lesen und Schreiben, Gymnastik oder Leibesübung, Musik und viertens noch Zeichnen« ständig zwischen den Bereichen Herzens- und Verstandesbildung hin- und herpendeln, damit ihre Inhalte sich nicht zu sehr auf die eine oder andere Seite konzentrieren. Wo das Gleichmaß herrscht, ist der nötige Spielraum für die Muße, denn sie »ist der Angelpunkt, um den sich alles dreht«. Im Gegensatz zur gewöhnlichen Arbeit ist sie die eigentliche Arbeit des Menschen, da sie das kreative und lustbetonte Spielen des Menschen mit sich selbst und seiner Umwelt ausdrückt.

Ziehen wir ein kurzes Fazit aus den spätantiken Bildungs- und Schulideen, so können wir folgern, daß in kaum einer anderen Zeitepoche der (wohlbemerkt: freie) Bürger einen höheren und geistig konkreteren Anspruch an sich selbst stellt. Schule und Lernen bedeuten nichts anderes als Liebe zur Weisheit und Klarheit gegenüber der eigenen Person, verbunden mit der Erkenntnis, daß der Mensch einen Mikrokosmos im Makrokosmos darstellt. Der Sinn des Lebens liegt in der Selbsterkenntnis dessen, was der Mensch ist: Ein Sucher und Wanderer zwischen den Welten und deren verschiedenen Sinneswahrnehmungen, denen ein metaphysischer Urgrund zugrundeliegt. Man ist sich bewußt, daß die Schule neben der Vermittlung von bestimmten lebenspraktischen und allgemein wissenschaftlichen Kenntnissen den einen Anspruch hat: Das freie Individuum als geistiges Wesen zu taxieren, dessen eigentlicher Existenzsinn allein in der Dreiheit von Körper, Seele und Geist liegt. Damit wird ein Menschenbild geschaffen, das man bis zum heutigen Tag mehrfach anzustreben und zu imitieren versuchte, niemals aber in einer derart schlüssigen und reinen Form verwirklichen konnte. Im Gegenteil: Die Geschichte lehrt, daß der Mensch mit dem Ausklingen des Hellenismus sein Gesicht von dem abwandte, was er einmal als das Größte und Heroischste seiner Bestimmung begriff: ein transzendentes Wesen zu sein, das seine edelste Aufgabe in der Liebe zur Weisheit – seiner Geistigkeit – sieht.

Schule und Erziehung in der nachantiken Welt

Wohin auch immer wir in den nachantiken Jahrhunderten blicken, überall zeigt sich grundsätzlich dasselbe Bild: Die Lehr- und Erziehungsstätten vermitteln den Kindern der oberen Schichten ein bestimmtes Grundwissen und eine elitäre Bildung, ohne sonderlich danach zu fragen, wie die jungen Menschen es innerlich aufzunehmen und zu verarbeiten bereit sind. Überwiegend ist es lediglich ein pures Fakten-, Dogmen- und Nachahmungswissen, das der nötigen Reflexion und kritischen Hinterfragung ermangelt. Daß die Kinder nicht für das eigene Leben, sondern für die eigennützigen Ansprüche von Schule und Gesellschaft lernen müssen, beklagt schon der römische Philosoph Seneca. Entgegen der hellenistischen Tradition, die schulische Ausbildung mit gymnastischen Fertigkeiten zu verbinden, zieht man sich zuallermeist auf die Ausbildung des Kindes in den Fächern Lesen, Schreiben und Rechnen zurück. Damit verletzt man ein wesentliches Prinzip der ganzheitlichen Ausbildung, da fortan nur noch der nackte Intellekt einer Schulung unterzogen wird.

Trotz der gutgemeinten Bemühungen einiger humanistischer Reformer, wie z. B. des Römers Quintilian, verändert sich das negative Verhältnis gegenüber dem Kind im allgemeinen wie im Schulischen nicht. Kinder bleiben in den Augen der Erwachsenen rechtlose und lästige Wesen, denen es gilt, mit möglichst brachialer Gewalt und Disziplin zu begegnen. Sie verharren im Status des rechtlosen und ungeliebten Wesens. Den Erwachsenen kommt kaum in den Sinn, sie zu lieben; dafür aber verlangt man von ihnen, den Erwachsenen Liebe und Achtung entgegenzubringen. Ein schizophrenes Weltbild!

Die Institutionen des Christentums – willige Agenten schulisch-pädagogischer Repressionen

Obwohl mit der Etablierung des Christentums ein neuer und grundsätzlich humaner Bezug zum Kind entsteht (man denke nur an die Lehren Jesu, der das unschuldige Kind in den Mittelpunkt seiner Verkündigung stellt), sieht das Bezugsverhältnis Erwachsener–Kind in der Alltagspraxis kaum anders aus, als dies vorher der Fall war. Nicht umsonst kann der hl. Augustinus behaupten: »Wer würde nicht vor Entsetzen lieber den Tod wählen, wenn man ihn vor die Wahl stellte, wieder Kind zu sein oder zu sterben.« Mit der zunehmenden Verinstitutionalisierung des Christentums entfernt es sich mehr und mehr von den Kernaussagen der Lehren Jesu bzw. interpretiert sie für seine eigenen egoistischen Machtinteressen derart um, daß dem Kind seine von Jesus gepriesene natürliche und gottgewollte Spontaneität und Fröhlichkeit ›wegdogmatisiert‹ wird. Das geschieht unter anderem in den Klöstern und sonstigen christlichen Ordensburgen, die sich vor allem zu Beginn des Mittelalters ausbreiten.

Man kann die Uranfänge der abendländischen Schulbewegung mit dem Auftrag Karls des Großen ansetzen, daß die Bischöfe und Klöster Schulen einzurichten haben. Damit tritt das Wort Schule langsam bewußter in öffentliche Bereiche. Für lange Zeit sind jedoch die Klosterschulen für das gemeine Volk noch kein Hort der Bildung und Unterweisung, sondern dienen in erster Linie den Kindern derjenigen Personengruppen, die der ›Sonnenseite‹ der Gesellschaft angehören. So bleibt der Zugang zu den Schulen im allgemeinen dem geistlichen Nachwuchs vorbehalten, wenngleich es eine Fülle von Ausnahmen für die Kinder der Könige und Fürsten gibt. Für den überwältigenden Teil des Volkes bedeutet somit Schule etwas Fremdes und nicht Erreichbares, das fernab jeder Realität liegt. Die einzige ›Schule‹ besteht für diesen Kreis in der Unterweisung und blinden »gottgewollten« Übernahme der familiären und sonstigen gesellschaftlichen Werte und Maximen der Kirche, so daß von einem allgemeinen Volksunterricht keine Rede sein kann. Nicht zuletzt stellt der christliche Sittenkodex, der Freude und Lust am Körper strengstens verbietet, ein nicht wegzudenkendes Reglementierungsinstrument gerade für diejenigen dar, die den Disziplinierungstechniken der Klosterschulen nicht direkt unterworfen sind. Alles, was gegen diesen Sittenkodex verstößt, wird als Sünde oder Todsünde deklariert, vor der man sich nur »retten« kann, wenn der Mensch von klein auf ein lustfreies und von der Kirche streng kontrolliertes Leben zu führen lernt.

Wem das Privileg zukommt, eine Schule zu besuchen, dem obliegt zugleich die spätere Verantwortung, ein öffentlicher Vertreter dieses Sitten- und Moralkodexes zu sein, da er dem gebildeten Elitekreis der jeweiligen Gesellschaft angehört. Folglich hat er, ob er will oder nicht, die Werte und Normen als richtig und gottgewollt zu vertreten, die ihm innerhalb der schulischen Ausbildung vermittelt werden, und für ihre strikte Einhaltung zu kämpfen. Die Unterweisung erfolgt an den Bischofssitzen und Klöstern, die zu den Mittelpunkten der mittelalterlichen Kultur werden. Nur hier gibt es, mit Ausnahme der Hofschulen, jene Bildungsmöglichkeiten, die einen tieferen Einblick in das Kultur- und Geistesleben ermöglichen. Allerdings erfolgt die Auswahl der diversen Schulungsinhalte und -gebote fast ausschließlich unter dem Blickwinkel kirchlicher Zielsetzungen, die dafür verantwortlich zeichnen, was wissens- und bildungswert ist und was nicht. Es werden nicht das Hinterfragen und die eigene, selbstkritische Meinungsbildung – die autonome Persönlichkeitsschulung – angestrebt, sondern die möglichst blinde und kritiklose Übernahme und Weitergabe genau festgelegter Wissens- und Glaubenshaltungen. Weder den mittelalterlichen noch den ihr später folgenden Schularten geht es, von formalen Lippenbekenntnissen abgesehen, primär um die platonisch-sokratische Selbsterkenntnis und das ihr zugrundeliegende Weisheitsprinzip. Vielmehr ist die mittelalterliche Schule noch immer darauf bedacht, primär die drei sogenannten Kulturtechniken Lesen, Schreiben und Rechnen nebst theologischen Dogmen zu lehren.

Neben den Klosterschulen entstehen im fortschreitenden Mittelalter langsam in den Städten die sog. »Lateinschulen« und mit Beginn der Neuzeit auch die »Deutschen Schulen«, die zunächst aus Privatgründungen hervorgehen. Sie werden meist von den Bürger- und Handwerkerkindern besucht. Im Religiös-Atmosphärischen wie in der Kenntnisvermittlung unterscheiden sie sich kaum von den Klosterschulen. Hier wie dort erfahren die Zöglinge eine überaus strenge und gottesfürchtige Erziehung und Ausbildung; schwere Körperverletzungen der Kinder durch ihre Lehrer sind nicht selten. Auch diese Schultypen sind alles andere als Volksbildungsstätten, da sie dem Durchschnittskind nicht offenstehen.

Mit Ausklang des Mittelalters setzt eine neue gesellschaftliche Strömung ein. Sie nennt sich *Renaissance*, was soviel wie Zeitalter der Wiedergeburt humanistischer Bestrebungen heißt. In scharfer Manier klagen die Vertreter der Renaissance, wie z. B. der Philosoph und Pädagoge Erasmus von Rotterdam (1469–1536), die allzu harte Schulzucht und Prügelpädagogik des Mittelalters an. Allgemein gesprochen geht es den Humanisten des neuen Zeitalters darum, im Menschen vorrangig das Gute zu sehen und es pädagogisch-schulisch umzusetzen. Begriffe wie »menschliche Vernunft« und »lustbetontes Lernen« treten auf. So soll der Kopf nicht mehr weiterhin mit einer Menge wirrer und monotoner Dinge »vollgestopft werden, sondern soll sich üben durch die Beschäftigung mit Themen, die ein Kind erfreuen« (Plessen / von Zahn).

Die größte revolutionäre pädagogisch-psychologische Einsicht der Renaissance kann darin gesehen werden, daß Erasmus von Rotterdam die Behauptung aufstellt: »Für die Erziehung ist in der frühesten Kindheit ein einziges Jahr mehr wert als zehn« (zitiert nach Plessen / von Zahn). Damit rückt er die Chancen der frühkindlichen Lern- und Schulungsmöglichkeiten in die gleiche Dimension, wie es die heutige Intelligenz- und Begabungsforschung beabsichtigt. Wenngleich Erasmus' diesbezügliche Gedanken von unübersehbarer Provokation gegenüber seiner Zeit sind, bekennt auch er sich zur grundsätzlichen Aufrechterhaltung der Erziehungsstrafe. Zwar geißelt er die bislang brutalen und menschenunwürdigen Strafen an Kindern, will aber auf das Prinzip der »gerechten« (körperlichen) Strafe nicht verzichten. Dem Lehrer und Erzieher rät er, in Maßen zu tadeln und zu strafen, doch ohne sadistische Gefühle. »Allzu viele glauben«, so Erasmus, »es genüge, die Rute schwingen zu können«, um damit der Probleme Herr zu werden. »Die Privatlehrer sind leider nur allzu häufig dieser Ansicht. Deswegen bin ich für öffentliche Schulen« (zit. nach Plessen / von Zahn), an denen durch Gesetz das wahllose Strafen und Prügeln verboten werden soll.

Trotz aller gutgemeinten Appelle und Humanbekundungen bleiben die praktischen Erfolge aus. Kaum jemand schert sich in der breiten Öffentlichkeit um die Reformgedanken des neuen Denkens und Forderns. Vielmehr eröffnet sich mit den beginnenden puritanischen und pietistischen Strömungen eine Zeittendenz, welche die liberalistischen voraufklärerischen Gedanken der Renaissance verteufelt und zur Abkehr von ihrem »teuflischen Freidenkertum« aufruft. Sie gehen abermals von den Auffassungen der bösen und sündigen Totalneigungen des Menschen aus und verordnen als ›pädagogisches Heilmittel‹ nur eines: die menschenunterdrückende, unerbittlich autoritäre Führung des Kindes. So hält z. B. ihr pädagogischer Vertreter und Zuchtmeister A. H. Francke Kinderspiele und -freuden für verderblich für Psyche, Geist und Haltung des jungen Menschen, indem er sie als »Müßiggang« strikt ablehnt. Seiner Meinung nach kann das Kind nur mit Hilfe von Zwang und asketischer Zucht vernünftig erzogen und diszipliniert werden. Besonders die Schulen sind es, die sich hierbei berufen fühlen, der Zucht- und Ordnungsphilosophie tatkräftig nachzueifern.

Comenius, der radikal christliche Lehrer ohne Maske

Auch Johannes Amos Comenius (1592–1670) kann die genannten menschenverachtenden Zustände seiner Zeit nicht abstellen. Er stellt Überlegungen an, daß es nicht gut und gottgewollt sein könne, den Menschen eine humane und lebenstüchtige Bildung und Erziehung vorzuenthalten. Comenius sieht als Hauptziel seines Wirkens die »Befriedung der Welt, die Vereinigung aller christlichen Kirchen, die Besserung der Zustände durch eine methodisch richtige Erziehung« (Flitner). Ungeschminkt prangert er das zum Himmel schreiende Unrecht an, das weiterhin den Kindern durch die Erwachsenen widerfährt. Die wichtigsten Gedanken darüber finden wir in seiner *Großen Unterrichtslehre,* der *Didactica magna.* In ihr fordert er auf, »in allen Gemeinden, Städten und Dörfern [...] Schulen zu errichten, in denen die gesamte Jugend beiderlei Geschlechts ohne jede Ausnahme rasch, angenehm und gründlich in den Wissenschaften gebildet, zu guten Sitten geführt, mit Frömmigkeit erfüllt und auf diese Weise in den Jugendjahren zu allem, was für dieses und das künftige Leben nötig ist, angeleitet werden kann ...«

Comenius' Bild vom Menschen ist ein geistiges, dem es gilt, von Anfang an nachzueifern. Jedes Kind ist entwicklungs- und wandlungsfähig, und die größte Schuld des Erziehers liegt darin, in ihm diese Kräfte der Entfaltung und des Lernens zu verhindern. Wenngleich der Mensch das Endziel der geistigen Entwicklung – ganz in Gott zurückzukehren und mit ihm zu verschmelzen – zu Lebzeiten nicht erreichen dürfte, so wird ihm dennoch die oberste Aufgabe zuteil, in einer Art von Stufenfolge danach zu streben, »wobei wir immer weiter und weiter vorrückend immer höhere Stufen ersteigen, ohne doch jemals die oberste zu erreichen«. Diesen geistigen Zustand zu erfahren, und darin liegt das Wesentliche von Comenius' Erziehungsphilosophie, ist für *jeden* Menschen möglich, da jeder die hierzu nötigen Anlagen (Bildung, Sittlichkeit und Religiosität) auf natürliche Weise mitbekommt. Comenius nennt sie den natürlichen »Samen« für das, was durch Erziehung in Elternhaus und Schule zu entwickeln und auszuformen sei, denn »die Natur verleiht nur die Samenkörner der Erkenntnis, Sittlichkeit und Religion. [...] Daher hat jemand den Menschen nicht unpassend als ein ›schulbares Geschöpf‹ definiert, denn er kann nur Mensch werden, wenn er erzogen wird.«

Hiermit bricht Comenius auf revolutionäre Art mit der Auffassung, Bildung sei das Privileg einiger bevorzugter gesellschaftlicher Kreise. Von jetzt an soll sie jedem Menschen vermittelt, soll zu einem Ganzen im Sinne von Kopf- und Herzensbildung verschmolzen werden. Comenius' Gedanken beruhen auf einer Art von kosmologischer Pädagogik, indem sie ihrer Struktur und Vermittlung nach an den allgemein gedachten Gesetzlichkeiten des Alls orientiert sind. Es ist nicht möglich, so meint er, daß »die Kräfte der Menschennatur [...] in Harmonie bleiben, wenn sie sich nur auf etwas Vereinzeltes richten und sich nicht dem ganzen Schauplatz der Dinge zuwenden«. Seine Schule ist keine Zucht- und Aufbewahrungsstätte, in der geprügelt und gedrillt wird. Wissensfakten sowie ein sturer, inhumaner Moralkodex werden nicht eingebleut, sondern die Schule ist eine Stätte kreativer Begegnung, in der die drei göttlichen Gaben – Denken, Sprechen und sinnbezogenes Handeln – allseitig und je nach individueller Neigung zur Ausformung gelangen sollen. Sie sind das »Salz der Weisheit«.

Weiterhin legt Comenius einen unverzichtbaren Wert auf das planmäßige und in Stufenfolgen gestaltete Lernen, das vom »Leichten zum Schweren« führt. Der Lehrer hat von der lebendigen Anschauung der Unterrichtsgegenstände zum ganzheitlichen Verständnis des Kindes – zu seinem Sinn – voranzuschreiten. Es geht also nicht mehr darum, nur die Aussagen der Bibel oder der anderen antiken oder momentanen Autoritäten unkritisch nachzuplappern, sondern die Hauptaufgabe besteht darin, das Kind anhand seiner sinnlichen Erfahrung dazu zu befähigen, möglichst zu einer eigenen Meinungsbildung, zum Selbstbesehen der Dinge und Gegenstände hinzuführen. Es wäre verfehlt, zu behaupten, Comenius würde die ›Zucht‹ des Kindes ablehnen. Gegen was er protestiert, ist die Ausuferung der Zucht in Form einer peitschenschwingenden oder sonstwie psychisch und physisch vorgehenden sadistischen Unterdrückung des Kindes. Er sieht in der Zucht ein Vehikel zur Selbstbeherrschung und Tugendhaftigkeit, das nicht der Autonomie des Menschen widerspricht, sondern sie geradezu mitbedingt. Zucht oder Disziplin ist ein unverzichtbarer Bestandteil von Selbstachtung, Freiheit und Stärke des Individuums.

Beenden wir die Darstellung von Comenius' Schul- und Erziehungsgedanken mit dem Hinweis auf seine Forderung nach vier Schultypen. Abermals treffen wir auf eine für die damalige Zeitepoche revolutionäre Sichtweise:

»1. Für die Kindheit sei Schule der Mutterschoß (das Haus).

2. Für das Knabenalter sei Schule die Elementar- oder Volksschule.

3. Für die Jugendzeit sei Schule die Lateinschule oder das Gymnasium.

4. Für die Mannbarkeit sei Schule die Akademie und die Reisen.

In diesen obgleich verschiedenen Schulen soll jedoch nicht Verschiedenes getrieben werden, sondern dasselbe in verschiedener Weise, [...] in den niederen Schulen alles mehr allgemein und in Umrissen, in den höheren aber mehr im Besonderen und eingehender.«

Comenius' vierstufiges Bildungsprogramm bezweckt weltweite Verbreitung. In seinem Werk *Allgemeine Beratung zur Verbesserung der menschlichen Dinge* will er die Menschheit aus dem Zustand der Unwissenheit, der Not, hin zur Erkenntnis der Einheit und Harmonie mit und von allem geführt wissen. Auch über die Theorie einer künftigen Weltsprache und der Etablierung eines »Weltfriedensgerichtshofes«, der über den Frieden unter den Völkern zu wachen hat, stellt er konkrete Überlegungen an. Seine Gedanken sind derart ihrer Zeit voraus, daß sie nicht einmal annähernd in das Bewußtsein der damaligen Zeit Aufnahme finden. Sie bleiben daher in den Schubladen eines gesellschaftlichen Denkens eingesperrt, dessen Menschenbild nach wie vor von einer rigiden, antihumanen ›christlichen‹ Vorstellungskraft geprägt ist. Die wenigen Schulen, die es gibt, sind zuallererst Anstalten, in denen nur das gelernt und eingetrichtert wird, was im Zeichen der herrschenden Meinung eines tugendhaften, gottesfürchtigen und die Machtverhältnisse stabilisierenden Sozial- und Moralkodexes steht. Nicht das Individuum ist von vorrangigem Interesse, sondern das ›blinde‹ Kollektiv, dessen Werte und Normen es in einem unreflektierten Lernverfahren zu übernehmen und gutzuheißen gilt. Man könnte sagen, die Schule ist für die Schule und deren Herrschaftsvorstellungen da und nicht für den Einzelmenschen.

Comenius' Wirken fällt in eine Übergangsphase. Einerseits ist es noch eine von dogmatisch religiösen und weltanschaulichen Interessen beherrschte Zeit; andererseits trägt sie bereits Spuren der beginnenden Epoche des Realismus, Rationalismus und der Aufklärung in sich, in der langsam das Wort Schule zum erstenmal zu einem brisanten gesellschaftspolitischen Faktor werden wird. Vorerst aber haben die etablierten Mächte und Bewußtseinsträger ganz andere Gedanken und Bestrebungen von dem, was man heute unter Schule, Bildung und Erziehung versteht.

Rousseau und sein »Zurück zur Natur«

Mehrere Jahrzehnte nach Comenius tritt ein Mann auf die Bühne der europäischen Geschichte, der politisch zum Vorbereiter der Französischen Revolution wird und sich zugleich als Aufklärer zur »natürlichen Erziehung« bekennt. Sein Name ist Jean-Jacques Rousseau (1712 bis 1778). Er stellt die aufrüttelnde Frage, ob die bisherigen Wissenschaften, Künste und sonstigen Lebensweisen des Menschen denn tatsächlich zu seinem geistigen Fortschritt beitrugen oder ob sie ihn nicht vielmehr von seiner ursprünglichen Verwobenheit mit der göttlichen Natur entfremdeten.

Bis zum heutigen Tag regen Rousseaus pädagogische, philosophische wie politische Gedanken die Menschen an. Worin liegt nun das grundlegend Revolutionäre in seinem ›Pädagogischen Evangelium‹, in dem manche der heutigen Zeitgenossen den Vorläufer der antiautoritären Erziehung sehen? Zunächst glaubt Rousseau das Erziehungsideal des Menschen darin zu finden, ihn wieder »zurück zur Natur« zu führen. Das heißt: Sein Erziehungsziel ist der ursprüngliche, einfache, von Natur aus unverdorbene Mensch, der »sich selbst alles« bedeutet. »Er ist die ungebrochene Einheit, das absolute Ganze, das nur zu sich selbst oder seinesgleichen Beziehungen hat!« Die Natur verkörpert durchwegs das Gute. Im Gegensatz dazu steht die Gesellschaft, die das Böse und Unwahrhaftige ausdrückt und um derentwillen sich der Mensch immer mehr von der Natur – vom Guten – abgesondert hat. Der Gesellschaftsmensch ist ein Maskenträger, der meist danach lebt, was die äußeren Gesetze, Werte und Normen ihm vorschreiben und vorgaukeln. »Fast nie lebt er in sich selbst, er ist sich immer fremd und fühlt sich unbehaglich, wenn er in sich zurückkehren muß. Was er ist, ist ein Nichts; was er scheint, ist ihm alles.«

Darum fordert Rousseau für das Kind eine ganz und gar neue Erziehung, die es zunächst von der Öffentlichkeit fernhält. Sie soll auf einer Art von Insel – »im isolierten pädagogischen Raum« (Wilhelm Flitner) – stattfinden, um das Kind seiner »inneren Natur« zuzuführen. Die wahre Schule des Menschen, so könnte man mit Rousseau sagen, ist die Schule der Natur. Durch sie kann er alles Wesentliche im Rahmen der natürlichen Sinnenerkenntnis erfahren und erlernen. »Der wahrhaft freie Mensch will nur, was er kann, und tut, was ihm gefällt. Dies ist der grundlegende Satz bei mir. Es handelt sich nur darum, ihn auf die Kindheit anzuwenden, und alle Regeln der Erziehung werden sich daraus herleiten lassen«, sagt Rousseau. Hierbei kommt dem Erzieher lediglich die Aufgabe zu, das Kind in seiner natürlichen Entwicklung wachsen zu lassen, ähnlich einem Gärtner, der die Blume gießt, ohne sie in ihrem naturhaft vorgezeichneten Wuchs zu verändern. Somit darf der Erzieher und Lehrer in allererster Linie nur Partner, Führer oder ›Gärtner‹ des Kindes sein und nicht dessen Zucht- und Moralmeister.

Nach Rousseau benötigt der Zögling »keinerlei Lehre in Worten«; vielmehr soll er »seine Lehren nur durch die Erfahrung erhalten«, indem er sich an der Natur ausrichtet. Er »schöpft seine Unterweisung aus der Natur, nicht bei den Menschen«, so daß er nicht in Versuchung kommt, »immer die Hilfe anderer in Anspruch zu nehmen. [...] Dafür aber urteilt, sorgt und überlegt er in allem, was ihn unmittelbar berührt. Er schwatzt nicht, er handelt; er weiß kein Wort von dem, was in der Welt vorgeht, aber er weiß alles vortrefflich zu tun, was sich für ihn schickt. [...] Junger Erzieher, ich predige dir eine schwere Kunst: leiten ohne Lehren, alles tun, indem du nichts tust.« Und so wird »die erste Erziehung«, soll sie nach natürlichen Prinzipien verlaufen, »eine negative sein«. Sie darf »nicht Zeit gewinnen, sondern Zeit verlieren«, sofern sie nicht beabsichtigt, das Kind zu etwas zu drängen, was seiner inneren Naturentwicklung noch nicht angemessen, noch nicht reif ist. Die Absicht der »ersten Erziehung« gründet nicht darin, »Tugend oder Wahrheit zu lehren, sondern das Herz vor dem Laster und den Geist vor dem Irrtum zu bewahren«, welche durch die scheinheiligen Gesellschaftswerte eingeimpft werden sollen. Ist es dagegen »möglich, [...] nichts zu tun«, so hätte man einen Zögling, der »unter deinen Händen der vernünftigste Mensch« würde, und ein »Wunder der Erziehung« wäre geschehen, »wenn du damit anfingst, nichts zu tun«.

Rousseaus natürliche Erziehung erfolgt in mehreren Hauptstufen, die eine Art von Entwicklungspsychologie darstellen (1.–12. Lebensjahr: Ausbildung der kindlichen Sinne; 12.–15. Lebensjahr: Entwicklung zum denkenden und urteilenden Wesen; Erwachsenenalter: Ausformung von Selbständigkeit und Wissen in Familie und Gesellschaft als Ergebnis der vorangegangenen Entwicklungsstufen). Wir finden sie in seinem Buch *Emile.* Emile ist ein imaginäres Waisenkind und wird von Rousseau erzogen. Von klein auf beobachtet er Emile und hält sich solange zurück, bis das Kind die Gegenstände sinnlich zu be-greifen und zu erfassen anfängt. Erst jetzt wird Rousseau aktiv und führt Emile an die Dinge heran, für die er Interesse zeigt, selbst wenn es sich hierbei z. B. um »häßliche, ekelhafte und seltsame Tiere« handelt, denn Rousseau ist der Überzeugung, wenn Emile »während seiner Kindheit Kröten, Schlangen und Krebse ohne Grausen betrachtet hat, so wird er als Erwachsener jeglichem Tier furchtlos begegnen«.

Rousseaus Gebot der pädagogischen Zurückhaltung zeigt sich auch bei der Sprachentwicklung. Kinder, die man zu sehr zum Sprechen drängt, »haben weder Zeit genug, eine gute Aussprache zu lernen, noch richtig zu begreifen, was man sie nachsprechen läßt«. Auf schroffe Ablehnung stoßen diejenigen abstrakten Wert- und Moralbegriffe, die der Erzieher dem Kind nur der Form und reinen Anpassung halber andressiert. Rousseaus einzige Moralvorschrift an Emile lautet: Tue keinem Menschen etwas Böses an, im Sinne des alttestamentarischen: »Was du nicht willst, das man dir tu, das füg auch keinem andern zu!« Ja, sogar »das Gebot, Gutes zu tun, ist gefährlich, falsch und widersprüchlich, wenn es dieser Vorschrift nicht untergeordnet wird«. Hierbei warnt Rousseau davor, zu glauben, das moralisch Gute zu wollen würde automatisch auch in eine gute Handlung und Gesinnung des Menschen übergehen. Statt dessen soll sich der Erzieher bewußt sein, daß gerade derjenige Mensch, der vorgibt, ausschließlich Gutes zu tun, oft besonders grausam und böse »im Zeichen einer guten Sache« handelt und fordert.

Eine weitere revolutionäre Ansicht vertritt Rousseau beim Lernen des Lesens. Nicht er ist es, der will, daß Emile damit anfängt, sondern Emile soll selber den Wunsch danach äußern. Mit anderen Worten: Der Lehrer und Erzieher soll solange mit dem Leseunterricht abwarten, bis das Kind ihn dazu mit den Worten auffordert: »Mich interessiert es, das Lesen zu lernen. Bitte, unterrichte mich hierin!« – »Erweckt diesen Wunsch im Kinde und dann weg mit euren Lesekästen und Würfeln, und jede Methode wird ihm recht sein«, ruft Rousseau aus.

Etwa ab dem 12. Lebensjahr entwickelt sich das natürliche kindliche Bedürfnis, nach den Hintergründen der Dinge zu fragen und forschen. Emile will nun langsam wissen, wie es z. B. um die naturwissenschaftlichen Gesetzmäßigkeiten und Erfahrungen bestellt ist, die das Leben beeinflussen. Rousseaus Lektüre für Emile ist *Robinson Crusoe*. Sie ergänzt und bestätigt die selber gemachten Erfahrungen des Kindes. Emile kann aus dem Leben Robinsons lernen, wie es möglich ist, mit eigener Hände Kraft seinen Lebensunterhalt zu erwirtschaften und so mit der Natur am unmittelbarsten verbunden zu sein. »Ich will«, sagt Rousseau, »daß er nichts anderes im Kopf hat, daß er sich ununterbrochen mit seiner Burg, seinen Ziegen und Pflanzungen beschäftigt; daß er ganz genau, nicht durch Bücher, sondern an den Dingen, alles das lernt, was man in einem solchen Fall wissen muß, und daß er glaubt, selber Robinson zu sein.«

Langsam reift die Zeit der Berufswahl heran. Rousseau kann sich unter Beruf nur einen kreativen vorstellen, wie z. B. den des Schreinerhandwerks. Er garantiert körperliche Beweglichkeit, bei der Kopf und Hände in ständigem Austausch sind und das ästhetische Empfinden des Menschen anregen. Obendrein soll sich Emile durch den künstlerisch gestaltenden Umgang mit dem Holz bewußt sein, damit einen Teil der Natur zu bearbeiten und zu verinnerlichen.

Emile kommt nun in ein Alter, das ihn biologisch wie psychisch zum Mann werden läßt. Es ist so etwas wie eine ›zweite Geburt‹ des jungen Menschen, der von jetzt ab nicht mehr im Schonraum der »pädagogischen Insel« aufwachsen soll. Die Zeit ist nahe, daß Emile in die Welt, »wie sie ist«, hinausgeht und sie anhand des Stadtlebens und von Reisen kennenlernt. Vor allem die fortan auftauchenden erotisch-sexuellen Gefühle und Bestrebungen werden zum Gegenstand vieler Gespräche zwischen Rousseau und Emile. Rousseau versucht dabei, all die Erfahrungen mit ihm auszutauschen, die in einem natürlichen und möglichst zwanglosen Verständnis gegenüber der »ersten Liebe« gründen. Meist sind es Dialoge nach Art und Form der sokratischen Methode, durch die Rousseau ganz und gar zum Freund und partnerschaftlichen Berater Emiles wird. Er empfiehlt ihm, sich von nun an besonders der antiken Literatur anzuvertrauen, und sieht in Platons Buch *Der Staat* das Hauptwerk jedes gebildeten, weisen und vernünftig frei lebenden Menschen. Es ist »das schönste, das je geschrieben wurde«, sagt Rousseau.

Wenngleich einige der Lehren Rousseaus heute als überholt und wissenschaftlich widerlegt gelten, wirken sie in ihren grundsätzlichen Überlegungen und Ansprüchen nach wie vor als pädagogisch erstrebenswert und opportun fort. Dies ist vor allem in den folgenden Punkten der Fall: Sieh im Kind ein Wesen, das von Anfang an eine autonome Persönlichkeit ist. Drücke es nicht von klein auf in das gesellschaftliche Schema und das seiner Eltern. Achte und pflege seine »innere Natur«, auf daß es in Freiheit und Selbstbestimmung zu seiner »äußeren Natur« finden kann. Erziehe das Kind, indem du es möglichst wenig erziehst, d. h. erziehe es durch Selbsterziehung zur Persönlichkeit hin. Verbiete ihm deshalb nicht dauernd, sondern laß es seine Verbote selber finden, sofern es seine Grenzen und Möglichkeiten durch die Natur selbst erfährt. Dadurch erst zeichnet sich Rousseaus ›Erziehungs-Evangelium‹ aus, »daß der Mensch völlig seinem eigenen Willen zu folgen erzogen wird, nicht fremdem Willen. Die freie Persönlichkeit soll sich von innen entwickeln und wird daher nur sparsamsten Außenwirkungen und Außenreizen der Gesellschaft ausgesetzt« (Hans Maier).

Pestalozzis Schul- und Menschenbild

Johann Heinrich Pestalozzi (1746–1827) stellt knapp 100 Jahre nach Comenius' Tod weitere Bemühungen an, die Schule bzw. eine schulähnliche Gemeinschaft all denjenigen zu öffnen, die von den »hellen Seiten des Lebens« ausgeschlossen sind. Weiterhin werden alle Länder in Europa (ausgenommen England) vom Absolutismus oder von absolutismusähnlichen Regierungsformen beherrscht. Hunger und bittere Not stehen nach wie vor auf der Tagesordnung der Menschen, die der untersten sozialen Stufe angehören. Besonders die Landarbeiter sind davon betroffen. Ihre Situation erscheint ausweglos. Da tritt Pestalozzi, ein Zeitgenosse Goethes, auf den Plan. Pflegt Goethe die sozialen Privilegien seiner Gesellschaft willig anzunehmen, um nicht zuletzt dadurch auf ganz andere Weise der Menschheit ein grandioses geistiges Erbe zu hinterlassen, so schlägt

Pestalozzi den umgekehrten Weg ein. Er lehnt die sozialen wie sonstigen Vorzüge der Gesellschaft ab, wendet sich ihren Ausgeschlossenen und Armen zu und gerät deshalb in Gegnerschaft zu den herrschenden Kreisen. Auf dem landwirtschaftlichen Gut Neuhof in der Schweiz gründet er eine Art von Armenanstalt, deren Grundgedanke es ist, den dortigen Kindern in einer Verbindung von elementarem Unterricht (Lesen, Schreiben, Rechnen) und der nutzbringenden Beschäftigung in Form von Feldarbeit, Stricken, Spinnen und Weben einen neuen sozialen Lebenssinn zu vermitteln. Sein Ziel ist, den Ärmsten der Armen »Hilfe zur Selbsthilfe« angedeihen zu lassen, um sie vor dem Verhungern zu retten. Darüber hinaus beruhen Pestalozzis allgemeine anthropologische wie schulische Überlegungen darauf, daß der Mensch seine Bildung gleichmäßig aus Kopf, Herz und Hand schöpfen müsse, was nichts anderes heißt, als daß die Menschenbildung als Hauptfaktor die Natur, die im Inneren des Individuums liegt, zum Gegenstand haben soll. Ganz unmißverständlich stellt sich Pestalozzi dabei gegen den landläufigen Auftrag der Schule, nur ein plakatives Kopfwissen zu vermitteln. Darin sieht er eine Denaturierung des Menschen, da es nicht zur Harmonie seiner Sinne und Gefühle beiträgt, sondern zu deren Zersplitterung bzw. rigiden Spezialisierung führt. Ähnlich wie sein Vorbild Rousseau wünscht er den sich frei und natürlich entwickelnden Menschen, der sich in der Dreiheit von Körper, Seele und Geist entfalten kann. Deshalb verwirft Pestalozzi die schulisch propagierten »tausendfachen Künsteleien des Wortverkehrs und der Modelehrart«, jene »mühselige Abführung von der Bahn der Natur«.

Ein weiteres Merkmal ist, daß sich die Bildung eines Menschen darin zeigt, wie seine soziale Lage beschaffen ist. Aufgrund einer Reihe von schulpädagogischen Fehlschlägen, darunter auch dem von Gut Neuhof, gelangt der uns heute als Volkserzieher bekannte Pestalozzi zu der grundlegenden und revolutionären Einsicht, daß es in erster Linie die herrschenden politisch-sozialen Verhältnisse sind, die es einem Großteil der Kinder nur allzu schwer machen, zu einem sittlich-geistigen Leben in selbstverantwortlicher Freiheit und Harmonie zu gelangen. Von den Idealen des beginnenden Zeitalters der Aufklärung abgesehen, die auch den einfachen und unausgebildeten Individuen eine möglichst vielschichtige Bildung zukommen lassen wollen, in der Realität aber nicht eingelöst werden sollten, beschränkt sich die Schule darauf, stur und rein funktional das Lesen, Schreiben und Rechnen zu lehren sowie einige Sachgebiete näherzubringen, die als ökonomisch nützlich gelten. So gesehen, kann sich Pestalozzis Bildungsidee: »Wer nicht Mensch ist, in seinen inneren Kräften ausgebildeter Mensch ist, dem fehlt die Grundlage zur Bildung seiner näheren Bestimmung und seiner besonderen Lage« nicht fruchtbar in die Tat umsetzen, da unter Elementarbildung die Ausformung der körperlichen, geistigen und sittlichen Zustände gemeint ist. Gerade sie werden dadurch unterdrückt, daß in der Volksschule nur jene Fächer betrieben werden, die das Kind für seine spätere Berufsrolle vorprogrammieren – eine Tendenz, die sich, wie wir im späteren Verlauf sehen werden, in der heutigen Zeit in frappierender Weise zu wiederholen scheint.

Diese Zustände rufen Pestalozzi auf den Plan. Mit einer Bemerkung, die besonders auf die schulischen Anstalten zielt, polemisiert er, daß diese mit »seit mehr als einem Jahrhundert leeren Worten ein Gewicht auf den menschlichen Geist« ausgeübt haben und damit »das europäische Christenvolk zu einem Wort- und Plappervolk« werden ließen. Man opfert die schulische Unterweisung »dem Wirrwarr isolierter, einzelner Lehren [...], und mit Auftischung aller Arten von Brockenwahrheiten« tötet man »den Geist der Wahrheit [...] und die Kraft der Selbständigkeit« des Menschen und seiner Gattung.

Anstatt den Grundsatz der sinnlichen Anschauung zu beherzigen, mit der jeder Mensch die Dinge wahrnimmt und empfindet, wird die »Sinnenwelt« (Pestalozzi) verteufelt bzw. als etwas dargestellt, das der herkömmlichen Wert- und Weltsicht nicht entspricht. Ähnlich, wie es rund 100 Jahre zuvor Galilei unter dem Druck der Folter verboten wurde, die Äußerung aufzustellen, die Welt sei nicht der Mittelpunkt des Kosmos, ist es jetzt verpönt, sich zum Vertreter der sinnlichen Wahrnehmung aufzuschwingen. Unter Zuhilfenahme der menschlichen Sinne will Pestalozzi den Menschen zur Sittlichkeit führen. In ihnen sieht er neben dem Naturzustand und dem gesellschaftlichen Zustand die dritte Kraft, mit der er sich zum eigentlichen Menschen entwickeln kann. Sittlich zu handeln bedeutet für Pestalozzi nichts anderes als zur »menschlichen Mitte«, d. h. zur geistigen Vervollkommnung zu schreiten, in welcher der Mensch in Übereinstimmung mit sich selber lebt. Das ist jedoch erst dann möglich, wenn er zur Selbsterfahrung seiner Person (und der seines Gegenübers) gelangt. Ein sittliches Dasein zu begründen, heißt in letzter Konsequenz immer ein »Ja zu sich selbst«, das dem inneren Ursprung des Menschen entwächst.

Primärer Ort der Sittlichkeits- oder Herzensbildung ist die *Familie.* Hier, in der »Wohnstube« (Pestalozzi), werden die Grundlagen dafür gelegt. Nur aus dem liebenden Vertrauen des Kindes zu seinen Eltern und umgekehrt kann die spätere allgemeine Herzlichkeit gegenüber Mensch und Natur resultieren. Daraus folgt: Wo kein »gesundes Herz« vorgefunden wird, läßt sich kein ordentlicher Geist aufbauen. Auf dem Schulbildungsbereich ist es vor allem die »Elementarschule« (Pestalozzi), welche die Herzensbildung weiter voranbringen muß. Pestalozzis Auffassung gründet in der wesentlichen Erkenntnis, daß alles aus der Liebe oder Nicht-Liebe des Herzens entsteht, daß alles dem göttlichen Spiel unterliegt. Der Mensch hat die freie Wahl, mit welchen Mitteln er das Spiel gestalten will. Mit anderen Worten: Es obliegt ihm, wie er innerhalb des göttlichen Spielrahmens seinem Leben mehr Sinn oder mehr Unsinn verleihen möchte; er entscheidet darüber, was und wie im Bereich der Erziehung und Schulbildung das Kind erfahren und erlernen soll. Es ist zuallererst sein Geist, seine geistige Zucht, der den Geist oder Ungeist des Kindes bewirkt, denn, so bemerkt Gotthilf Salzmann, ein Zeitgenosse Pestalozzis: »Von allen Fehlern und Untugenden seiner Zöglinge muß der Erzieher den Grund in sich selbst suchen.«

Pestalozzis Wirken fällt in die Epoche der Französischen Revolution, die ihn mit dem Aufruf zur »Freiheit, Gleichheit und Brüderlichkeit« der Menschen untereinander bestärkt. Besonders das französische Volk ist nicht mehr länger bereit, Armut, Not und Unterdrückung durch absolutistische Herrschaftsformen gottergeben zu erdulden. Die Ideen der Französischen Revolution hinterlassen auch in anderen Ländern Spuren, die den Ruf nach Freiheit und Unabhängigkeit in vielen Köpfen kritischer und aufklärerischer Geister nähren. In ihnen und in der spontanen Kraft der Jugend sieht Pestalozzi die große Chance eines grundlegend neuen Bewußtseinsprozesses, einer neuen Gesellschaft, die ein gänzlich anderes Denken sowie Handeln und mit ihrer pädagogisch-anthropologischen Aufklärung einen Beitrag zum modernen Humanismus schaffen soll.

Wilhelm von Humboldt

Pestalozzis Wirken findet seinerzeit große Aufmerksamkeit bei den fortschrittlich denkenden Kreisen. Beispielsweise greift der deutsche Philosoph Fichte seine Gedanken der Menschenbildung auf und sieht in ihnen ein probates Mittel zur Erlangung der Forderung: »Alle Menschen müssen als von Natur auf gleich angesehen und behandelt werden!« Fichte bemerkt weiter: »Es bleibt sonach uns nichts übrig, als schlechthin an alles ohne Ausnahme, was deutsch ist, die neue Bildung zu bringen, so daß dieselbe nicht Bildung eines besonderen Standes, sondern daß sie Bildung der Nation schlechthin als solcher, und ohne alle Ausnahme einzelner Glieder derselben werden ...« (zitiert nach Wilhelm Flitner).

Fichtes Worte fallen in eine Zeitphase, in der Preußen damit beginnt, seine ersten Schulreformanstrengungen zu unternehmen. Unter Wilhelm von Humboldt (1767–1835) erreichen sie 1809/10 ihren Höhepunkt. Ab sofort soll die von Humboldt geforderte »allgemeine Menschenbildung« den Kindern vermittelt werden. Auf dem Sektor der Elementar- oder Volksschule ist beabsichtigt, der geistigen und politischen Unmündigkeit des Volkes, deren Folge die Fremdheit und Gleichgültigkeit der Untergebenen gegenüber dem Staat ist, Einhalt zu gebieten, indem die Kinder eine diesbezügliche Aufklärung erhalten. Nicht zuletzt aus diesem Grunde besteht ein reger Kontakt zwischen den preußischen Unterrichtsbehörden, deren Leiter Wilhelm von Humboldt im Jahre 1809 wird, und Pestalozzi. Humboldt schickt eine Reihe junger Pädagogen zu Pestalozzi, damit sie dessen Schul- und Lehrerausbildungsprogramm prüfen und weiterentwickeln. Dabei zeigt sich, daß Humboldts Gedanken über den Volksschulunterricht eng an jene von Pestalozzi anknüpfen.

Generell kann festgestellt werden, daß im klassisch-idealistischen Zeitalter, das grob zwischen 1750 und 1830 anzusiedeln ist, eine kaum zu überbietende Fülle und Qualität von geistigen Bestrebungen festzustellen ist, die sich allesamt unter dem Schlagwort »Aufklärung« treffen. Protagonisten wie Lessing, Herder, Goethe, Schiller, Fröbel, Kant und Hegel erweitern und vertiefen durch ihre philosophischen wie erzieherischen Schriften den Prozeß und verleihen ihm darüber hinaus auch einen literarischen und dramaturgischen Anstrich, wie es beispielsweise in Goethes *Wilhelm Meisters Wanderjahre* zum Ausdruck kommt. Schule und Erziehung werden als die tragenden Eckpfeiler dieser Entwicklung angesehen. Sie sollen die beiden äußeren Form- und Gestaltungsträger des »Neuen Menschen« sein.

Von genannten Ideen relativ unbeeindruckt, beginnt mit Anfang des ersten Viertels des 19. Jahrhunderts der Prozeß der *Industrialisierung*, der alles andere als das Wort »Idealismus« auf seinem Banner trägt. Zwar ist die Industrialisierung ebenfalls ein gewaltiger »Schub von Aufklärung«, jedoch in ganz und gar anderem Sinn: Ihre herausragenden Phänomene bestehen in der »Massenhaftigkeit des Daseins« (Reble), im nackten Realismus und der beginnenden Technologiegläubigkeit des Menschen. »Zwischen 1830 und 1900 wächst die Bevölkerung Deutschlands auf mehr als die doppelte Zahl an. [...] Dieser Ballung der Menschen entspricht die ungeheure Zunahme des Produktionsapparates und der Gütererzeugung auf allen Gebieten« (Reble). Damit einhergehend nimmt der Grad an Technisierung permanent zu, so daß viele Menschen bereit oder gezwungen sind, Arbeit in den städtischen Fabriken und Produktionsstätten zu suchen. Aufgrund dieser Entwicklungen werden die ehemaligen Vertreter des gemäßigten Idealismus mehr und mehr in die Schubladen der verstaubten Romantik gesteckt. Die Dinge der »realen Welt« (Reble) stehen fortan im Mittelpunkt, wie etwa »die Erforschung der Natur und das Wirken in der Wirtschaft [...]. Man zieht sich ganz auf das Diesseits zurück und erwartet angesichts der faszinierenden naturwissenschaftlichen und technischen Erfolge von der exakten Wissenschaft die Lösung aller Welträtsel« (Reble).

Natürlich drückt sich diese Entwicklung auch auf dem Schulsektor aus. Wer das Privileg des Gebildetseins aufrechterhalten will, muß fortan dasjenige Wissen und Können besitzen, das Technik und Naturwissenschaft zur Verfügung stellen. Wo anders sonst als in der Schule sollte es gelehrt werden? In erster Linie geht es dabei um die Aneignung von intellektuellem Wissen, das im Rahmen der sozio-ökonomischen realen Erfordernisse als Anwendungswissen zum Ausdruck kommt. Eine Folge davon ist die Schaffung neuer Schultypen, die den Bedürfnissen der technologischen Gesellschaft Rechnung tragen sollen, wie etwa die technischen (Hoch-) Schulen oder die Realschulen.

Doch das technologisch-industrielle Weltbild eines wissenschaftsgläubigen Realismus hält auf Dauer längst nicht das, was es dem Durchschnittsmenschen anfangs versprochen hat. Es kommt zu massiven ökonomischen wie existentiellen Zusammenbrüchen und Zerreißproben: »Die Welt erbebt unter den wirtschaftlichen, sozialen und politischen Krisen dieser Zeit. Den schwindelerregenden Erfolgen der Technik und Zivilisation stehen grauenhafte Katastrophen und Entartungserscheinungen gegenüber« (Reble). Mehr und mehr reift in kritischen Geistern, wie z. B. bei Nietzsche und Schopenhauer, die Erkenntnis, daß der Mensch den Fehler begann, seine inneren Kräfte zugunsten der äußeren über Gebühr zu verschwenden in dem fatalen Glauben, nur so seine Selbstbefreiung und Emanzipation zu erreichen.

Die deutsche Jugendbewegung – idealistische Antwort auf eine brüchige Sinnexistenz

Es fehlt daher nicht an einer gesellschaftlichen Gegenströmung, die bei der jungen gebildeten Generation mit dem Ziel entsteht, den maßlos erscheinenden Veräußerlichungen – den technisch-materialistischen Daseins- und Glücksverheißungen – Paroli zu bieten. Ihr erklärtes Ziel ist es, wieder zur Natürlichkeit des Menschen gegenüber sich selbst und seiner Natur zurückzukehren. Überspitzt formuliert kann man sagen, daß Teile der jungen Generation dem Rousseauschen Ausspruch »Zurück zur Natur!« nacheifern, zurück zu Besinnlichkeit und Schlichtheit, zurück zum menschlichen Du! Man ekelt sich vor einem Fortschrittsdenken, das mit einem satten, anmaßenden Bürgerlichkeitsleben einhergeht. Als Beispiele dafür stehen die Mietskasernen, die »Asphaltkultur« der Großstadt, der Schmutz und Lärm der Fabriken sowie nicht zuletzt die unechten und scheinheiligen Verhaltensweisen der Menschen untereinander. Ein weiteres Phänomen beschleunigt das neue Weltbild. Durch die tiefenpsychologische Entdeckung des Unbewußten, dem Sigmund Freud und seine Schüler den Namen »Es« geben, werden die Allmachtsgedanken, die man bislang den Begriffen Intelligenz und Verstand zuschob, stark relativiert, wenn nicht gar abgelehnt. Das irrational-unbewußt Schöpferische und Künstlerische rückt wieder mehr ins Blickfeld. Die aktive Beschäftigung mit der Natur zeigt sich z. B. in der Wandervogelbewegung, die neben der Ansicht, sich im spontan-kreativen zwischenmenschlichen Erfahren besser zu erkennen, von dem Gedanken getragen ist, daß der Mensch mit der Natur innigst verwoben ist und nur aus ihr sinnvoll und kraftschöpfend leben kann.

Und noch ein Weiteres kommt hinzu: Durch die epochalen bewußtseinsverändernden Entdeckungen auf dem Gebiet der Naturwissenschaften – insbesondere durch die Quantentheorie und die Relativitätstheorie –

werden dem Menschen Naturgesetze offenkundig, die »einen tiefgreifenden Wandel des naturwissenschaftlichen Denkens« (Reble) bewirken. Nicht das Atom ist jetzt die kleinste und nicht mehr spaltbare Einheit, sondern es gibt noch kleinere und vor allem in ihrem Verhalten nicht exakt bestimmbare ›Dinge‹ – die Elementarteilchen –, die sich der menschlichen, logisch-kausalen Vorstellungskraft entziehen. In diesen Bereichen zeigt sich, wie sehr Teile der Naturwissenschaften wieder zum Glauben werden und zur philosophischen Transzendenz überleiten; alles steht mit allem in einer untrennbaren Wechselbeziehung; alles, was ist, unterliegt der Wirkkraft des nicht entschlüsselbaren letzten geistigen Grundes; alles geht von ihm aus und führt wieder auf ihn zurück.

Das Hauptanliegen der Jugendbewegung gründet wesentlich in der Bildungsfrage. Es ist die Frage nach der inneren Formung und weit weniger jene nach der äußeren Schulung. So überrascht es nicht, daß zu Beginn des 20. Jahrhunderts eine dynamische und differenziert individualistische pädagogische Bewegung steht. Ihre Absicht sind ein Aufbegehren gegen den pädagogischen Intellektualismus und Mechanismus sowie die Ablehnung der Zerspaltung und Veräußerlichung von Erziehung und Unterricht und des Beherrschtwerdens der Jugend durch die Erwachsenen. Es entstehen die Kunst- und Arbeitsschulbewegungen sowie die Bemühungen um Gesamtunterricht. Auch die Idee der Landerziehungsheime und der Lebensgemeinschaftsschulen sind Produkt der Jugendbewegung, die sich im letzten Jahrzehnt des 19. Jahrhunderts entwickelt und der Erziehung mit einer Vielzahl reformpädagogischer Werke ein neues Gesicht verleihen will. Georg Kerschensteiner, Julius Langbehn, Berthold Otto und vor allem Ellen Key sind ihre wichtigsten Vertreter.

Die Jugendbewegung greift die Generation der Alten an und wirft ihr vor, ein Erbe übernehmen zu sollen, das alles andere als übernehmenswert, weil zutiefst inhuman, ist. Das bürgerliche Elternhaus samt seiner praktizierten Negativ-Autorität wird als schleichende Giftdroge empfunden, weil es ausschließlich auf den Mechanismen der Einübung zur Unterdrückung und Eindimensionalität menschlichen Lebens beruht und damit auch für die »Knechtungsanstalt Schule« einen willigen Prägungs- und Erfüllungsgehilfen abgibt. Die schulische Disziplinarerziehung braucht nur das weiterzuführen, was in der Familie an Unterdrückungsarbeit vorgeleistet wird.

Die Vorwürfe gegenüber Elternhaus und Schule ändern jedoch nichts an Art und Wesen dieser beiden Institutionen, so daß die Jugend zur partiellen Erfüllung ihrer Ansprüche und Wünsche mehr und mehr in eine Art von Subkultur flüchtet. Ihren Lebenssinn will sie außerhalb von Familie und Schule suchen – im Rahmen der Wanderfahrten, wo man unter Gleichgesinnten ist. »Diese kleine Gemeinschaft fordert den ganzen Menschen für sich und entwickelt bisher ungeahnte Kräfte der Selbsterziehung und Selbstentfaltung, des echten Dienens und echten Führens aus innerer Autorität und Berufung heraus. Man erlebt erst recht den Gegensatz zu der faden, veräußerlichten und unwahrhaftig gewordenen spätbürgerlichen Welt« (Reble). Spätestens das »Freideutsche Jugendfest« von 1913 macht auch der breiten Öffentlichkeit klar, daß es sich nicht um eine bagatellhafte Spinnerei einiger weniger Weltverbesserer handelt, sondern um eine reale und ernstzunehmende Bewegung, wenngleich um eine relativ unpolitische, da es ihr nicht um die konkrete und strategisch vorbereitete Machtablösung der bislang herrschenden Wert- und Gesellschaftsordnung geht. (Sie ist in nicht unwesentlichen Bereichen vergleichbar mit der heutigen »grünen« Bewegung.) Vielmehr ist es ein Befreiungsversuch der Jugend, der in der Privatheit der persönlichen Existenz seinen eigentlichen Sinn sieht. Der Emanzipationsfunke springt folglich nicht direkt auf breitere Schichten des Volkes über. Dennoch erreicht er indirekt und langfristig einiges an gesamtgesellschaftlicher Wirkung. Seine Kräfte treten nun bewußter in den Forderungen des Bürgertums zutage und erzeugen die ersten Anfänge breitgefächerter »Bildungsarbeit im Volke, insbesondere in der Schule, in den Volkshochschulen, der Jugendpflege, den Kulturorganisationen. [...] Die Schulen werden nun für Jugendfragen, für Schulveränderungen, für Landheime, für individuelle Auflockerung im Unterrichtsbetrieb, für Jugendfahrten, für echtes Gemeinschaftsleben« (Reble) interessiert. Ein konzentriertes Nachsinnen über die jugendliche Psyche setzt ein. Ebenso beginnen sich breitere Teile der Öffentlichkeit für die Fragen der Lebensgewohnheiten Jugendlicher – der Jugendsubkultur – zu interessieren. In diesen Zeitraum fallen auch die Einrichtung von Jugendämtern (1922) und die Konstituierung des Jugendgerichtsgesetzes (1923); es entsteht das Bewußtsein dafür, inhaftierten Straftätern Hilfe im Sinne einer Gefangenenfürsorge angedeihen zu lassen.

Ellen Key, die Protagonistin der antiautoritären Erziehung

Befassen wir uns abschließend mit den Gedanken wohl der hervorragendsten Vertreterin der Reformpädagogik, mit Ellen Key (1849–1926). Im Einklang mit der Jugendbewegung besteht ihr oberstes Ziel darin, zu einer radikal-reformerisch anderen Sichtweise dessen zu gelangen, wie und was Erziehung im allgemeinen und im besonderen (vor allem im Hinblick auf die Schule) zu bewirken hat. Mit ihrem 1902 erschienenen Hauptwerk *Das Jahrhundert des Kindes* legt die schwedische Lehrerin ihr pädagogisches »Glaubens- und Hoffnungsbekenntnis« ab. Ähnlich wie Rousseau vertritt sie die Auffassung, das Kind müsse so naturgemäß wie nur möglich erzogen werden, vor allem aber ohne Zwang und ohne eine besondere äußere Struktur. Es soll in freier und ungezwungener häuslicher wie schulischer Umgebung aufwachsen. Diese seelische Atmosphäre wirke auf das Kind konstruktiv-kreativ wie frische Luft. Das beispielhafte Vorleben seitens der Erzieher ist das wertvollste Mittel, um auf das Kind positiv einzuwirken. Noch eine weitere grundlegende Gemeinsamkeit besteht zwischen Rousseau und Key: Beide leugnen die Anlage zum Bösen, denn der Mensch sei von Natur auf gut. Untugenden sind nur die Kehrseite der Tugenden, und jede Untugend ist das Werk der schlechten Umwelt des Kindes, das durch die ständigen scheinheiligen Ermahnungen im Sinne religiöser und moralisierender Ge- und Verbote zum Tragen kommt. So ist die körperliche Strafe immer ein Übel, da sie die ursächlich von außen inszenierte ›böse‹ Tat des Kindes durch ein noch böseres Mittel – durch Schläge – vergelten möchte. Auch das Recht des Kindes, gemäß seinem Lebensalter geachtet und motiviert zu werden, findet bei Ellen Key große Bedeutung. Das Kind soll im weiteren nicht zu einem ›ehrenwerten‹ Mitglied der Gesellschaft erzogen werden, da diese in Wahrheit alles andere als das Prädikat »ehrenwert« verdient. Statt dessen soll das Kind zu jener ungezwungenen Individualität und Autonomie gelangen, die es ihm ermöglicht, seinen einzigartig-einmaligen Menschentyp zu entfalten.

Schwere Vorwürfe richtet Ellen Key gegen das bestehende Schulsystem, das die Pflicht hätte, jedes einzelne Kind zum Höchstmaß der in ihm angelegten Entwicklung, und damit zu seinem Glück, gelangen zu lassen. Aber das Schulsystem vernichtet ebenso wie die Familie den Rohstoff der Persönlichkeit, der ihm übergeben wird. Das bewirkt hauptsächlich der Unterricht mit seinem sturen und autoritären Lernen, Prüfen, Notengeben. Hinzu kommt nicht zuletzt die rigide Klassenführung der Lehrer mit ihren kollektiven Ehrbegriffen und Gewissenszwängen, die nicht darauf achten, im Individuum das eigene Gewissen heranreifen zu lassen, um es dem kollektiven Gewissen frei gegenüberstellen zu können. Die Gesellschaftserziehung der Schule sieht ihr Ziel vielmehr darin, das individuelle Denken und Fühlen abzutöten. Nicht ›trotzig‹-kreative Persönlichkeitsoriginale sind erwünscht, sondern unpersönliche ›Musterkinder‹, die das nachäffen, was ihnen von der Schule als richtig und wahr vorgeplappert wird.

Keys Ansichten gehen dahin, daß es müßig ist, die Schule in ihrem momentanen Zustand sichtbar zu reformieren. Sie kann nur revolutioniert, also von der Wurzel her neu geschaffen werden. Der Traum von ihrer neuen Schule sieht so aus: Sie darf keine Klassen haben und arbeitet nicht mit Prüfungen oder Zeugnissen, Noten usw.; die Hauptgegenstände des Unterrichts sind Geschichte, Geographie, Naturwissenschaft und Mathematik. Statt methodischen Turnens, das lediglich körperlichen

Drill bezweckt, wird Tischlerei, Gärtnerei, Buchbinderei und Sport getrieben. Der Religionsunterricht im herkömmlichen Sinn wird strikt abgelehnt, da er das demoralisierendste Moment der Schulerziehung überhaupt ist. Die Schüler haben bei sämtlichen schulischen und fächerspezifischen Formen und Inhalten absolutes Mitspracherecht, das bis hin zu der Frage reicht, welcher Lehrer für welches Fach und welche Klasse am geeignetsten ist.

Zusammenfassend läßt sich folgern, daß nach Keys Vorstellungen vom antiquierten und repressiven Schulsystem »bei der großen pädagogischen Revolution, die fällig ist, kein Stein auf dem anderen bleiben« darf. Der Erwachsene darf sich nicht anmaßen, das Kind zu sich heraufziehen zu können; nicht zu erziehen, ist darum das eigentliche Geheimnis der Erziehungskunst. »Ruhig und langsam die Natur sich selbst helfen lassen und nur sehen, daß die umgebenden Verhältnisse die Arbeit der Natur unterstützen, das ist Erziehung. Alles andere ist Dressur« (Reble).

Das Beispiel Nationalsozialismus: Geschichtliche Mahnung im Rahmen einer abschließenden Zusammenfassung

Es stellt sich die alles umschließende Frage, wie es möglich sein konnte, daß die liberalistisch-humanistischen Bestrebungen und ihre zumindest ansatzweisen schulischen Verwirklichungen zu Beginn unseres Jahrhunderts in der Folgezeit zur Etablierung des barbarischsten Systems der neueren Geschichte führen konnten: der Herrschaft des Nationalsozialismus. Eine Reihe qualifizierter Spekulationen und Theorien ist darüber entworfen worden, doch ist es in unserem Zusammenhang nicht möglich, näher darauf einzugehen. Nur soviel sei angemerkt: Sowohl die politisch-sozialen Theorien als auch jene, welche die Genese des Nationalsozialismus aus tiefenpsychologischer Sicht erklären, treffen sich in einem ganz bestimmten

Punkt – in der Beleuchtung des Menschen hinsichtlich seiner ›guten‹ und ›bösen‹ Anteile, die, so scheint es, stets Ausdruck seines geistig-sittlichen Bewußtseins waren und sind. Damit betreffen sie immer auch einen wesentlichen Aspekt der Erziehung in Familie und Schule.

Wenn es stimmt, daß nicht schon die Existenz an sich, sondern erst das Bewußtsein, das man gegenüber dieser Existenz aufbaut, maßgeblichen Anteil daran hat, wie der Mensch sich selbst, der Welt und allen ihren Kreaturen gegenüber verhält, so muß die Folgerung erhoben werden, daß er zu fast allen Zeiten mit seinem geistigen Bewußtsein mehr schlecht als recht gehaushaltet hat. Vor allem verstand er es bis zum heutigen Tage, sein Böses geschickt zu vernebeln, zu unterdrücken oder zu verdrängen. Er projizierte seine negativen Anteile auf die anderen und versuchte, vorrangig dort das Böse zu sehen und zu bekämpfen, wo es außer ihm stand.

Die Geschichte von Erziehung und Schule ist, wie aufzuzeigen versucht wurde, voll solcher Beispiele. Seitens der Eltern und Lehrer sah man im Kind lange Zeit in erster Linie das personifizierte Böse, Dunkle und Schwache, ohne sich eingestehen zu wollen, daß es dabei zuerst um die eigenen Schattenseiten ging, die man aber nicht an sich selbst, sondern an den hilflosen Individuen zu bekämpfen und zu ›therapieren‹ glaubte. Wo immer das Böse nicht in die eigenen Anteile der Person integriert wurde, um zu einer Vermischung mit dem Guten zu gelangen, führte es zum Kriegs- und Unruhestifter – sei es in Form des peitschenschwingenden Lehrers oder in Gestalt einer sonstigen Repressions- und Diktatorfigur.

Hierfür sind Erziehung und Schule im Dritten Reich das beste Beispiel aus jüngster Vergangenheit. Wenn sich 1933 große Teile des deutschen Volkes ihrem selbsternannten ›Retter‹ Adolf Hitler in blinder und hingebungsperverser Untertanentreue auslieferten und aufopferten, so muß die Frage erlaubt sein, welche erzieherisch-schulischen Anteile daran bereits vorher in den Köpfen und Herzen unserer Nation vorbereitet wurden. Man kann die Geschichte des Dritten Reiches nicht nur mit der plakativen Formel abtun, der Mensch sei eben von jeher ein kollektives Herdentier, falls er eine dementsprechende Erziehung erhalte und obendrein Lust am

Töten, Zerstören und Quälen habe. Wer das behauptet und als quasi ›unveränderbares Naturgesetz‹ in die Mitte seines Denkens aufnimmt, hebt den Menschen nicht aus jener Sonderstellung heraus, schöpferisch zu leben, das heißt, ein lernendes und auf die Transzendenz hin ausgerichtetes Wesen zu sein, das Moral und Vernunft besitzt und vor allem von zwei göttlichen Geboten geleitet wird: dem Liebesgebot und damit einhergehend dem Gebot: »Du sollst nicht töten!«

Hitlers Menschenbild, von seiner familiären und schulischen Erziehung maßgeblich mitgeprägt, war dagegen ein höchst liebloses und tötendes. Es offenbart sich, auf einen kurzen Nenner gebracht, in seinen Vorstellungen von Erziehung: »Meine Pädagogik ist hart. Das Schwache muß weggehämmert werden. In meinen Ordensburgen wird eine Jugend heranwachsen, vor der sich die Welt erschrecken wird. Eine gewalttätige, herrische, unerschrockene, grausame Jugend will ich. [...] Schmerzen muß sie ertragen. Es darf nichts Schwaches und Zärtliches an ihr sein. [...] So kann ich das Neue schaffen« (zitiert nach Alice Miller). Hitlers Worte mögen den meisten heutigen Zeitgenossen als brutal, ablehnungswürdig oder völlig unverständlich erscheinen, doch klingen in ihnen nicht auch scheinbar allgemeingültige menschliche Aspekte an, die nach wie vor eine gewisse (latente) Sympathie hervorrufen? Geht es nicht gerade heute wieder um erzieherisch-schulische Begriffe wie Stärke, Durchhaltevermögen, Konkurrententum usw.? Kurzum: um Verständnis- und Lieblosigkeit? Und werden sie in den verborgenen (Seelen-)Winkeln so mancher Familien und Lehrerzimmer nicht abermals, freilich in einem anderen Zusammenhang, herbeigewünscht?

Verweilen wir noch kurz bei dem Versuch, unsere historischen Skizzierungen von Erziehung und Schule mit einem Fazit ausklingen zu lassen. Es wurde beabsichtigt, den Nachweis zu erbringen, daß der größte Teil der Erziehungsgeschichte darin bestand, dem Kind ein tiefes familiäres wie schulisches pädagogisches Mißtrauen entgegenzubringen, das sich dadurch kundtat, es als minderwertiges, rechtloses und darum zu unterdrückendes und zu disziplinierendes Wesen anzusehen. Daran änderten in der Praxis auch die reformpädagogischen Bestrebungen des 19. Jahrhunderts nicht viel. Das Kind konnte seitens seiner Erzieher hauptsächlich nur durch Pflicht, Gehorsam, Furchteinimpfung und der hierzu oft nötigen Prügel zu einem ›anständigen Menschen‹ heranwachsen. Es erscheint deshalb nicht überzogen, Peter von Zahn zuzustimmen, der in der rund zweitausendjährigen Geschichte des Abendlandes ein »einziges Verbrechen am Kind« erblickt, ein Verbrechen, das der Philosoph und Pädagoge Johann Georg Sulzer 1748 als vernünftig erzieherische Tat den Eltern ans Herz legte: »Es ist ganz natürlich, daß die Seele ihren Willen haben will, und wenn man nicht in den ersten zwei Jahren seine Sache richtig gemacht hat, so kommt man hernach schwerlich zum Ziel. Die ersten Jahre haben unter anderen auch den Vorteil, daß man da Gewalt und Zwang brauchen kann. Die Kinder vergessen mit den Jahren alles, was ihnen in der ersten Kindheit begegnet ist. Kann man da den Kindern den Willen benehmen, so erinnern sie sich hernach niemals mehr, daß sie einen Willen gehabt haben. [...] Der Gehorsam besteht darin, daß die Kinder 1. gern tun, was ihnen befohlen wird, 2. gern unterlassen, was man ihnen verbietet, und 3. mit den Verordnungen, die man ihrethalben macht, zufrieden sind« (zit. nach Alice Miller).

All die vollbrachten Sünden und Mißgriffe am Kind zeugen von einer geistlosen und deshalb lieblosen Haltung, die ihre Entstehung aus dem primitiven Glauben an Beherrschtwerden und Weiterbeherrschen bezieht. Sie tappt im blinden Ursache-Wirkung-Kreis dieses unheilvollen Zirkels, um ein trübes, eindimensionales Leben zu fristen, und ist so der Macht und Herrschaft ihrer ungeistigen Bewußtseinsstruktur unterworfen. Es gehört zu den ureigensten Merkmalen jeder auf Macht und Unterdrückung zielenden Institution, die ihr angehörenden Individuen direkt oder indirekt (je nach Opportunität des Zeitgeistes) zu entmündigen, um so ihren bewußtseinsarmen Zustand aufrechtzuerhalten. Tatsächlich aber gibt es kein liebloseres und entwürdigenderes Verhalten, als dem Menschen das zu verwehren, zu dem ihn der göttliche Geist auserkoren hat: ein freies, kreatives

Geschöpf zu sein, das vor allem durch Liebe und Einsicht lernt, seine Autonomie und Ebenbürtigkeit sich selbst und anderen Menschen gegenüber zu erfahren und zu bezeugen.

Kein Mensch kann die ›Bewußtseinsleiter‹ höher steigen, wenn er nicht die hierzu nötigen Grundvoraussetzungen wie Liebe, Vertrauen, Geborgenheit, Mut zum Experiment, zum Nein-Sagen und Fehler-machen-Dürfen usw. in seiner unmittelbaren oder zumindest mittelbaren Umwelt vorfindet. Und kein Mensch wird seiner Selbstwerdung gerecht, sofern ihm verwehrt wird, in bestimmten Grenzen seine ›bösen Triebe‹ zu erfahren und zu erproben, um sie dem Bewußtsein ungeschminkt als *seine* Anteile zu unterstellen. Heute wissen wir definitiv, daß der Großteil aller psychischen Erkrankungen auf Fehlverhaltensformen im Sinne von Neurosen und Psychosen, also auf einen zu restriktiven (umgekehrt aber auch auf einen zu liberalistischen und allesgewährenden) Umgang mit dem Triebhaushalt des Menschen zurückgehen.

Ebenso unmißverständlich dürfte im Voraufgegangenen der Nachweis erbracht worden sein, wie sehr es während der vergangenen Zeitepochen ernsthafte und ihrer Entwicklung weit vorausgehende Überlegungen und praktische Versuche gab, den human-geistigen Sinn- und Zielgehalt schulischer Erziehung zu institutionalisieren. Das, was die Schule innerhalb ihrer heutigen positiven Belange verkörpert, geht unweigerlich auch auf die vielen Bemühungen zurück, die aus der Vergangenheit resultieren und dort meist als gescheitert, weil gesellschaftlich und bewußtseinsmäßig noch undurchsetzbar abgewürgt wurden. Wer könnte ernsthaft abstreiten, daß in den Schulen von heute nicht zumindest *formale* geistige Aspekte, wie sie uns von Sokrates, Aristoteles, Pestalozzi, Humboldt oder Key überliefert sind, berücksichtigt werden? Und wer möchte schon behaupten, unsere Schulen wären wie anno dazumal kasernenartige Drillanstalten, in denen die Schüler mucksmäuschenstill dasitzen und die sadistischen Launen der Lehrer über sich ergehen lassen müßten?

Nein, in diesen Punkten hat sich der Stil der Schule zu Ende des 2. Jahrtausends ohne Zweifel radikal geändert. Ist sie jedoch darum in ihren lebendigen *Inhalten* ebenfalls eine ganz und gar andere geworden oder hat sie nur ihre Formen – ihr äußeres Kleid – gewechselt? Mit anderen Worten: Besteht sie nicht nach wie vor als der inhaltlich geprägte autoritäre Lern- und Wissensort, wo der Kopf mit einer ganzen Fülle von rationalen Wissens- und Könnensfakten vollgestopft wird, das Herz aber im Sinne einer ganzheitlichen Schulung von Körper, Seele und Geist weiterhin ein Schattendasein fristet?

Zweiter Teil

Die Schule von heute – Umschlagplatz fehlgeleiteten Lebenssinns

»Lernen wird durch eine Reihe von Elementen vermittelt, zu denen die Sprache, technische Hilfsmittel, zwischenmenschliche Beziehungen, Wertvorstellung und bildliche Vorstellungen gehören.

Die Schule legt vornehmlich Wert auf die Sprache. Was geschah mit den Werten?«

(Club of Rome)

Der Bildungs- und Erziehungsauftrag der Schule im demokratischen Staat

Psychologische Zusammenhänge von Schule und Nachkriegsgesellschaft

Das materielle und geistige Erbe einer ganzen Nation lag spätestens ab 1945 in Trümmern. Deutschland wurde von vier Besatzungsmächten beherrscht. Es existierte für die nächsten Jahre kein regulärer deutscher Staat, sondern nur ein befremdliches ›Etwas‹, zu dem man keine rechte Identität aufbauen konnte. Ein längst nicht erst seit 1933 führergewohntes Volk litt unter »Führungslosigkeit«. Aus dem Traum von der deutschen Weltherrschaft war das Trauma des »häßlichen Deutschen« geworden, dessen wahnhafte Omnipotenzansprüche in die bittere Realität der totalen Kapitulation gemündet hatten.

Auf Anordnung der amerikanischen Regierung bereiste 1946 eine Gruppe amerikanischer Pädagogen unser Land, um ein neues demokratisches Erziehungswesen zu initiieren. Für Inhalte und Formen der Schulausbildung zeichneten in erster Linie die jeweiligen Besatzungsmächte verantwortlich. So verordnete die Direktive 54 des Kontrollrates der Alliierten, daß beispielsweise jede Schule »sich für die Entwicklung eines bürgerlichen Verantwortungsgefühles« im Kind auf besondere Weise bereit zu erklären hatte, um damit das Ziel »einer demokratischen Lebensweise« unter Zuhilfenahme hierzu bereitstehender amerikanischer Lehrpläne, Lehrbücher und Lehrmittel zu erreichen. Unter anderem war beabsichtigt,

»Verständnis und Achtung gegenüber anderen Nationen« zu ermöglichen. Woher aber, so ist zu fragen, sollten das innere Verständnis und die innere Verwirklichungskraft genannter Ziele bei einem Volk resultieren, das vor 1945 in kaum einer Weise mit demokratischen Verhaltensmaximen in Berührung gekommen war? Wie konnten beispielsweise Lehrer eine demokratische Position vertreten, von denen der größte Teil ein ganz und gar anderes Weltbild zu leben und zu verkünden gelernt hatte? Das Bewußtsein der meisten Deutschen war bis dahin von vollkommen anderen Werten und Zielen geprägt als von denen, die jetzt zur Übernahme bereitstanden.

An diesem Dilemma änderte sich auch mit dem Jahre 1949 grundsätzlich nichts, dem Gründungsjahr der Bundesrepublik Deutschland. Einerseits erhielt man zwar wieder das Recht zuerkannt, eine autonome Nation zu sein, deren parlamentarische Demokratie auf dem Grundgesetz fußte. Andererseits beruhte die Hinwendung zur Demokratie weitaus mehr auf einem formalen als auf einem lebendigen demokratischen Miteinander-Leben. Man mußte, besser gesagt: durfte etwas übernehmen, von dem große Teile der Bevölkerung überhaupt nicht konkret wußten, was sie damit anfangen sollten: Demokratie. Sie mit innerem Leben auszufüllen und zu tradieren fiel weitaus schwieriger, als z. B. den Wiederaufbau voranzutreiben. Alexander Mitscherlich beschreibt dieses Phänomen in folgender Weise: »Die Restitution der Wirtschaft war unser Lieblingskind; die Errichtung eines demokratischen Staatsgebäudes hingegen begann mit dem Oktroi der Sieger, und wir wissen bis heute nicht, welche Staatsform wir selbst spontan nach dem Kollaps der Naziherrschaft gewählt hätten; wahrscheinlich eine ähnlich gemildert autoritäre von Anfang an, wie sie sich heute aus den demokratischen Grundlagen [...] entwickelt hat. Es ist nicht so, daß man den demokratischen Staatsgedanken [rundherum, Anm. H. W.] ablehnte.« Dennoch kann man ebenso sagen, daß er nicht in seinem eigentlichen Kern bejaht wurde. Als Beweis hierzu bieten sich die Schulen an, die in kaum einem Fall das verkörperten, was in der Alltagspraxis zu den Selbstverständlichkeiten einer lebendigen Demokratie gehört: Mitbestimmung im Sinne aktiver Teilnahme und Widerspruchsfähigkeit gegenüber den Lerninhalten und Lebensformen. Im Fall Schule tritt auf unzweifelhafte Art und Weise die »Ich-Entleerung« (Mitscherlich) der Nachkriegsgesellschaft hervor; ihre Scheinkompensation erfolgte in den folgenden ein, zwei Jahrzehnten im Rahmen einer atemberaubenden Industrie- und Wohlstandsentwicklung Westdeutschlands.

Weder in den Schulen noch in den Familien erfolgte der Versuch, der jüngsten Geschichte unzweideutig ins Gesicht zu schauen, um eventuell all das ans Tageslicht zu bringen, durch was sie sich in Wirklichkeit auszeichnete: durch die Pathologie menschlicher Sinnleere und Selbstbeschränkung im Sinne von Lieblosigkeit, Untertanensehnsucht und Kollektivneurose. Dieser Sachverhalt deckt sich mit der Behauptung Mitscherlichs, daß nicht beabsichtigt wurde, die Lern- und Umdenkprozesse auf »die Bevölkerung als ganze systematisch« zu übertragen. So blieb es im Regelfall bei einem leblosen und unrealistischen Bildungsideal geistig-politischer Aufklärung und Verinnerlichung, das in keiner konkreten Wechselwirkung mit den im Grundgesetz formulierten Aufgaben und Zielen eines lebendigen demokratischen Lebens stand.

Theodor Litt, einer der kritischen Denker der Nachkriegszeit, bemängelte das Fehlen einer positiven Autoritätsinstanz, mit Hilfe derer eine grundsätzliche Orientierungshilfe bezüglich geistig-sittlicher Werte und Normen hätte erfolgen können, die auch im demokratisch geführten Alltag umsetzbar gewesen wären. Seiner Forderung ist zumindest im Nachhinein rechtzugeben, da weder die Schulen noch die sonstigen Aus- und Fortbildungsträger des Staates wie privater Institutionen das Problem über viele Jahre hinweg zufriedenstellend meisterten. Übertrüge man Litts Gedanken heute auf den Bereich der Schule, so müßte von ihr erwartet werden, daß sie die Bedingungen und Voraussetzungen schafft, die ein Klima kreativer Auseinandersetzungen in gegenseitiger Achtung und Fairneß ermöglichen. Ihre wesentliche Aufgabe bestünde dann darin, von einer autoritären Autorität zu einer nichtautoritären Autorität voranzuschreiten mit dem Ziel, dem jungen Menschen im partnerschaftlichen Miteinander und nicht im verkrusteten Oben-unten-Jargon diejenige Form von Autoritätszuneigung zu ermöglichen, die bereits Sokrates mit seinen Schülern pflegte. Damit würde z. B. der *Konflikt*, der zum Grundmoment jeden Lebens gehört, nicht zum aggressionsgeladenen endogenen oder exogenen Instrument menschlicher Selbst- oder Fremdzerstörung, sondern er gelangte zu einer ganz und gar anderen Qualität: zur dialogischen Sinnes- und Gedankenschau, in deren Mittelpunkt der lebendige, fragende, zweifelnde und trotzdem handelnde Mensch steht und nicht ein wie immer geartetes gesellschaftliches System, dem gegenüber es gilt, unechte und erzwungene Achtung und ›Ehrfurcht‹ um den Preis der persönlichen Selbstreduzierung zu erheischen.

Ein so verstandenes praktiziertes Leitbild positiver Autorität wäre auch jederzeit imstande, sich einer inhaltlichen Revision und Ergänzung zu unterziehen, da es ihm um keine Starre oder Besserwisserei geht, sondern sich an den realen anthropologischen Anforderungen und Bedürfnissen des jungen Menschen orientiert. Diese Autorität ist nicht der Autorität wegen da, sondern ihres fundamentalen tiefen Sinnes wegen im Hinblick auf die kindliche und jugendliche Entwicklung im Zeichen von Identifizierung und Nicht-Identifizierung. Sie dient somit als unhinterfragbare Stütze gegenüber der Selbständigwerdung des jungen Menschen.

Sofern die Autorität nicht den Prozeß der Selbständigkeit im Heranwachsenden anstrebt, ist sie eine höchst hinterfragenswerte, eine autoritäre Autorität, da unter ihr das Kind auf Leitbilder fixiert wird, die ihm keine autonome Entscheidung ermöglichen und seine Offenheit im Hinblick auf die Zukunft blockieren. Solange der junge Mensch diese Art von starren Leitbildern von einer dementsprechend autoritären Autorität aufoktroyiert erhält und sie folglich ohne kritische Auseinandersetzung erlernen muß, besteht die große Gefahr der Dogmatisierung und Selbstentfremdung in seinem Weltbild, und er erfährt sich kaum innerhalb seiner kreativen und vielschichtigen Möglichkeiten. Extrem gesprochen gerät ein Leitbild, das sich trotz langwieriger persönlicher Bemühungen nicht umsetzen läßt – z. B. ein schulisch besonders erfolgreicher Mensch zu werden –, zur permanenten Überforderung; es wird zum schlechten Gewissen im Zeichen von Schuld- und Versagungskomplexen, die nicht selten zu seelischen oder psychosomatischen Krankheiten führen.

Welches weitere staatsbürgerliche ›Gütezeichen‹ sollte eine politische Demokratie im jungen Menschen tatkräftig anstreben und pflegen? Da wäre vor allem das begründete Nein-sagen-Können zu nennen, ja, das Nein-sagen-*Müssen*! Jede Demokratie sollte den Nährboden dafür schaffen, daß die nachwachsende Generation ein verinnerlichtes Empfinden dafür erfährt, sich insbesonders in Krisensituationen nicht zu deren purem Mitläufer herabzulassen. »Eine Demokratie, die sich zu einem großen, zu einem vielleicht in Krisenzeiten entscheidenden Teil auf Mitläufer stützt, ist keine Demokratie, sondern ein demokratisch verschleiertes und manipuliertes Herrschaftssystem. Der Mitläufer versagt ihr ja, was der Bürger ihr schuldet: Vertrauen und Kontrolle, beides« (Walter Dirks in: »Autorität und Schule« von Gotthart Wunberg).

Der erkenntnisleitende Weg und die Kraft zu einem mutigen Bürgertum liegen primär im Geist des Ethisch-Esoterischen. Unsere von heute aus gesehenen äußeren Zustände hängen in den nächsten Jahren und Jahrzehnten ganz entschieden davon ab, ob wir fähig sind bzw. fähig werden, die wichtigsten Träger der Gesellschaft – Familie und Schule – für jenen Weg zu gewinnen, der zuallererst ein innerer sein muß. Es gilt, den Circulus vitiosus der Ungeistigkeit, der materiellen Sicherheits- und Immer-mehr-haben-wollen-Ideologie als eine letztlich dämonische und inhumane Farce zu erkennen und sie auf ein ›gesundes Maß‹ zu beschränken. Eine Schule, die nicht auch zu solchen Vermittlungs- und Bewußtseinsfunktionen im Schüler vordringt, ist letztlich nichts anderes als das jeweilige negative Spiegelbild einer Gesellschaft, in der sie wirkt und formt.

Es stellt sich die Frage, in welchem Ausmaß die heutige Regelschule sich genannten Einsichten und Forderungen verstellt, indem sie unter anderem:

1. ein Dreiklassen-Bildungssystem (»Jeder nach seinen Fähigkeiten und Möglichkeiten«) krampfhaft tradiert;

2. in formal und inhaltlich antiquierten Begriffen und Methoden in puncto Wissen und Können operiert und zensiert;

3. ein persönlichkeitsfeindliches pädagogisches Lern- und Erziehungskonzept schematisch vermittelt;

4. als Verwaltungs- und Sachzwangmoloch ihre eigentlichen Aufgaben und Pflichten sträflich vernachlässigt, und

5. ihre Lehrer, besonders die an Real- und Gymnasialschulen, auf eine Art und Weise schult, auswählt und »auf die Kinder losläßt«, die alles andere als pädagogisch sinnvoll im Hinblick auf die Kreativität des Schülers erachtet werden kann.

Die Dreigliederung unserer Schule, oder: »Für jeden etwas!«

Nach Art. 7 Grundgesetz stehen unsere Schulen grundsätzlich unter der Aufsicht des Staates, was bedeutet, daß sie, von bestimmten Ausnahmen abgesehen (Art. 7, Abs. 4 Grundgesetz), nicht von privaten Trägern geführt werden dürfen. Grundgedanken der Schulgesetzgebung »für die Aufnahme eines Kindes in eine bestimmte Schule sind seine Anlagen, seine Neigung, seine Leistung und seine innere Berufung [...], nicht aber die wirtschaftliche und gesellschaftliche Stellung seiner Eltern«, wie sie z. B. die Bayerische Verfassung vorsieht; dort wird betont, daß die wesentlichen Bildungsziele in der Vermittlung der »Ehrfurcht vor Gott, Achtung vor religiöser Überzeugung und vor der Würde des Menschen, Selbstbeherrschung, Verantwortungsgefühl und Verantwortungsfreudigkeit, Hilfsbereitschaft und Aufgeschlossenheit für alles Wahre, Gute und Schöne« liegen. Dafür steht in Bayern wie auch anderswo ein dreigegliedertes Schulwesen bereit, das zunächst für alle Kinder die Grundschule (erste bis vierte Klasse) obligat macht. In ihr sammeln die Kinder ihre ersten schulischen Grunderfahrungen. Frühestens nach vier Jahren steht es den Eltern offen, ihr Kind entsprechend seinen noten- und leistungsmäßigen Qualifikationen auf eine weiterführende Schule (Gymnasium oder Realschule) übertreten zu lassen. Der formale wie individuelle Anspruch hierauf ist seitens der Kultusbehörden in der Überlegung begründet, dem Kind entsprechend seinen persönlichen Neigungen und Leistungen eine adäquate Förderung zu ermöglichen. Dabei geht man von der grundsätzlich richtigen Erkenntnis aus, daß jeder Mensch andere Begabungsschwerpunkte hat, d. h. der eine mehr für praktisch-manuelle Fertigkeiten, der andere mehr für den intellektuellen Nachvollzug und wieder ein anderer mehr für die eigenständig wissenschaftlich-theoretische Orientierung bestimmte Dispositionen zeigt.

In diesen Einsichten liegt die Basis für das System unseres dreigliedrigen Schulwesens. Es sieht 1. das Hauptgewicht der Volksschule auf dem praktischen Gebiet der Begabung, die nach neunjähriger Dauer zur Erlernung und Ausübung z. B. eines handwerklich-praktischen Berufes dient; 2. den Begabungsschwerpunkt der Realschule primär auf dem Niveau imitierend-intellektueller Erkenntnisse, bei denen es darum geht, eine Art von Vermittlungs- und Transformationsfunktion zwischen ›niederer‹ und ›höherer‹ gesellschaftlich verlangter Denk- und Produktionsleistung zu gewährleisten, und schließlich 3. den tieferen Sinn der Gymnasialbildung in der Hervorbringung jener ›potentiellen Geister‹, die den Fortschritts- und Reflexionscharakter der jeweiligen Gesellschaft erhalten und weiterentwickeln sollen. Speziell aus ihren Reihen wird so etwas wie die spätere Etablierung einer ›geistigen Elite‹ erwartet, der es anhand ihrer wissenschaftlichen Begabungspotenz möglich ist, maßgeblich die Geschicke und Aufgaben der künftigen Gesellschaft zu analysieren, zu bewerten und eventuell in neue Bahnen zu lenken.

Die Verfechter des dreiteiligen Regelschulsystems begründen seine Aufrechterhaltung damit, daß »die Eigenständigkeit jeder Schulart mit einem vertikal gegliederten Schulwesen [...] ihren Grund in der Vielschichtigkeit der Bewußtseinslage und der Begabungsstruktur des Menschen« habe (Deutscher Philologenverband) und deshalb der eventuelle Übertritt von der Volks- in die Realschule oder das Gymnasium nur durch vorbestimmte und genau festgelegte Leistungs- und Begabungszertifikate zu erfolgen hat.

Wer aber kann bei unserem dreiteiligen Schulsystem ohne Selbstanmaßung ernsthaft behaupten, das Kind X sei ›nur‹ für die Volksschule begabt oder das Kind Y ›nur‹ für das Gymnasium geeignet? All denjenigen, die in der Begabungsdiskussion Extreme von Unter- oder Überbegabung fixieren wollen, um sie für ihre meist ideologischen Zwecke zu benutzen, muß klar entgegengetreten werden. Obwohl es bis dato relativ unbestritten erscheint, daß in der frühen Kindheit die Förderung durch kreatives Lernen größere Begabungspotentiale ermöglicht, als es im späteren Alter der Fall ist, muß davor gewarnt werden, darin den einzigen oder überwiegenden Entwicklungsfaktor zu sehen. Mit anderen Worten: Nach dem Motto »Die Zeit heilt Wunden« kommt es in der Praxis nicht selten vor, daß es z. B. ein für das Gymnasium scheinbar unbegabtes Kind nach einigen Anlaufschwierigkeiten schafft, dort zu einem guten Durchschnittsschüler oder sogar noch mehr zu werden. Und umgekehrt tritt des öfteren der Fall ein, daß ein augenscheinlich mit allen Begabungspräferenzen ausgestattetes Kind nach einiger Zeit wegen Begabungsmängeln bzw. Lerndefiziten vom Gymnasium abgehen muß. Da angeborene wie umweltbedingte Begabungspotentiale generell nicht exakt erkannt und bewahrt werden können sowie im Regelfall inhaltlich wie funktional nicht determiniert sind, kann kein Mensch mit Sicherheit behaupten, wann, wie und wo sie schulisch in Erscheinung treten.

Wer folglich den schulischen Weg eines Kindes, der nicht selten maßgeblich seinen späteren beruflichen wie privaten Lebensgang und -sinn mitbedingt, mit der Entscheidung für oder gegen eine weiterführende Schule in bereits jungen Jahren festschreibt, muß sich fragen lassen, welche bewußten oder unbewußten Absichten dahinterstecken. Die Meinung, die Begabung eines Kindes sei derart ausgerichtet, daß man es nicht oder nur ganz unwesentlich fördern bzw. es beliebig vielen Lernprozessen zuführen könne, scheint auch heute noch in manchen Kreisen der Gesellschaft ein probates Vorurteil darzustellen. Nach den Untersuchungen der Begabungsforschung befinden sich solche Auffassungen auf dem Irrweg, da das Problem der Begabung weitaus differenzierter, vielfältiger und variabler ist als allgemein angenommen (vgl. dazu Heinrich Roth, *Begabung und Lernen*). Damit einhergehend, spielt eine ganze Reihe sozialer Faktoren wie z. B. die soziale Schicht (Unter-, Mittel- und Oberschicht), in der das Kind aufwächst, eine beachtenswerte Rolle.

Den ›standesspezifischen‹ Gewohnheiten und Vorurteilen trägt unser jahrhundertealtes Dreiklassenschulsystem weiterhin gebührend Rechnung, indem es zu einer unnatürlichen, weil begabungsideologisch besetzten Schulleistungs-Auslesezeremonie tatkräftig beiträgt. Nach dem Motto »Für jeden etwas« mag es auf den ersten Blick – der ›natürlichen Auslese‹ entsprechend –, je nach seinen Fähigkeiten und Möglichkeiten dem jungen Menschen sein ›gerechtes Schicksal‹ zukommen lassen. (Außerdem bietet es ja für die sogenannten ›Spätzünder‹ noch die Chance des 2. Bildungsweges, den jedes Individuum anstreben kann, falls es den Drang verspürt, später eine qualifiziertere Ausbildung zu absolvieren.) In der Praxis steht unser augenblickliches Schulwesen jedoch in Gefahr, eine ganze Reihe von individuellen wie sozialen Diskriminierungen und Defiziten zu erzeugen, welche die Tradierung einer psychologischen wie sozialen Unten-oben-Sichtweise von einer Dreiklassengesellschaft weiter nähren.

Dem weniger differenziert und sensibel betrachtenden Bürger mag das vertikal angelegte Schulsystem als etwas Normales, wenn auch möglicherweise nicht Optimales erscheinen, das eben ›so ist, weil es ist‹. Darüber hinaus gestattet es ja de jure allen Kindern die gleichen Chancen schulischer Bildung. Jene Eltern, welche die diversen Aufstiegsmöglichkeiten innerhalb des momentanen Schulsystems für ihre Kinder nicht wahrnehmen, sind, so mag mancher Zeitgenosse folgern, eben selber schuld oder sie werden schon einen bestimmten Grund dafür haben, warum sie es nicht tun …

Diesen oder ähnlichen Vorstellungen liegt nicht selten eine spezifische Welt- und Wertvorstellungsebene zugrunde, die mit wiederum individuell und gesellschaftlich erlernten eigenen Erziehungs- und Schulnormerfahrungen in Zusammenhang steht. Anhand empirischer Untersuchungen liegt der Schluß nahe, daß der größte Teil jener Eltern, die das dreigliedrige Schulsystem – wie das Leben im allgemeinen – grundsätzlich nicht sonderlich hinterfragen bzw. es vordergründig als »natürliches und richtiges soziales Auslesesystem« befinden, mit ganz bestimmten dahinterstehenden Weltbildern vertraut sind. Dazu zählt unter anderem der Hang zu einer Vogel-Strauß-Ideologie, die sich Veränderungen persönlicher und sozialer Art möglichst entziehen will und eine »passivistische Orientierung« (B. C. Rosen, zit. nach Gustav Grauer) gegenüber sich selbst und seiner Umwelt bedingt. Ein weiteres Symptom stellt die primäre »Gegenwartsorientierung« (B. C. Rosen) dar, die auf langfristige soziale Planung, Veränderung sowie Selbstdifferenzierung verzichtet und sich statt dessen mit dem zufrieden gibt, was ›ist‹. Wer immer mit einer solchen Art von statisch-monotoner Zufriedenheit und scheinbarer Unveränderbarkeit sein Leben lebt, wird auch nichts Wesentliches gegen ein Schulsystem einzuwenden haben, das ihn mit zu dem gemacht hat, was er ist: zu einem nivellierten Bürger, der mit einem Gemisch aus Prüderie, Scheinzufriedenheit und neidhaft-lüsternem Blick gegenüber den besser Lebenden (denjenigen, die es beruflich und privat zu ›etwas gebracht‹ haben) sein Dasein lebt.

Eine weitere Gesellschaftsgruppe, die im dreigliedrigen System der Schule eine Berechtigung sieht, ist von ganz und gar anderer Intention getragen. Plakativ gesprochen, handelt es sich dabei um Menschen, die aus der gegenwärtigen Schulsituation lang- und kurzfristig einen ökonomischen, psychologischen und statusmäßigen Nutzen für sich selbst und ihre Kinder ziehen wollen. Da sie für ihre Kinder durch eine weiterführende, meist gymnasiastisch ausgerichtete Bildung höhere spätere Berufschancen anstreben, ist ihnen ein System gerade recht, das schon möglichst frühzeitig selektiert, d. h. die Spreu vom Weizen trennt. Die vordergründige Denkweise hierzu gipfelt in der Überlegung: »Wenn ich schon für mein Kind viel persönliche Zeit aufbringe und eine Menge finanzieller Belastung ertrage, um es zu einer schulisch qualifizierteren Ausbildung zu führen, dann möchte ich auch für meinen Einsatz etwas zurückerhalten.« Mit anderen Worten: Abgesehen von einer ganz persönlichen Befriedigung, erwartet sich ein so Denkender von seiner Umwelt ein ganz bestimmtes Maß von Anerkennung und Belobigung in Form eines positiven sozialen Statuszuwachses, der um so größer wird, je höher das Kind auf der Leiter schulischer Qualifikationen steigt. So bedeutet es beispielsweise für viele Eltern einen Lustgewinn, zu sagen, ihr Kind sei Gymnasiast, Abiturient, Student oder Doktor.

Dem Denken dieser beiden aufgeführten Gruppen entspricht im Regelfall auch die politische Betrachtungsweise der Kultusbehörden, die bis dato dem ›natürlichen‹ Auslese- und Funktionsprinzip des herkömmlichen Schulsystems Anerkennung und Gefälligkeit erweisen. Ihre nähere Begründung zur Aufrechterhaltung des alten Schultyps gipfelt in der unbewiesenen Auffassung, daß die Begriffe »bessere Begabungsförderung« und »mehr soziale Lerngerechtigkeit« auch durch andere Schulsysteme nicht wesentlich garantiert werden können. Außerdem bestünde die Angst vor einer »Entindividualisierung« des Kindes, sofern es einem Schulsystem gegenüberstünde, das »alle über einen Kamm schere« und kein »gesundes Konkurrenzdenken« aufrechterhalte bzw. fördere.

Es fällt nicht schwer, diese Gedanken ohne große Mühe nachzuvollziehen. Davon abgesehen, kann man mit Fug und Recht zu der Überzeugung gelangen, daß es das legitime Elternrecht – und ihre moralische Pflicht – ist, für das Kind das Beste zu wollen, das auf dem schulischen ›Ausbildungsmarkt‹ möglich ist. Selbst wenn man das dreigliedrige Schulsystem innerlich ablehnen sollte, bedeutet das noch lange nicht, es dem Kind vorzuenthalten, da es praktisch bis auf ganz wenige Ausnahmen ohne Alternative ist. Das dreigliedrige Schulsystem ist eine unverrückbare Realität in der deutschen Schullandschaft – so scheint es zumindest. Nur in wenigen Bundesländern bestehen für die Eltern konkrete örtliche Möglichkeiten, ihr Kind auf eine der rund 180 integrierten Gesamtschulen zu schicken.

Das, was Comenius bereits vor rund drei Jahrhunderten als die sinnvollste Schulform vorschlug, ist bis zum heutigen Tag noch immer nicht substantiell in die Köpfe und Herzen der Bürger und der verantwortlichen Politiker unseres Landes gedrungen. Es ist die Rede von der *Einheits- oder Gesamtschule.* Zwar ist auch sie nicht der Weisheit letzter Schluß, da sie ebenfalls kaum gegen die Schwierigkeiten gefeit ist, die durch die dreigliedrige Schule entstehen: Chancengleichheit im Sinne von Nichtbeachtung der sozial und intellektuell Schwachen sowie die Vernachlässigung gegenüber einem zu einseitig ausgerichteten Bildungsbegriff in Form von heute überwiegend technisch-intellektuellem Begabungs- und Faktenwissen, das zudem im praktischen Alltag oft versagt. Dennoch sollten wir berechtigte Gründe dafür finden, uns mit den Wert- und Vermittlungsgedanken der integrierten Gesamtschule näher anzufreunden, die zunächst ursächlich darin liegen, daß sie eine weitaus größere »Gleichheit der Bildungschancen gewährleisten, den unterschiedlichen Begabungen und Neigungen aller Schüler [... gerechter, Anm. H. W.] werden, in der Auswahl, Struktur und Ordnung der Unterrichtsinhalte den sozialökonomischen Bedingungen Rechnung tragen, Schülern aller sozialen Schichten Erfahrungen ermöglichen« (Gewerkschaft Erziehung und Wissenschaft).

Von 1968 an beschäftigte das Thema Gesamtschule über viele Jahre hinweg breite Teile der Öffentlichkeit. Seit längerem jedoch haben sich die oft hochgeschlagenen Wogen geglättet, wenngleich sie von Zeit zu Zeit, wie zuletzt im Bundesland Hessen, wieder aufzuschäumen beginnen. Was sind die Gründe dafür? Das Thema Für und Wider Gesamtschule ist in der Bundesrepublik Deutschland ein hochgradig politisch-ideologisches und weitaus weniger ein sachliches und pädagogisches. Obwohl nach einer Befragung vor mehreren Jahren »40 Prozent der Bundesbürger mehr Gesamtschulen wollen, als es heute gibt« (Kilz), sieht die Praxis anders aus: Nur ein verschwindend kleiner Teil von 2,3 Prozent der insgesamt rund 9,5 Millionen Schüler und Schülerinnen hat die Möglichkeit bzw. darf von den Eltern aus eine integrierte Gesamtschule besuchen. Während in den meisten europäischen Ländern wie z. B. in England, Italien, Frankreich und Dänemark der Gesamtschulgedanke bereits seit vielen Jahren nahezu Selbstverständlichkeit ist, darbt er bei uns weiter dahin, ohne Hoffnung auf baldige sinnvolle Lösung. Dabei geht es hierzulande längst nicht mehr ursächlich darum, die Gesamtschule bundeseinheitlich als Regelschule für alle einzuführen, sondern sie lediglich dem dreigliedrigen herkömmlichen Schulsystem als konkrete *Alternativmöglichkeit* gegenüberzustellen.

Zwischenzeitlich überholt ist auch die damals für manchen nicht unbegründete Angstvorstellung, mit Hilfe der Politisierung der Gesamtschule langfristig den Sozialismus und Kommunismus durch die schulischen Hintertüren in unserer Gesellschaft salonfähig zu machen nach dem Motto: Die Gesamtschule ist *der* geeignete Ort, die Schüler in all dem aufzuhetzen, was angeblich gegen die kapitalistische Ordnung spricht, angefangen »von der ›Ausbeutung der Arbeiterklasse‹ bis hin zum ›Leistungsterror‹. Dazu gehörten beispielsweise für Lehrer im Hessischen ›Notengutschriften‹ für Arbeiterkinder«, oder »der Verzicht auf ›massiven Lehrereinsatz‹ bei der Pausenaufsicht« an einer nordrhein-westfälischen Gesamtschule, »um nicht ›auf diese Weise autoritäres Verhalten zu beleben‹. [...] Kein Zweifel: Linke Verstiegenheiten trugen damals [vor rund 10 bis 15 Jahren, Anm. H. W.] dazu bei, daß den Gesamtschulen ›in den privilegierten Gruppen der Gesellschaft‹ die entschiedensten Gegner erwuchsen« (Kilz).

Es dürfte jetzt einsichtiger sein, warum keine andere Veränderung im westdeutschen Schulwesen die Politiker, Lehrer und Eltern derart spaltete und in vielen von ihnen Aversionen bis zum heutigen Tag aufrechterhält. Für den einen ist die Gesamtschule die einzig und allein »sozial gerechte Schule – im Gegensatz zum herkömmlichen Schulsystem«; dem anderen dagegen erscheint sie »als institutionalisierte Gleichmacherei, die begabte Schüler zu kurz kommen läßt und schwächeren zu einer Art Billig-Abitur verhilft« (Kilz). Welche von beiden Seiten hat nun recht bzw. mehr recht – und zwar im sachlichen Sinn?

Weder Befürworter noch Gegner der Gesamtschulidee können wissenschaftliche Beweise erbringen, die ihre Pro- oder Contra-Haltung als insgesamt richtig erweisen. Eine Reihe von Befürwortern der Gesamtschule hebt sie in den siebten Himmel und bagatellisiert bzw. übersieht ihre Nachteile (wie nach Hans Maier z. B. das Problem der »Gesamtschüler in den niederen Kursen, die im Vergleich zu den erfolgreichen Schülern und auch zu den Hauptschülern« des herkömmlichen, dreigegliederten Schulwesens »negativere Schuleinstellung, geringeres Selbstwertgefühl, größere Angst und negativere Beurteilung des Schulklimas aufweisen«). Eine andere Behauptung ihrer Vertreter lautet: Die Gesamtschule sei unbestritten die bessere Schule für *alle* Schüler und einer ihrer Hauptschwerpunkte läge im kontinuierlichen *praktischen* sozialen Lernen. Die Kritiker und Feinde der Gesamtschule wiederum stellen ihre Schwächen oft mit derartiger Vehemenz heraus, daß ihre positiven Seiten in der breiten Öffentlichkeit nur mehr schwer sichtbar werden und kaum zu einer fairen Diskussion gelangen (wie z. B. die geringere Zahl von Schulabgängern ohne Abschluß, weniger Leistungsangst, partnerschaftlicheres Umgehen zwischen Schülern und Lehrern sowie höhere Schulzufriedenheit).

Auf einen kurzen Nenner gebracht, kommt der nüchterne Betrachter zu der Überzeugung, daß die vielen Forschungsprojekte, die seit rund 15 Jahren hinsichtlich der unterschiedlichen Wirkkraft von integrierter Gesamtschule und der dreigliedrigen Regelschule unternommen wurden, in keiner Weise eine klare wissenschaftliche Aussage darüber abgeben, welches nun wirklich die durchgehend bessere von beiden ist. So zeigte sich z. B. bei Schulleistungstests, daß einmal die Gesamtschüler in Mathematik die besseren waren und sie ein andermal schlechter als die Schüler in der Regelschule abschnitten. Tests im Bundesland Schleswig-Holstein brachten zutage, daß Gesamtschüler in den Mathematikleistungen gegenüber ihren Konkurrenten abfielen, jedoch in Deutsch und Weltkunde vorn lagen. Stapelweise ließen sich einander widersprüchlichste Untersuchungen dieser Art beibringen, die allesamt ihr Problem darin haben, daß es in hohem Maße jeweils auf den persönlichen Standpunkt des Forschers sowie auf seine (ökonomische) Abhängigkeit von seinem Auftraggeber – also auf sein subjektives Vorverständnis und auf seine ideologische Befangenheit – ankommt, welcher politisch-ideologischen Richtung die ›wissenschaftlichen‹ Fakten mehr zuneigen, d. h. ob sie mehr für oder mehr gegen die Gesamtschule sprechen.

Somit erscheint es folgerichtig, wenn Hans Werner Kilz behauptet, daß der allergrößte Teil der Gesamtschulforschungen weitaus weniger Aufschluß in bezug auf den *pädagogischen* Stellenwert der Gesamtschule gaben, sondern vielmehr den politischen Standort der Wissenschaftler oder deren Auftraggeber ausdrückten. Unterstützt wird diese Behauptung auch durch ein internationales Forschungsgremium von Bildungsgutachtern, die in den siebziger Jahren die bundesrepublikanische Schullandschaft durchleuchteten. Sie kamen zu dem gleichen Ergebnis: Es ist nicht möglich, weder durch Gutachten noch mit anderen wissenschaftlichen Experimenten, die Streitfrage mit Sicherheit zu lösen, ob die Gesamtschule die durchgängig bessere oder schlechtere gegenüber der herkömmlichen dreigliedrigen Schule ist. Vielmehr ist, so die Experten, jede »Entscheidung darüber, ob Gesamtschulen eingeführt werden sollen, [...] zwangsläufig eine politische Entscheidung, die in erster Linie aus sozialen und politischen Gründen gefällt wird« (zit. nach Kilz).

Unter diesem Blickwinkel betrachtet, wird eine Aussage über den Stellenwert der Gesamtschule, die der bayerische Kultusminister Hans Maier trifft (man könnte ebensogut eine Aussage des ehemaligen hessischen Kultusministers Ludwig v. Friedeburg heranziehen, die in vollem Umfang Argumente *für* die Gesamtschule aufzeigt, die jedoch nicht weniger politisch-ideologisch sind), recht hinterfragenswert und ideologieverdächtig: »Im praktischen Vollzug zeigt sich, daß die Gesamtschule ihren Anspruch nicht einlösen kann. [...] Die Versuche, die Versuchsergebnisse und die theoretische Diskussion zeigen, daß die Gesamtschule mehr Probleme bringt, als sie löst, und daß eine Weiterentwicklung des differenzierten gegliederten Schulwesens den Interessen von Schülern, Eltern und Gesellschaft mehr gerecht wird. Denn mit einer Schule, die 40 % mehr kostet und in der die Schüler dafür weniger lernen, ist unserer Gesellschaft, die auf die Entwicklung der geistigen Fähigkeiten angewiesen ist, nicht gedient.« Es fragt sich unter anderem, was Maier konkret unter »weniger lernen« und »Entwicklung der geistigen Fähigkeiten« versteht und ob diese Begriffe unter dem herkömmlichen Schulsystem letztlich nicht noch weit mehr leiden.

Von den rund 180 Gesamtschulen in der Bundesrepublik Deutschland und West-Berlin befinden sich die meisten in Hessen, Nordrhein-Westfalen, West-Berlin und Hamburg. Praktisch gesehen, eröffnen sich den Eltern, die in der integrierten Gesamtschule den größeren Sinn für ihr Kind sehen, nur sehr beschränkte Möglichkeiten. In den Bundesländern Bayern, Saarland, Rheinland-Pfalz und Baden-Württemberg ist die Chance gleich Null, so daß hier von einer Alternative zur dreigegliederten Schule überhaupt nicht gesprochen werden kann. Am besten sieht es noch in den Bundesländern Hessen und Nordrhein-Westfalen aus, wo wenigstens die Spur einer Chance besteht, für das Kind einen Platz an einer integrierten Gesamtschule zu finden. Eltern, die dennoch die Möglichkeit und den Willen haben, ihr Kind auf diesen Schultyp zu schicken, seien ›vorgewarnt‹: Von ihnen dürfte des öfteren viel Verständnis, Frustrationsbereitschaft und Widerstandskraft verlangt werden, denn integrierte Gesamtschulen sind nach wie vor beliebte Objekte politischen Sprengstoffs, zumal dann, wenn Kommunal- oder Landtagswahlen vor der Tür stehen. Nicht selten sind diese Schulen das Aushängeschild im ideologischen Gerangel und Streit um eine bessere Schulpolitik der einzelnen Parteien und Elternverbände und sollen Indiz für eine ›gute‹ oder ›schlechte‹ zukunftsweisende Schulform sein.

So tobt z. B. in Hessen, wo die integrierte Gesamtschule politisch extrem umstritten ist, seit Jahren ein erbitterter Kampf zwischen dem konservativen »Hessischen Elternverein« und der SPD- und gewerkschaftsfreundlichen Elternvereinigung »Hessischer Elternbund« (vgl. *Die Zeit* Nr. 7 vom 8. 2. 1985). Auf der einen Seite stehen die »rückständigen« und »bildungsprivilegiensüchtigen rechten« Eltern, auf der anderen die »fortschrittlichen« und »chancengleichheitsbesessenen linken« und »grünen« Eltern. Längst geht es bei den Auseinandersetzungen nicht mehr um den fairen Austausch von Meinungsunterschieden, sondern um die Fragen: »Wie kann ich meinen weltanschaulichen Gegner bzw. Feind am besten ins Abseits schicken und ›kaltstellen‹? Wie tief kann ich seine Vorstellungen von einem Schulmodell in den Dreck ziehen?«

In aller Regel sind dabei die Schüler die unmittelbar Betroffenen, was das Beispiel »Förderstufe« belegt. Hier hat nicht zuletzt der »Hessische Elternverein« auf massives Betreiben erreicht, daß aus der Förderstufe ein Druck- und (soziales) Differenzierungsinstrument wurde. Dabei ist es kein Geheimnis, daß unter Selektionsdruck eine Förderung nicht möglich ist, zumindest nicht in dem Sinn, wie es die Förderstufe ursprünglich vorsieht.

Ungeachtet dessen erreichte es »die List des politischen Tagesgeschäfts, die Förderstufe zugleich als zweijährige *Auslesephase* anzulegen – mit der Möglichkeit des (häufigeren) Abstiegs und des (nicht so häufigen) Aufstiegs. Und so wird bei Kindern mit Aufstiegsmotivation und unklarer Leistungseinstufung ein zweijähriger Streß produziert; das bedeutet: zahllose konkrete Erfahrungen, die – in einer Einrichtung namens Förderstufe – ebensoviele gebrochene Versprechen sind. [...] Dabei geht der Hessische Elternverein in seiner Argumentation vom Streß aus, bekämpft die Förderstufe dann aber vor allem wegen der ›Gleichmacherei‹« (*Die Zeit* Nr. 7 vom 8. 2. 1985). Wohlgemerkt handelt es sich hierbei um ein sehr massives Beispiel repressiver Eingriffe in das Struktursystem der integrierten Gesamtschule. Diesmal kamen sie von einer ›rechten‹ Elternvereinigung; jahrelang vorher waren es ›linke‹ Elterngruppen, die der behutsamen und konstruktiven Entwicklung der Gesamtschule nicht mit der nötigen Gelassenheit und Liberalität zusehen wollten.

Natürlich können die hessischen Vorkommnisse nicht ohne weiteres auf alle integrierten Gesamtschulen übertragen werden. Umgekehrt sollten sich aber die Eltern vor Augen halten, daß ein Kind, das diesen Schultyp besucht, mit verstärkten (politischen) Experimenten und Verunsicherungen rechnen muß, egal, von welcher Seite sie auch immer kommen mögen. Nicht von ungefähr gelangt der Direktor des Hessischen Instituts für Bildungsplanung und Schulentwicklung, Bernd Frommelt, zu der mehr als ernüchternden Feststellung: »Die integrierte Gesamtschule hat an Substanz und Impetus verloren, sie ist keine Alternative geworden.« Mit anderen Worten: Sie durfte zu keiner echten Alternative werden, weil vor allem politisch-ideologische Überlegungen und Machtaspekte verschiedenster gesellschaftlicher Strömungen dem entgegenstehen.

Somit erübrigt sich die Hoffnung auf eine baldige, breitgestreute, bundeseinheitliche Etablierung der integrierten Gesamtschule in ihrer augenblicklichen Form als Alternativeinrichtung zu der dreigegliederten Schule. Und das in erster Linie nur, weil viele an der Gesamtschulidee beteiligte Gruppen wie Politiker, Lehrer und Eltern Angst und Schwierigkeiten haben, über den Rand ihres eigenen und/oder parteipolitischen Bewußtseins mutig und gelassen hinauszublicken, weil sie oft nur einem Pol von ›richtiger‹ Welterkenntnis krampfhaft zu dienen glauben und sich dadurch durch Nichtzulassen des Gegenpols um die vielfältigen anderen Möglichkeiten, die das Leben bietet, berauben. Diese Menschen sind nicht im Fluß mit sich selbst und deshalb auch nicht mit den Dingen, die draußen im Leben auf sie zukommen, um sie einer vernünftigen Lösung – einer Synthese, die *über* den Gegensätzen steht – zuzuführen. Mit solcher Denk- und Lebensweise kann aber niemals ein wirklich kreatives Neues geschaffen werden, sondern man verharrt im Zustand des verkrusteten und leblosen Alten.

Verschiedene Formen schulischen Wissens und Könnens und ihre praktischen Konsequenzen

Es ist kein Zufall, daß in der Bundesrepublik Deutschland ein Schulsystem überwältigende Zustimmung findet, das den technischen wie psychosozialen Fortschrittsbedingungen längst nicht mehr angemessen ist. Der Grund dafür liegt nicht zuletzt in einem negativ konservativen, weil unbeweglichen schulbürokratischen Denken, das nicht wahrhaben will, daß es heute in der Schule um weitaus mehr als um statusmäßige dreiteilige Rollenzuweisungen geht. Soll die Schule wieder zu einer »Anstalt des Geistes und des pulsierenden Lebens« werden, wie sie es im Hellenismus – wenngleich unter anderen sozialen Vorzeichen – war, so können ihre Aufgabe und ihr Ziel nicht darin gründen, sich als Bildungsinstitution dreierlei scharf getrennter Berufs- und Denkrollen zu verstehen, die

– in der Hauptschule die späteren Arbeiter und Handwerker,
– in der Realschule die künftigen Kaufleute und mittleren Beamten und
– im Gymnasium die angehenden leitenden Angestellten der Wirtschaft und höheren Beamten sowie Wissenschaftler ausbildet.

Unter den momentanen Umständen ist in der Praxis weiterhin die Regel, daß der Arbeiter nichts von der Tätigkeit und der sozialen Rolle z. B. des höheren Beamten – des Akademikers – wissen und verstehen will und umgekehrt der leitende Angestellte kein Interesse gegenüber den Fertigkeiten des Arbeiters aufbringt. In den Augen des ›Gebildeten‹ erscheint der ›Ungebildete‹ oft genauso fremd, ›dumm‹ und kontaktunwürdig, wie es der ›Gebildete‹ in der Sichtweise des ›Ungebildeten‹ zu sein scheint. Diese irrigen Denk- und Empfindungsarten sind mit ein wesentliches Produkt der Dreiklassenschule, die nach wie vor Vorurteile allgemeiner wie sozialer Art, zumindest latent, produziert und aufrechterhält.

Zur Illustration dessen braucht man sich nur mit Gymnasiasten zu unterhalten, um wahrzunehmen, mit welcher oft pseudoelitären Arroganz sie über Real- und Volksschüler sprechen und polemisieren. Dabei vertieft sich der Eindruck, daß bereits junge Menschen durch ein Schulsystem in ihrem Verständnis auseinanderdividiert werden. Sie lernen sich in ihren verschiedenartigen Fertigkeiten, Kenntnissen und Lebensweisen nicht verständnisvoll und nahe kennen, sondern wachsen in drei verschiedenen Welten auf. Die jungen Menschen erfahren nicht existentiell, daß in jedem von ihnen Teile der drei Welten vorhanden sind und auf ihre möglichst ganzheitliche Erschließung warten. Jeder glaubt, nur sich und seine ihm zugewiesene enge kleine Welt zu kennen und zu besitzen. Kaum einer lernt, sich auch mit den anderen Schul- und Existenzwelten vertrauter zu machen. Wie könnte und sollte er es auch, wo er doch von den anderen örtlich, räumlich, zeitlich und gesellschaftlich-privat mehr oder weniger kraß getrennt ist. Oder ist es etwa förderlich und ›vernünftig‹, als Gymnasiast einen Volksschüler oder Lehrling zum Freund zu haben? Was würden ›die anderen‹ sagen, wenn man mit jemandem auf Dauer die Freizeit verbringt, der einem schulisch nur schwer ›das Wasser reichen‹ kann?

Es ist kein Geheimnis, daß diejenigen jungen Menschen mit der geringsten Schulbildung die schlechtesten beruflichen und sozialen Chancen haben. Dadurch stehen sie in Gefahr, von vornherein zu einer negativen Randgruppe abgestempelt zu werden, die eben ›dumm‹, sozial unangepaßt, schwerfällig usw. ist. Noch einmal stelle ich die Frage: Wessen Eltern möchten ihre Kinder, denen ein ›besseres Schicksal‹ winken soll, mit ›so jemandem‹ auf Dauer befreundet sehen? Welcher Sinn stünde schon dahinter, mit jemandem zu verkehren, der einem für das äußere Ansehen nichts oder gar nicht viel bringt? Da scheint es schon weitaus besser zu sein, mit seinesgleichen in Kontakt und Freundschaft zu stehen. Hier lebt man im engeren Schwingungskreis mit seiner Welt, mit seiner Ideologie – und sei sie auch noch so klein und borniert ...

Die Schule als Steigbügelhalter geistiger und sozialer Stagnation

Ich habe aufzuzeigen versucht, in den erwähnten Beispielen mit ein maßgebliches Erscheinungsbild unserer fragwürdig humanen Schulstruktur zu erkennen. In ihrer konkreten Form, die ähnliche Standesprivilegien wie anno dazumal intendiert, kann sie weiterhin nur das bewirken, was sie ist und kann: ein frühzeitiger Begabungs- und Selektionsfilter zu sein, der eine äußerst befremdliche (und objektiv falsche) Vorstellung vom Begriff ›Begabung‹ pflegt. Daran hat im Kern auch die vor Jahren begonnene Begabungs- und Schulreform nichts geändert. Außer mehreren didaktischen, curricularen und (formal-)demokratischen Verbesserungen innerhalb des Schulgefüges ist wenig Nennenswertes geschehen, das die Hoffnung nähren könnte, eine wirklich menschennähere und gerechtere Schulform zu finden. In ihr müßten gerade die Haupttugenden des sozialen Lernens (der ›Starke‹ lernt vom ›Schwachen‹, der ›Schwache‹ lernt vom ›Starken‹) wie Ehrfurcht, Liebe, wahre Religion, Bescheidenheit usw. zum Leben erweckt werden. Außerdem müßte der Schüler nicht nur im Rahmen seiner positiven Fähigkeiten motiviert werden, sondern sehr wohl auch für seine negativen Eigenheiten ein offenes Experimentier- und Erfahrungsfeld vorfinden, denn nur dadurch, daß man selber Fehler macht und sie auch dem anderen zugesteht, kann man sich in seinen Dunkelseiten über kurz oder lang bewußt erfahren und zum kreativen Weiterkommen entwickeln.

Das menschliche Leben besteht nicht daraus, ständig nur zwischen den Polaritäten Plus und Minus, Richtig und Falsch hin und her zu pendeln oder sich gar nur für eine der beiden zu entscheiden. Vielmehr bestünde die Kreatürlichkeit der Schule in der Vermittlung einer Erkenntnis, die *Synthese* heißt, die also zur Überwindung von These und Antithese führt. Es ist die Rede von der Hinführung zum *sinnbezogenen* Lernen und Erkennen.

Betrachten wir einmal ganz unvoreingenommen den Begriff »Intelligenz«. Er ist in den Augen vieler Lehrer und Eltern zum fetischhaften Leitziel, zur Traumvorstellung dessen geworden, was das Kind später einmal – ›erfolgreich‹ in der Welt stehend – verkörpern soll. Ohne auf die äußerst problematische inhaltliche Diskussion einzusteigen, was man aus wissenschaftlicher Sicht überhaupt unter »Intelligenz« versteht, ist dennoch die Grundaussage zutreffend, daß sie eine menschliche Eigenschaft ausdrückt, die mit möglichst viel rationalem, ›taktischem‹ und schnell erfassendem Kopf- und Sachwissen zusammenhängt. Demnach ist Intelligenz etwas, das mit nichts Unlogischem (Emotionalem) in Zusammenhang gebracht werden möchte. Sie will alles klar und beweisbar vor Augen halten bzw. es in diese Kategorien bringen. Alles andere scheint für sie gar nicht oder nur schwer vorstellbar, da es sich nicht in den logischen Ursache-Wirkung-Kreis ihres Weltbildes integrieren läßt. Besonders die Naturwissenschaften sind in diesem Sinne streng intelligent-logische Disziplinen, die nichts anderes beabsichtigen, als festzustellen, was im Zeichen der empirischen Beweisbarkeit *ist*, d. h. wie es funktioniert.

Es ist nicht zu leugnen, daß der Mensch erst zum eigentlichen Menschen wurde, als er die Intelligenz zum Träger logisch-kausaler Wissenschaftssysteme gemacht hat. Erinnern wir uns nur an Aristoteles, den Begründer der abendländischen Wissenschaft. In seinem Denken liegt die Wurzel des rund 2000 Jahre später aufbrechenden naturwissenschaftlichen Intellektualismus, von dem wir spätestens heute maßgeblich in unseren Denk- und Wertvorstellungen geprägt sind. Ging es bei Aristoteles noch um den ›gesunden‹ Intellekt, der stets in Verbindung zur Seele und dem Geist stand, so haben wir es in jüngerer Zeit mit einer ganz anderen Art von Intellektualismus zu tun: mit einem kalten, auf pure Nützlichkeits- und Erfolgserwägungen ausgerichteten Intellekt, der in möglichst perfekten gehirnorganischen Funktionen (logisches Denken, logisches Schlußfolgern im Sinne von: »Ich glaube nur an das, was ich sehe, höre, rieche, schmecke, was ich experimentell beweisen kann«) denkt und den einzigen Sinn in Form eines rationalen Pragmatismus erblickt.

Unser Schulsystem, das sich diesen Intelligenzbegriff mehr und mehr zu eigen macht, sieht darum auch sein oberstes Ziel darin, den jungen Menschen von Anfang an zu einem möglichst fehlerfreien perfekten Lern- und Disziplinverhalten zu führen. Letzlich ist nur derjenige ein guter, strebsamer und erfolgreicher Schüler, der sich den jeweiligen Erwartungen seines Schultyps möglichst widerstandslos – also ohne »unlogische« Lern- und Verhaltensauffälligkeiten – anpaßt.

Es gehört mit zur Ironie des Systems Schule, daß ihre Vorstellungen und Eigenschaften vom ›guten und erfolgreichen jungen Menschen‹ in der späteren Lebenspraxis des öfteren nicht in Erfüllung gehen. Als Beispiel hierzu seien nur die Namen Albert Einstein, Winston Churchill und Hermann Hesse genannt. Mit einiger Wahrscheinlichkeit läßt sich vermuten, daß gerade sie zu großen Persönlichkeiten wurden, weil sie sich bereits als Schüler dem veranstalteten ›Unsinn Schule‹ innerlich wie äußerlich widersetzten, indem sie zu ›schlechten‹ Schülern wurden. Sie erkannten, daß es kaum möglich ist, sich von einer Schulform motivieren zu lassen, in der man nicht generell das sein darf, was das wichtigste Kriterium des Menschen ausmacht: ein geistig denkendes, fühlendes, handelndes, ein kreativ experimentierendes Wesen zu sein. Kein anderer als Hermann Hesse kritisierte jenes Hauptdefizit der Schule von gestern und heute mit den Worten: »An mir hat die Schule viel kaputt gemacht, und ich kenne wenige bedeutende Persönlichkeiten, denen es nicht ähnlich ging. Gelernt habe ich dort nur Latein und Lügen.« Und an anderer Stelle bemerkte er: »Die Schule befaßt sich nicht mit jenen ernsthaften Fertigkeiten, welche für das Leben unentbehrlich sind, sondern vorwiegend mit Kenntnissen, von welchen mir manche lebenslänglich treu geblieben sind; so weiß ich heute noch zahlreiche schöne und witzige lateinische Wörter und Verse sowie die Einwohnerzahlen vieler Städte – natürlich nicht die von heute, sondern die von 1890.«

Die Schule als persönlichkeitsfeindliches System

Messen wir den Worten Hermann Hesses Gewicht bei, so kommt uns die Frage nach den persönlichkeitsprägenden Merkmalen in den Sinn, welche die Schule beim Kind heranziehen will. Orientieren wir uns dabei zum Beispiel an der Bayerischen Verfassung, die in Art. 131 als Ausdruck von »Persönlichkeitsbildung« der Schule den Auftrag zuweist, den jungen Menschen im Zeichen der »Ehrfurcht vor Gott, Achtung vor religiöser Überzeugung und vor der Würde des Menschen, Selbstbeherrschung, Verantwortungsgefühl und Verantwortungsfreudigkeit, Hilfsbereitschaft und Aufgeschlossenheit für alles Wahre, Gute und Schöne« zu bilden. Kein vernünftig denkender Mensch kann gegen diese Zielvorgaben etwas Negatives einwenden; jeder dürfte sie mehr oder weniger als wesentliche Tugenden der Persönlichkeitsreifung anerkennen und sie sich bei seinem Kinde als heranzubildende moralisch-ethische Eigenschaften wünschen, die neben einer dementsprechenden familiären Erziehung in Erscheinung treten sollen.

Die Kardinalfrage aber lautet: Wie wird man zu einer ›Persönlichkeit‹? Kann man sie einfach schaffen, indem bestimmte von ihr zu erwartende Eigenschaften gesetzlich fixiert werden, oder muß nicht ein viel wesentlicheres Moment hinzukommen, das ich als das Phänomen der vorbildhaften pädagogischen Umsetzbarkeit bezeichnen möchte? Und schließlich: Welchen psycho-sozialen Nährboden benötigt ein Mensch, damit sein genetisch verankertes Persönlichkeitspotential auch sichtbar in Erscheinung treten kann?

Was immer sich der Erzieher im Detail unter dem Begriff Persönlichkeit vorstellen mag, besteht im allgemeinen Einigkeit darüber, daß ihr die Wesenseigenschaft zuzuordnen ist, sich von der ›blinden Norm‹ abzugrenzen. Sie will nichts mit einem eindimensionalen Herdendasein zu schaffen haben, in dem man etwas tut, weil alle es so tun. Deshalb verstehen wir unter der Persönlichkeit eines Menschen immer nur das, was ihn »mit besonders ausgeprägter, geschlossener, sich vom Durchschnitt abhebender Wesensart« (Anton Neuhäusler) auszeichnet und auf »Lebens- und Erfahrungsreife« beruht. Folglich wäre jeder Mensch, der durch seine Umwelt die Möglichkeit vermittelt bekommt, (spontan) fragend und widersprechend über die Grenzen seines individuellen Erfahrungs- und Bewußtseinshorizontes hinauszublicken, auf dem persönlichkeitsprägenden Weg.

Von dieser Methode haben wir bereits durch Sokrates erfahren. Indem er seine Schüler in ›banale‹ alltägliche Gespräche verwickelte (siehe Seite 47 f.), wollte er ihnen die Augen dafür öffnen, daß ihr vermeintlich großes und weites Bewußtsein – ihre ›Persönlichkeit‹ – sich in einer Sackgasse befand.

An der Frage, welche Bedingungen und Programme die heutige Schule zur Persönlichkeitsbildung des Schülers praktisch-konkret ermöglicht, soll geprüft werden, ob und inwieweit sie zur Charakterschulung und persönlichen Mündigkeit der nachwachsenden Generation einen ersichtlichen Beitrag leistet oder nicht.

Jede Schule, selbst die liberalste und progressivste, besteht zunächst einmal aus vielen Menschen und Funktionsträgern, die anhand ihrer unterschiedlich zugewiesenen Rollen und Ziele ganz verschiedene Aufgaben und Pflichten zu erfüllen haben. Auf der einen Seite stehen die Lehrer; auf der anderen Seite finden wir die Schüler, die freiwillig, womöglich aber – je nach Schulart – mehr durch rechtlichen oder familiären Zwang ihrer Pflicht nachkommen, eine Schule zu besuchen. Gehen wir davon aus, daß der jeweilige Lehrer seinen Beruf mit Freude ausübt, also ein guter Lehrer ist. Nehmen wir weiter an, daß, von ein paar Ausnahmen abgesehen, der Großteil der Schüler kein generell gestörtes Verhältnis zu Lehrer und Schule hat. Beide Seiten – Lehrer wie Schüler – stehen also in einem vernunftbezogenen Verhältnis gegenseitiger Akzeptanz.

Dies zugrunde gelegt, wollen wir ein konkretes Beispiel analysieren. Zu Beginn der Mathematikstunde, die wir untersuchen wollen, wiederholt der Lehrer zunächst in kurzen Zügen den Stoff der letzten Stunde (Lehrsatz des Pythagoras). Damit will er zum einen prüfen, ob alle Schüler den Stoff der letzten Stunde verstanden haben oder ob eventuell bei einigen Unsicherheiten bestehen; zum anderen hofft er so einen leichteren Einstieg in die neue Mathematikstunde zu gewinnen. Didaktisch-fachlich hat sich unser Lehrer – wie immer – bestens vorbereitet. Theoretisch kann also nichts passieren ... Nach der erneuten Frage, ob jeder der Schüler die Grundlagen des pythagoreischen Lehrsatzes $c^2 = a^2 + b^2$ verstanden habe, fährt er, da sie wohlwollend mit »Ja« antworten, mit weiteren mathematischen Beweisen des Pythagoras fort.

Während sich der Lehrer bemüht, seinen Zuhörern weitere Wissensfakten zu vermitteln, meldet sich ein Schüler zu Wort und sagt: »Entschuldigung, Herr Lehrer, ich finde das, was Sie uns über die Mathematik des Pythagoras beibringen, sehr interessant, aber mich erstaunt nicht nur der Mathematiker Pythagoras, sondern vor allem der *Mensch* Pythagoras. Nach meinen Informationen war er mindestens ein ebenso großer Philosoph wie Mathematiker. Deshalb fände ich es gut, wenn Sie uns über den ganzen Pythagoras berichteten und nicht nur über den halben, den Mathematiker. Ich habe ein Buch über Pythagoras dabei, aus dem ich gern eine faszinierende Begebenheit aus seinem Leben vorlesen würde.«

Die Mitschüler bekunden reges Interesse an dieser Unterrichts›störung‹ des Schülers und unterstützen mit Applaus sein Verlangen. Einige meinen: »Herr Lehrer, wir wußten gar nicht, daß Pythagoras auch noch etwas anderem auf der Spur war als der Mathematik! Bitte, lassen Sie uns das jetzt erfahren!«

Der Lehrer blickt verständnisvoll auf das neugierige Rund seiner Schüler und meint mit gelassener Stimme: »Natürlich weiß ich, daß Pythagoras auch große Erkenntnisse über nichtmathematische Dinge sammelte, aber wir haben jetzt nun mal Mathematikunterricht, und daher bringt es nicht viel, sich über den Menschen Pythagoras auszulassen. Seht mal, ich habe vom Kultusministerium einen ganz bestimmten Lehrplan zugewiesen bekommen, den ich genau erfüllen muß. Was würde es euch schließlich nutzen, wenn wir bis Ende des Schuljahrs nicht mit dem vorgeschriebenen Stoff fertig würden? Außerdem muß ich euch, ehrlich gesagt, gestehen, daß ich nicht viel Konkretes über die philosophischen Gedanken des Pythagoras weiß. Ich habe Mathematik und Physik auf der Universität studiert und nicht Philosophie oder Geschichte. Am besten wäre es, wenn ihr dazu euren Geschichtslehrer befragt. Er müßte über das Leben des Pythagoras näher Bescheid wissen, zumal der Name im Geschichtslehrplan zur Behandlung vorgeschrieben ist. Ich jedenfalls kann mich in meinem Fach nicht damit beschäftigen. Ich bitte deshalb um euer Verständnis und fahre mit dem Mathematikstoff fort ...«

Diese teils formale, teils persönlich-ehrliche Auskunft des Lehrers genügt dem Schüler nicht. Er meldet sich erneut, diesmal heftiger werdend, zu Wort: »Aber Herr Lehrer, entschuldigen Sie, ich und der Großteil der Klasse können Ihre Argumente nicht verstehen. Wir sind doch nicht auf der Schule, um uns nur das anhören zu müssen, was in irgendwelchen Lehrplänen steht! Ich glaube, wir haben sehr wohl das Recht, auch über andere Dinge und Probleme etwas zu erfahren, die uns interessieren. Meistens heißt es ja ohnehin, wir wären träge und unbeteiligt; aber wenn man dann mal für etwas Neugierde zeigt, das nicht direkt mit dem Fachstoff in Einklang steht, heißt es sofort: ›Das gehört nicht hierher, und deshalb kann es nicht ausführlich besprochen werden!‹ Was ist denn das für eine seltsame Schule, die keine exakten Antworten auf das geben will, was auch die Schüler interessiert? Wir wollen hier doch nicht zu rein schematisch denkenden Schmalspurtypen herangedrillt werden, sondern zu Menschen, die ›das Ganze‹ einer Sache oder Person erfahren und entdecken wollen. Deshalb bestehen wir jetzt oder in der nächsten Stunde darauf, etwas über den ›ganzen Pythagoras‹ von Ihnen zu hören. Ihr Hinweis, Herr Lehrer, daß im Geschichtsunterricht das Leben des Pythagoras behandelt wird, trifft nicht zu, da wir die alten Griechen bereits im letzten Jahr durchgenommen haben, ohne daß Nennenswertes über Pythagoras berichtet wurde. Außerdem hat unser Geschichtslehrer ähnliches wie Sie gesagt, indem er letzte Stunde darauf verwies, er könne ebenfalls aus zeitlichen Gründen nicht mehr ein Thema wieder aufnehmen, das letztes Jahr schon auf dem Lehrplan gestanden hat und zumindest kurz behandelt worden ist.«

Jetzt ist der Zeitpunkt gekommen, daß der Lehrer beginnt, seine formale Autorität voll auszuspielen, indem er zur autoritären Strategie übergeht. Mit verspannter Miene verbittet er sich den leicht aggressiven Stil des Schülers mit dem Hinweis, dieser solle sich gefälligst in seinen sachfremden Wünschen und Forderungen mäßigen, falls er nicht wünsche, wegen ungebührlichen Benehmens einen Eintrag in das Klassenbuch zu riskieren. »Schließlich bin nicht ich, euer Lehrer, dafür verantwortlich, was und wieviel die Unterrichtsinhalte in einem Fach ausmachen. Falls euch das nicht paßt, müßt ihr eure Beschwerden schon an den Rektor oder am besten gleich an das Kultusministerium richten. Was meine Person betrifft, erfülle ich ab sofort meine Pflicht, mit dem Mathematikunterricht fortzufahren, denn der Lehrplan läßt uns keine andere zeitliche Wahl ...«

Was aber, so ist zu fragen, hat den Schüler am Leben und Wirken des Pythagoras eigentlich so stark in Atem gehalten? Im Zusammenhang mit dem Mathematikunterricht hatte er zu Hause ein Buch über das Leben des großen Griechen gesucht und war auf eine Stelle gestoßen, wo über »Die große Tat« des Pythagoras berichtet wird:

»Als Pythagoras seine Heimatstadt Samos verließ, nach mißlungenem Versuch, der Jugend seines Volkes die Weisheit der Götter zu lehren, als er sich auf dem Wege nach Kroton befand, wo er offene Ohren und Herzen für seine Lehren fand und begeisterte, begegnete er am Meeresstrande, kurz vor seinem Ziel, einigen Fischern, die im Abendwerden ihren Fang heimbrachten.

Einige Männer und Jünglinge standen im seichten Wasser des Ufers und mühten sich, den reichen Meeressegen in mächtigen Netzen einzubringen, und bald lagen die mit Tausenden von zappelnden Fischen gefüllten Netze auf dem Strand.

Ein seltsamer Gedanke durchzuckte plötzlich den Weisen aus Samos. Was würde mit den Fischen geschehen, die eben noch munter und bunt in den kühlen Abendfluten sich getummelt hatten? Und er fühlte das jammervolle Verlechzen der Tausende, die zusammengepfercht vor ihm lagen.

Der Spruch des Weisen Yajurvedas trat in seine Gedanken: ›Wenn alle Wesen du in dir und dich in allen Wesen siehst, dann hast Allwissenheit du erreicht, dann ist dir nichts mehr ungewiß!‹ Und er fragte die Fischer, ob sie sich den beschwerlichen Weg nach Kroton ersparen und ihm die Fische verkaufen wollten. Lange berieten die Fischer, denn sie bezweifelten den Ernst der Worte des Fragenden, bis endlich, sichtlich verlegen über den hohen Preis, den die Fischer errechnet hatten, der Älteste zu Pythagoras trat und sagte: ›Herr, zwei Minen wird wohl der Fang wert sein; man zahlt jetzt viel in Kroton ...‹

Der Weise bat seinen Diener, vier Minen an die Fischer auszuzahlen. Aber sie verwehrten es ihm und einigten sich auf drei. Für die dritte Mine aber mußten die Fischer das Gebot des Weisen erfüllen: ›Werfet die Fische ins Meer zurück, Freunde! Es soll niemand sterben, nicht einmal ein Tierlein des Gewässers ...‹

Einige der Fischer mögen wohl an ihre Stirn gedeutet haben. Und auf ihre Frage: ›Herr, was soll das?‹, sagte er ihnen: ›Wenn alle Wesen du in dir und dich in allen Wesen siehst, dann hast Allwissenheit du erreicht, dann ist dir nichts mehr ungewiß!‹ Und die Fischer knieten vor ihm nieder – in den weiten Sand des Strandes ...« (zitiert nach Kissener).

Mancher Leser mag nun erstaunt fragen, was es mit ›Persönlichkeit‹ zu tun hat, wenn ein Schüler von einer Begebenheit aus Pythagoras' Leben liest, die mit mathematischen Beweisen nicht das geringste gemein hat, und er obendrein noch fordert, man solle diese Geschichte in den Mathematikunterricht einfließen lassen. Wer als Leser so oder ähnlich denkt, hat wahrscheinlich über das Wesen der Persönlichkeitserziehung noch nicht viel nachgedacht; ihm dürfte kaum bewußt sein, daß gerade Neugierde, Phantasie, Ergriffensein sowie gegenseitiges Miteinander-Tun, Vertrauen und Sympathie die primären Weggefährten der Persönlichkeitswerdung sind. Werden sie beim jungen Menschen angesprochen und gefördert, so geschieht in ihm etwas ganz Natürliches: Er will wissen, er will handeln und experimentieren, er will ›philosophieren‹, er will die Zusammenhänge – die Vorder- und die Hintergründe – einer Sache oder Person erfahren, und zwar möglichst umfassend!

Auf unser Schulbeispiel bezogen, meldet der Schüler den dringenden Wunsch an, eben nicht nur die unbestritten interessanten pythagoreischen Formeln und Lehrsätze gehirnorganisch zu speichern und somit zu wissen, sondern es drängt ihn, darüber hinaus noch viel mehr über den *Menschen* Pythagoras zu erfahren. Es stellt sich die Frage, worin die ›Untat‹ dieses Schülers bestand. Darin, daß er erfahren wollte, was einen nach logischen und vernunftdienlichen Erkenntnissen forschenden Pythagoras bewegt haben könnte, sich um die Lebensexistenz ›dummer‹ Fische Gedanken zu machen?

Der Lehrer hätte, bezogen auf das Beispiel aus Pythagoras' Leben, in der nächsten Stunde etwa Folgendes den Schülern erläutern können: Gerade weil Pythagoras den ›kleinen‹ und scheinbar belanglosen Dingen des Lebens mindestens ebensolche Aufmerksamkeit schenkte wie den ›großen‹ unerforschten Phänomenen, gelang es ihm, zu dem zu werden, was man ihm heute unzweifelhaft attestiert: eine weise Persönlichkeit zu sein. Er erkannte, daß im Kleinen das Große und im Großen das Kleine liegt. Es war ihm klar: Sämtliche Teilbereiche und Entdeckungen des Lebens sind immer mit dem Ganzen untrennbar verwoben. Alles hängt mit allem zusammen; alles ist Zahl und Fisch, alles ist Fisch und Zahl zugleich, freilich in einer Art und Weise, die sich dem Menschen, der in einer eindimensional kausalen Denk- und Betrachtungsweise die Welt und ihre Dinge betrachtet, entzieht. Somit verfügte Pythagoras über diejenige höchste Schwingung von Wissen, welche »Allwissen« heißt. Es ist kein Wissen im herkömmlichen empirischen Sinn, sondern eben gerade ein solches, durch das der Mensch alle Wesen und Dinge in sich und sich in allen Wesen und Dingen wiederfindet. Es erwächst aus einem Leben und Lernen, dem tiefer Sinn zugrunde liegt; somit ist es keines, das dem Un-Sinn, dem nur logischen Sinn frönt. Alles Wissen und Können, das aus jenem Un-Sinn hervorgeht, bewirkt über kurz oder lang Unzufriedenheit, Monotonie und Menschenverachtung. Es versperrt den gestalterischen Weg zur freien, sich selbst verpflichteten Persönlichkeit und drückt dem Menschen den Stempel eines kanalisierten Roboters auf, weil es gerade nicht über jene feinere und höhere Wellenlänge verfügt, welche die Geschichte der »Großen Tat« des Pythagoras symbolisch ausdrückt.

Dies oder Ähnliches hätte der Lehrer sagen können. Statt dessen hat er versagt: und zwar nicht in seiner funktional-formalistischen Rolle, wohl aber in der als wirklicher Pädagoge. Wahrscheinlich hat er noch keinen ganzheitlichen Einblick in seine Person erfahren, sonst wäre seine Reaktion eine andere gewesen: Er hätte ungeachtet des vorgeschriebenen zeitlich und quantitativ gedrängten Lehrstoffs mit Freude und Verständnis die Frage seines Schüler aufgegriffen und darüber mit der Klasse ein Gespräch begonnen. Mit anderen Worten: Hätte der Mathematiklehrer weniger auf die Formalseite des Lehrplans gepocht und statt dessen mehr die spontanen und kreativen Bedürfnisse seines Schülers einbezogen, wäre er tatsächlich ein guter, ja ausgezeichneter Lehrer im pädagogischen Sinn des Wortes. So mag er zwar ein guter *Fach*lehrer sein, kann aber nicht über

Sinn und Grenzen seines Aufgabengebietes hinausblicken. Da er selber Mängel in seiner pädagogischen Persönlichkeit aufweist, gelingt es ihm auch nicht, einen nennenswerten Beitrag zur Persönlichkeitsbildung seiner Schüler zu leisten.

Dem Bildungsforscher und Pädagogen Hartmut von Hentig wurde unlängst die Frage gestellt, was er unter einem ›guten‹ Lehrer verstehe (vgl. *Die Zeit* Nr. 39 vom 20. 9. 1985). Seine Antwort: »Ein guter Lehrer ist man durch keine noch so gute Ausbildung (die dennoch notwendig bleibt!), sondern durch seine Person.« Nach von Hentigs Vorstellungen drückt sie sich z. B. in den Eigenschaften aus, das, was man sagt, auch glaubwürdig zu vertreten, sich auf Schüler ehrlich einzulassen und zu akzeptieren, daß sie anders reagieren, als man selber denken und handeln würde. »Aus der Art und Weise, wie man mit Schülern umgeht, kann ich erkennen: Dies ist ein guter Lehrer oder er wird's noch.« Ein weiteres Kriterium des positiven Umgangs zeigt sich darin, daß der Lehrer keine Angst zeigt, »er könne die ›Kontrolle‹ über den Schüler oder die Lage verlieren«. Und schließlich verfügt nur derjenige Lehrer über eine ausgeglichene Seele, »die der Bewegung, ja der Erschütterung fähig ist« und damit als Ausdruck seiner Persönlichkeit mit »das wichtigste Curriculum« widerspiegelt, das ihm zur Verfügung steht. Bezogen auf das konkrete Unterrichtsbeispiel ist festzustellen, daß der Mathematiklehrer meilenweit von den Eigenschaften entfernt ist, die Hartmut von Hentig einem guten Lehrer attestiert.

Interessant sind in diesem Zusammenhang auch Feststellungen C. G. Jungs: »Je kleiner [...] die Persönlichkeit ist, desto unbestimmter und unbewußter wird sie«, bis sie schließlich blind der Unterordnung gegenüber kollektiven Gesetzen und Normen verfällt. Anstelle der Stimme des Inneren [die die Stimme des berufenen Pädagogen darstellt – Anm. H. W.] tritt die Stimme der sozialen Gruppe [die Stimme der persönlichkeitsängstlichen Schul- und Lehrplanbürokratie – Anm. H. W.] und ihrer Konventionen ...« Deshalb glaubt auch unser Lehrer, guten Gewissens mit seinem Einwand: »Das sprengt den Rahmen und das Wissen meines Unterrichts«

dem Problem Genüge geleistet zu haben, was wir ihm nicht einmal verübeln können, denn »zur Persönlichkeit kann niemand erziehen, der sie nicht hat« (C. G. Jung).

Die ausführlich dargestellte Unterrichtsbegebenheit, die dem konkreten Schulalltag einer Münchner Realschule entstammt, ist das Spiegelbild einer Auffassung von Unterrichtsführung, der es in allererster Linie darum geht, reines Faktenwissen zu vermitteln. (Natürlich soll anhand dieses Beispiels nicht der Eindruck entstehen, alle bzw. der größte Teil der Lehrer würden derart pädagogisch-persönlichkeitsarm den Unterricht gestalten. Umgekehrt scheint der Eindruck nicht zu trügen, daß es mehr als vertretbar Lehrer gibt, die sich nach genannter Art und Weise den Schülern offenbaren.) Statt einen Beitrag zur Persönlichkeitsbildung des Schülers zu leisten, bewirkt sie im Regelfall genau das Gegenteil: Er bekommt über kurz oder lang den Eindruck, daß seine Person trotz aller formaldemokratischen Rechte nicht viel zählt, dagegen das formale Wissen und Können, die Prüfungspläne, Leistungsnachweise, Gefälligkeitskundgebungen gegenüber den schulischen Autoritäten usw. oberste Priorität besitzen. Der Schüler wird recht schnell gewahr, daß die Lehrer meist nicht seine Partner sind, sondern die ihres Brötchengebers Schule. Teils wissend, teils unwissend unterstützen viele Lehrer auf diese Weise weitaus mehr den bürokratisch-autoritären Schulapparat als den pädagogischen. Überall dort, wo die nüchternen Verwaltungsaspekte einer Institution die Oberhand gewinnen, schwindet das substantiell humane, das persönlichkeitsabhängige Verhältnis von Ich und Du, von Ich und Wir. Es fruchten dann auch die besten wissenschaftlich erprobten pädagogisch-psychologischen Unterrichtsmethoden und -inhalte nichts mehr, wenn hinter ihnen nicht die ganzheitliche Person des Lehrers oder Erziehers steht. Besonders anhand des heutigen Methoden- und Lehrplanwirrwars, der auf dem pädagogischen Sektor feilgeboten wird, läßt sich dieser Umstand mühelos aufzeigen und nachweisen. Hinsichtlich der Unmenge pädagogisch-didaktischer Theorien und Hypothesen gewinnt der besonnene Betrachter den Eindruck, daß es dabei kaum noch um die bestmögliche Lehr- und Erziehungsmethode gehen kann, sondern weitaus eher um ein schon peinlich anmutendes akademisches Geschwätz, das sich durch ein nicht selten wahlloses Herumexperimentieren auszeichnet und von nicht auszuschließenden persönlich-egoistischen Aspekten motiviert ist.

Mir ist keine einzige noch so wissenschaftlich ausgefeilte (Schul-)Theorie bekannt, mit der die Kinder ›besser‹ geworden wären – zumindest nicht, was ihr Gesamtverhalten anbelangt. Erziehung und Schule werden noch immer zuallererst durch den Menschen geprägt und nicht durch eine Theorie oder ein theoretisches Programm, es sei denn, der sie ausführende Mensch hat die klare Priorität gegenüber ihnen. Wo immer es an der durch das Herz bestimmten Lehrer- und Erzieherrolle mangelt, wo immer pädagogisches »Feeling« sowie Weitblick gegenüber den Bedürfnissen und Erfordernissen der Schüler mangelhaft sind, kann kein erfolgreicher Prozeß im Schüler-Lehrer-Verhältnis in Gang kommen; beide Seiten bleiben ›dumm‹ und motivationslos, weil keine die Luft und die Kraft der anderen einatmen und zur eigenen kreativen Antriebsquelle umsetzen kann, vor allem aber, weil die Schule sich nicht als lebendigen Ort derjenigen positiven Persönlichkeitsentwicklung sieht, die im jungen Menschen das bewirken würde, was man aufgewecktes Interesse an der eigenen Person, an seinem Gegenüber und an den restlichen Dingen und Geschicken der Welt nennen kann.

Warum, so fragte C. G. Jung schon vor etlichen Jahrzehnten, ist es die Regel, »daß dumme und bornierte Erziehungsmethoden angewendet werden«? Doch nur deshalb, weil es »dumme Erzieher gibt, die keine Menschen, sondern personifizierte Methodenautomaten sind. Wer erziehen will, sei selber erzogen. Das heute immer noch praktizierte Auswendiglernen und mechanische Anwenden von Methoden ist aber keine Erziehung, weder für das Kind noch für den Erzieher selber. [...] Von den jungen Leuten, welche Pädagogik als ihren Lebensberuf auserkoren haben, wird vorausgesetzt, sie seien selber erzogen. Daß sie zugleich auch schon allesamt Persönlichkeiten seien, wird wohl niemand behaupten wollen. [...] Jedermann mit abgeschlossenem Studiengang kommt sich als fertig erzogen, mit einem Wort als erwachsen vor. [...] Zweifel und Unsicherheitsgefühle würden lähmend und hindernd wirken, den so notwendigen Glauben an die Autorität untergraben und ihn zum Berufsleben untauglich machen. [...] Daß dies keine idealen Zustände sind, weiß jedermann. Sie sind aber, unter den gegebenen Umständen, [...] die bestmöglichen. Man kann vom Durchschnittserzieher schlechthin nicht mehr erwarten als von den Durchschnittseltern.«

Jungs Bemerkungen klingen sehr nüchtern-realistisch. Sie unterliegen der Sicht des Status quo, des Mittelmäßigen, des Durchschnittlichen – und eben diese Eigenschaften pflegt und hegt die Schule unverändert tagein, tagaus. Heute stellt es in den Augen vieler Eltern und Schüler bereits ein ›Gütezeichen‹ dar, einen guten und engagierten *Fach*lehrer als Pädagogen vorzufinden. Wer aber immer nur das mögliche, machbare und auf (schul-)gesetzlichen Bestimmungen beruhende Lehren und Lernen im Auge hat – folglich das vermeintlich Unmögliche, Utopische nicht zuläßt –, begibt sich in den Teufelskreis von Gewöhnung und Formalisierung. Vom Wort »Gewöhnung« stammt aber das Wort »gewöhnlich« ab, das in der Alltagssprache nichts anderes als primitiv oder einfältig bedeutet. Wo im Leben einer Schule, Klasse oder Familie die Gewöhnung – das Gewöhnliche – dominiert, kann kein positiver Geist vorherrschen, da wird alles im Sinne von Monotonie und Eindimensionalität erlebt, gelebt und geregelt.

Wie wäre es, wenn wir Abschied von dieser Art und Form des »way of life« nähmen? Wie wäre es, wenn wir wieder mehr aus dem Herzen heraus reagieren und handeln würden, uns ihm anvertrauen? Im Herzen liegt der Kern und das Wesen der Persönlichkeit, »eine bestimmte, widerstandsfähige und kraftbegabte seelische Ganzheit« (C. G. Jung). Würden wir den Zuständen *in uns* tragende Bedeutung schenken, stünden wir in einem ganz neuen Sinn. Es käme uns nicht mehr der Gedanke, die Schule als ein notwendiges Übel zu betrachten, von dem man die Kinder leider nicht entpflichten kann; dann unternähmen wir alles Menschenmögliche, sie mit jenem Werkzeug des Geistes auszustatten, das man spielerisch lernende Entdeckung der individuellen inneren Bestimmung nennt. Sehr schnell wäre die Schule keine Anstalt der Unlust und des Krampfes mehr. Auch verstünden dann Schüler wie Lehrer ihre Aufgabe nicht mehr als frustrierende Tätigkeit, sondern als dialogisches Spiel, das jeder kreativen Arbeit zugrunde liegt. Alle andere Form von Arbeit war und ist eine mühselige Plagerei. Die persönlichkeitshemmende Schule wäre dann nicht mehr das Trauma vieler Schüler, sondern die persönlichkeitsfördernde Rolle der Schule gegenüber dem einzelnen wie der Gemeinschaft führte zur Identifizierung mit ihr. So gesehen könnte die Schule zu einer Instanz der persönlichen inneren Bestimmung werden.

Wer sich unumschränkt zur Demokratie bekennt, muß ebenso zu dem sie tragenden Hauptpfeiler ein volles Ja sagen: zum Erlernen und Erfahren, was Persönlichkeit ist, sein könnte und bedeutet. Konkrete wissenschaftliche Untersuchungen haben aufgezeigt, worin die praktischen Auswirkungen von persönlichkeitsorientiertem Denken und Verhalten liegen. Heinrich Roth faßt sie in seiner »Pädagogischen Anthropologie« wie folgt zusammen: Zuallererst ist bei genannten Personen ein ganz bestimmter »Freimut im Ausdruck« festzustellen, »Freimut im Ausdruck der eigenen Gedanken, Gefühle, Urteile usw.« Das Handeln kreativer Menschen erscheint generell impulsiver. Im Gegensatz zu anderen Individuen zeigen sie mehr Risikobereitschaft, »was mit enthält, daß sie über eine größere Frustrationstoleranz verfügen«. Ihr gesamtes Leben ist weit stärker durch »Lust am Spiel und Spielerischen«, durch größeren »Humor, mehr Flexibilität und weniger Rigidität« geprägt. »Soziale Konflikte, kognitive Dissonanzen, nonkonforme Gedanken und Ideen« bedeuten für sie viel eher konstruktive Herausforderungen denn »drückende psychische Belastungen«. Insgesamt dürfte der Grund ihres anderen Denkens, Fühlens und Handelns »auf dem Hintergrund einer größeren Ich-Stärke, eines größeren Selbstvertrauens, einer größeren Unabhängigkeit von der Umwelt und anderen Menschen« zu suchen sein.

Vor noch nicht allzu langer Zeit hing man der Meinung an, daß jene Persönlichkeitsmerkmale ganz oder überwiegend dem genetischen Potential zuzuordnen sind, aber nicht nennenswert durch die Umwelt lernend erworben werden könnten. Heute weiß man aufgrund sorgfältiger Untersuchungen um den grundsätzlichen Irrtum dieser Annahme, sofern z. B. starr an äußeren Regeln orientierte »denkende und urteilende Kinder« es selten schaffen, zu einem eigenen Meinungsbild zu gelangen. Außerdem fühlen sie sich zwanghaft gedrängt, ihre Gefühle permanent zu unterdrücken. Obwohl diese Kinder an sich »hochintelligent sein mögen«, steht eines fest: Auch ihre Eltern sind überwiegend von Einstellungen geprägt, die den unkreativen und anpassungssüchtigen ihrer Kinder entsprechen. Dagegen wirken Kinder von Eltern, die ihnen eigene Meinungsäußerungen gestatten, unkonventionelles Verhalten nicht sofort sanktionieren, »Initiative anerkennen, Neugierde und Wagemut zulassen« sowie »Kritik anhören«, im oben festgestellten Sinn als kreativ-schöpferisch. Diese bemerkenswerten Unterschiede lassen sich ebenfalls anhand von Schuluntersuchungen aufzeigen, bei denen sich ähnliche Zusammenhänge im Rahmen von Lehrer- und Schülerverhalten herausschälten.

Selbstverständlich, schränkt auch Roth ein, ist es nicht so, daß nur ein freiheitlich-autonomes Verhalten der Erzieher bei den Kindern die besagten kreativen Potenzen der Persönlichkeit offenbart, sondern es müssen auch Kräfte und Schwingungen bereitstehen, die mit den Begriffen »pädagogisch konsequente Führung« und »Triebverzicht« korrelieren. Es kommt also auch hier auf das stimmige »Wechselverhältnis von Freiheit und Bindung, [...] von Abhängigkeit und Unabhängigkeit, [...] auf die rechte Relation von Fremdbestimmung und Selbstbestimmung, Stimulation von Neugierde und Risiko einerseits und Fremd- und Selbstkontrolle andererseits« an, bemerkt Roth.

Ich bin mir bewußt, daß meine Ausführungen und Ansichten, welche die Institution Schule mehr oder weniger massiv angreifen, seitens ihrer – und vor allem der ihr angehörenden Lehrer, meiner Kollegen – vielerorts auf krasse Gegenwehr stoßen. Daran werden auch die zuletzt referierten wissenschaftlichen Fakten kaum etwas ändern, die ich zur Unterstützung herangezogen habe. Diesen Umstand sehe ich darin begründet, daß das persönlichkeitsfeindliche System der Schule nicht denjenigen wissenschaftlichen Belegen zugänglich sein will, die nicht in ihr psychologisch-ideologisches Weltbild passen. Welcher Lehrer, und sei er in der Praxis noch so ›sachlich‹ oder persönlichkeitsnegierend, läßt sich den Vorwurf gefallen, er sei nicht um das Wohl des Schülers besorgt bzw. wünsche nicht, daß dieser ein ›guter Mensch‹, eine ›gute Persönlichkeit‹ wird? Außerdem können meine Gegner mit einer empirischen Befragung kontern, die Wissenschaftler, bezogen auf Lehrer und Eltern von Hauptschülern des Bundeslandes Rheinland-Pfalz, 1981 angestellt haben. Aus ihr geht u. a. aufgrund der Aussage: »Der Lehrer soll die Kinder zu Persönlichkeiten erziehen« hervor, daß sich rund 60 Prozent aller Lehrer – im Gegensatz zu rund 5 (!) Prozent aller Eltern – dafür aussprachen. Allerdings geht aus der Untersuchung nicht hervor, welche exakten Detaileigenschaften den Begriff »Persönlichkeit« ausmachen. Abgesehen davon kommt es bei solchen Befragungen natürlich immer zu Problemen hinsichtlich theoretischer Aussagen und deren konkreter Umsetzung in die Praxis. Auf die Persönlichkeit hin erziehen zu wollen, ist eine Sache, sie tatsächlich im schulischen Alltag aktiv anzustreben, ist eine andere ... Würde dies wirklich von über der Hälfte der Lehrer getan, warum steigen dann jährlich die Schul- und Persönlichkeitsprobleme der Kinder und Jugendlichen in Form von Verhaltensauffälligkeiten, sogenannter »neurotischer Störungen« (Lernbarrieren, Verwahrlosung, Drogensucht, Kriminalität usw.), stetig an? Oder sind diese erschütternden Defizite allesamt das Werk der Familie oder Resultat der Freizeitgestaltung? Wohl kaum, wenngleich beide Faktoren in jenem Prozeß ein gewichtiges Wort mitzusprechen haben. Aber selbst wenn wir an späterer Stelle tragende Gründe für die Neurotisierungsfunktion der Familie und der Freizeitträger finden, entbindet das die Schule moralisch nicht davon, essentielle Gedanken darüber anzustellen. Es ist verwerflich, zu sagen: »Wir Schule und wir Lehrer sind nicht dazu da, die fehlgeleiteten familiären und sonstigen Defizite unserer Schüler aufzufangen und sie womöglich gar noch zu ›therapieren‹. Unsere Rolle besteht darin, Wissen und Können zu vermitteln – und sonst nichts! Und um die Persönlichkeitsentwicklung des Kindes scheren wir uns nur dann, wenn es ohnehin schon eine ›positive‹ von zu Hause mitbringt ...« Jener Umstand, der die auf Trägheit und sozialer Ignoranz beruhenden Scheuklappen nicht von den eigenen Augen herunterreißen will, ist es aber gerade, der kaum zu einer humanen und sachlich konstruktiven Heranbildung zur Persönlichkeit in Schule und Welt drängt.

Damit einhergehend, kommt ein weiteres hinzu. Es ist die »Verantwortungsscheu vieler Lehrer«, welche der Münchner Pädagogikprofessor A. Schorb beklagt. Zum einen sieht er sie »in der persönlichen Art« der Lehrer begründet, zum anderen »ist sie ein Produkt der Ausbildung«. Schorb behauptet weiter: »Zu viele wurden auf ihren pädagogischen Beruf nur durch Einübung in einen Gehorsam gegenüber Methoden und pädagogischen Grundsätzen und Normen vorbereitet. [...] So versagen sie vor der echten Instanz für pädagogische Entscheidungen, nämlich der wirklichen Zukunft für junge Menschen.« An den bereits 1970 geäußerten Worten hat sich bis dato trotz gutgemeinter Lehrerausbildungsreformen nichts Grundsätzliches zum Positiven hin verändert, im Gegenteil: Das Anpassungs- und Duckmäusertum junger Lehrer, Lehramtsbewerber und -studenten gegenüber Schulinstitutionen und ihren Autoritäten erfährt gerade heute durch das Überangebot stellensuchender Lehrer gewaltigen Auftrieb.

Die Probleme werden durch weitere Gegebenheiten verschärft. Die Lehrerin Ingeborg Neunhäuser verdeutlichte sie in der *Zeit* Nr. 42 vom 11. 10. 1985 anhand folgender Fakten: Nur selten sind Lehrer »jenseits der 45« anzutreffen, die »nicht ein mehr oder weniger chronisches Zipperlein plagt« oder deren »Energie und Engagement nicht nach spätestens zehn Dienstjahren« grundsätzlich aufgebraucht scheint. Bald wird überwiegend *diese* Gruppe von »physisch und psychisch ausgepowerten Lehrern« die Schüler unterrichten. Dessenungeachtet stellt sie ohnehin eine nicht unbeträchtliche »negative Auslese« dar, »die einst aufgrund des akuten Lehrermangels in den Beruf gelangte, ohne für ihn geeignet zu sein«. Gerade das, so Ingeborg Neunhäuser, versinnbildlicht einen heute sichtbar verspäteten »Treppenwitz der Bildungspolitik« aus den 70er Jahren. Auch hat es derzeit »Seltenheitswert«, daß Junglehrer mit neuen »Ideen und Impulsen« ausgestattet in die Schulen kommen, um damit ihren älteren Kollegen wieder mehr Zuversicht und »Ansporn« zu geben, d. h. sie aus dem »Versinken in Lethargie und Routine« herauszuholen. Aufgrund genannter Fakten läßt die Autorin erkennen, daß durch jenes Lehrerpotential der Unterricht zwangsläufig schlechter werden muß und daher an der Schule »wenig Nützliches gelernt wird«.

Allerdings soll auch nicht verschwiegen werden, daß es eine Anzahl mit dem gegenwärtigen Zustand der Schule ganz und gar unzufriedener Lehrer gibt, die durch kreativeres Unterrichten sowie in diversen Zirkeln, Versammlungen, Vereinigungen und Fachblättern ihre zur erstarrten Schulpädagogik konträren Ansichten mutig darlegen; sie wissen wahrscheinlich besser als ich, daß ihre Kritik primär nur die Oberfläche des Schullebens trifft, d.h. nicht oder nur am Rande das schulisch *substantielle* Leben und Wirken, die Sinnfrage, betrifft. Und selbst wenn um das Sinnganze bemühte Pädagogen tiefergehende Angriffe auf bestehende Schulverhältnisse unternehmen und Verbesserungen darlegen, leben sie meist in der Meinung, mit einer Politik der kleinen Schritte die desolate Situation unserer Schule zum Besseren wenden zu können, wobei sie nur schwer merken, daß das eine Sisyphusaufgabe ist.

Unsere Schule ist aber weniger durch eine äußere Gesundung – weder durch die gutgemeintesten pädagogisch-psychologisch-curricularen Anstrengungen noch durch die besten formaldemokratischen Freiräume – zu retten, sondern muß ihre Erneuerung von innen her finden. Schließlich erblicken wir in allen äußeren Zuständen die sichtbare Widerspiegelung der inneren Verfassung des Menschen und des durch ihn geprägten jeweiligen Denk- und Lebenssystems. Ähnlich dem Herzen, das nur von innen nach außen wirken und gestalten und so dem Äußeren eine vernünftige Gestalt verleihen kann, benötigen wir eine Form von Schule, die von herzlichen Inhalten bestimmt ist. Aber was »weiß denn nun mein Herz?«, fragt Morris Berman; was weiß denn, so könnte man im übertragenen Sinne fragen, die »herzliche Schule«? Sie »weiß, daß auf eine ganz besondere Weise alles aufeinander bezogen und lebendig ist, daß nichtkognitives Wissen, komme es nun aus Träumen, aus der Kunst, dem Körper oder aus völligem Wahnsinn, in der Tat Wissen darstellt, daß Gesellschaften wie menschliche Wesen organischer Natur sind und der Versuch, beide zu verplanen, zerstörerisch ist ...« Womit wir wieder bei dem weisen Wissen Pythagoras' angelangt wären ...

Doch verweilen wir zunächst noch beim zuletzt angesprochenen ›Außensektor‹. Unser Thema erfährt nun eine weitere Dimension, indem wir die bereits angedeuteten objektiven Sachzwänge, der die Schule und ihre Lehrer unterliegen, einer gerafften Analyse und Bewertung unterziehen.

Schule und Lehrer: Institutionelle Autoritäten im Dschungel von Sach- und Verwaltungsbürokratie

Täuschen wir uns über eines nicht hinweg: Die Schule ist ein Irrgarten von rechtlichen Sachzwängen! Es wäre alles andere als redlich, diese Problematik zu verleugnen. Etwas anderes ist es dagegen, die diversen Sachzwänge der Schule als Schutzschild gegenüber anderen pädagogischen Aufgaben vorzuschieben, die man als Lehrer ganz einfach nicht erfüllen will bzw. von denen man glaubt, sie nicht ermöglichen zu können. Aber davon soll erst später die Rede sein.

Jede Schule unterliegt einer Schulordnung – dem Schulrecht –, in der sämtliche grundlegenden Rechte und Pflichten für alle am Schulbetrieb Beteiligten geregelt sind. Darüber hinaus gibt es, durch die Kulturhoheit der Bundesländer bedingt, unterschiedlich strukturierte wie inhaltsbezogene »Ergänzungs- und Ausführungsbestimmungen zur Schulordnung«, die sehr viel konkretere Hinweise zu den Gestaltungspflichten und -rechten von Lehrern und Schülern enthalten. Die genannten Rechtsvorschriften regeln z. B., wann und wieviel Leistungsnachweise zu erbringen sind, wie Prüfungen zu veranstalten sind, wann ein Unterschleif des Schülers vorliegt, welche Aufgaben der Klassenlehrer hat, wie der Wahlvorgang zum Klassensprecher ablaufen muß, was es mit den Rechten und dem eigentlichen Sinn der Schülermitverwaltung auf sich hat, wie die Kommastellen hinter den vollen Noten zu berechnen sind, wie viele Unterrichtsermäßigungsstunden dem Direktor für seine Verwaltungsaufgaben zustehen, wann Verweise oder Arreste an den Schüler zu erteilen sind, welche juristischen Schritte beim Ausschluß eines Schülers von der Schule zu erfolgen haben, was für Beschwerdemöglichkeiten einem Schüler zustehen, wenn er sich ungerecht in der Schulaufgabe bewertet sieht oder ihm ein sonstiges ›Unrecht‹ vom Lehrer zuteil wird, ob die Aufsichtspflicht des Lehrers außerhalb der Klasse endet oder nicht bzw. ob sie sich sogar über das Schulgebäude hinaus erstreckt usw., usw.

Anhand dieser wenigen Beispiele kann man bereits ersehen, wie stark das Binnenwirken der Schule von einem rechtlichen Rahmen zusammengehalten wird, der es gerade auch den Lehrern oft verbietet, nach persönlich-pädagogischem Gutdünken in dem einen oder anderen Fall anders als rechtlich vorgeschrieben zu entscheiden. Hinzu kommt noch ein schon erwähnter weiterer juristischer Rahmen: derjenige der Lehrplaninhalte. Zwar sind sie im Verhältnis zum anderen Rahmen relativ frei gestaltet, indem der Lehrer im Zeichen seiner pädagogisch-didaktischen Verantwortung und ›Autonomie‹ bei manchen Lehrinhalten die Prioritäten mehr auf den einen oder anderen Punkt verlagern kann, dafür aber Gefahr läuft, die anderen im Lehrplan aufgeführten Themenkreise zu vernachlässigen oder gar nicht zu behandeln. (Zum Beispiel hätte besagter Mathematiklehrer sehr wohl die Möglichkeit gehabt, auf die sonstigen Eigenschaften des Menschen Pythagoras ausführlicher einzugehen, wie es dem Wunsch des Schülers entsprach. Seine formalistische Ausrede, aus Zeitgründen den Unterricht nicht näher darauf ausrichten zu können, war objektiv falsch. Er hätte dafür allerdings Zeit von einer anderen Mathematikstunde abzweigen bzw. den weiteren Mathematikstoff komprimierter lehren müssen.) In der Praxis birgt diese Möglichkeit aber die Gefahr, daß speziell Klassen, die am Schuljahresende zur Abschlußprüfung anstehen, nicht lehrplanmäßig allumfassend darauf vorbereitet werden können und der Lehrer unter dem Druck lebt, seiner fachlichen Fürsorgepflicht gegenüber den Schülern nicht nachzukommen. Zudem wird er in diesem Punkt gerade heute von immer mehr Eltern aufgefordert, alles Menschenmögliche zu unternehmen, damit die Kinder mit einem optimalen Wissen und Können in die Abschlußprüfungen gehen, denn bei der späteren Lehrstellensuche bzw. bei der Zulassung zum Studium geht es ja, wie wir alle wissen, um Zehntel-Noten!

Umzingelt von schulrechtlichen Vorschriften einerseits und massiven Rufen der Eltern nach perfekter Wissensübermittlung andererseits, befindet sich der Lehrer nicht selten in einem menschlichen, vor allem aber pädagogischen Dilemma, vorausgesetzt, er möchte das Wort »Pädagoge« überhaupt noch guten Gewissens in den Mund nehmen.

Aber wenden wir uns wieder den ursächlich schulischen Sach- und Disziplinargegebenheiten zu. Nicht zu Unrecht spricht der bekannte Bildungsforscher Helmut Becker von der »verwalteten Schule«, und ein anderer, Horst Rumpf, attestiert ihr eine »administrative Verstörung«. Dabei ist unbestritten, daß jede Institution bis hin zur kleinsten sozialen Gruppe – der Familie – ganz bestimmte Regeln und Normen benötigt, um ihre Ziele und Aufgaben zu erfüllen. Ebenso konsequent erscheint, daß, je größer ein soziales Gebilde ausufert, es in aller Regel entsprechend differenzierterer Ausformungen bedarf. Wir stehen also nicht vor der Frage: Keinerlei schulische Regeln oder so viele wie nur mindest möglich, sondern es öffnet sich auch hier der Blick auf das, was sinnvoll erscheint, d. h. was allen an der Schule beteiligten Personen und Gruppen optimalen Freiraum zum kreativen Schaffen gibt.

Die Praxis lehrt indes etwas anderes. Wir finden eine fast total verwaltete und verrechtlichte Schule vor, in der feste Regelungen darüber zu wachen scheinen, daß der »Laden« nach außen wie nach innen ›läuft‹. Ist das der Fall, so genießt die jeweilige Schule bei den kultusministeriellen Aufsichtsbehörden einen guten, einen ausgezeichneten Ruf. Zwar spiegelt sie dann nach außen den Eindruck eines großen Verwaltungsbüros wider, aber Hauptsache, sie funktioniert in diesem Sinne. Die paar Schwierigkeiten, die man ansonsten mit seinen ›Untergebenen‹ – den Schülern – hat, werden sich schon irgendwie beheben lassen; dazu sind ja die Lehrer und der Rektor sowie die ›einsichtigen Eltern‹ da, die mit Disziplin und gutem Zureden die problematischen Schülerfälle schon zur Räson bringen werden ...

So oder ähnlich könnte man, überspitzt gesprochen, die Sichtweise derjenigen Organe charakterisieren, welche die Schule unter ausschließlich institutionsorganisatorischen und rechtlichen Aspekten sehen. Keine lebendig arbeitende Schule kann sich aber auf Dauer mehr und mehr in den Würgegriff bürokratischer Maßnahmen begeben und damit zulassen, daß ihrer pädagogischen Fluktuation und Kontinuität der Todesstoß versetzt wird. Ein hoher Kultus-Ministerialbeamter sagte mir unlängst: »Verwaltungsbürokratien sind unmäßig: Sie wollen alles verschlucken und unter ihre Herrschaft bringen, bis hin zum Toilettenpapier, das für eine Schule besorgt wird. Am liebsten aber wäre es ihnen, wenn sie selber noch unmittelbar den Unterricht abhalten und kontrollieren könnten; dann hätten sie alles im Griff, obwohl sie nicht das geringste vom *pädagogischen* Unterrichten verstehen.«

Wo die gesetzlich verordnete und bürokratisch überwachte Rechtsnorm zum heimlichen Erzieher Nummer eins wird, folglich die Sache über der Person steht, muß sich die Beziehung zwischen Schüler und Lehrer logischerweise immer mehr auf die Seite der Rechtsbasis verschieben. Von einem persönlichen und positiven Autoritätsverhältnis bleibt nur noch ein kläglicher Rest von Vertrauen übrig. Persönliche Differenzen zwischen Schüler und Lehrer finden oft darin ihr Ende, daß sie den Ort der Face-to-face-Ebene verlassen, auf die nächsthöhere Ebene der Institution Schulverwaltung und der Institution Familie überwechseln und manchmal sogar vor dem Verwaltungsgericht enden.

Die Schulen sind es auch, die als Ausführungsinstanzen der Kultusministerien darüber urteilen müssen, ob z. B. ein Schüler im Rahmen seiner Notenleistungen für den weiteren Besuch eines bestimmten Schultyps geeignet ist oder nicht. Niemanden interessiert es dabei, ob er etwa aus persönlich-familiären Gründen Schwierigkeiten hat, die sich negativ auf sein Notenbild auswirken, und ob er deshalb in Gefahr steht, das Klassenziel nicht zu erreichen. Hier schiebt das Schulrecht einen klaren Riegel vor: Es zählt nur unmittelbar das, was in den Notenlisten des Lehrers steht. Alles andere firmiert unter »sachfremden Erwägungen«, die keinen Einfluß auf die Noten haben dürfen. Beispielsweise ist es schulrechtlich völlig unerheblich, ob ein Schüler durch die bevorstehende Scheidung oder Trennung seiner Eltern in große psychologische Schwierigkeiten gerät und über Monate hinweg schlechte Leistungen erbringt. Auch ein noch so besonnener und sensibler Lehrer, der über die privaten Probleme seines Schülers Bescheid weiß und Kenntnis über sein unter normalen Umständen gutes Leistungsvermögen hat, kann nicht umhin, ihm die tatsächlich erbrachte Note – ironischerweise »objektive Zensur« genannt – zu geben.

Gerade hinsichtlich der mit aller Vehemenz vorgeschriebenen ›objektiven‹ – also ›gerechten‹ – Zensur bedarf der Lehrer einer möglichst großen Kenntnis über den ›ganzen‹ Schüler, falls die Bewertung von pädagogischem Nutzen und Sinn sein soll und nicht nur eine Benotung seines formalen Wissens und Könnens bezweckt. Deshalb ist das genauere Kennen des Schülers und seiner außerschulischen Welt im Sinne seiner sozialen und famliären Lebensweise von ausschlaggebender Bedeutung dafür, ihn überhaupt als ›vollen‹ Menschen bewerten und ›objektivieren‹ zu können. »Es ist einer der verhängnisvollsten Irrtümer, daß man glaubt [...], den Schüler am objektivsten beurteilen zu können, den man nicht kennt« (Gotthard Wunberg).

Das Kriterium »objektive Leistungskorrektur« steht ohnehin in einem fragwürdigen Licht; bei Deutschaufgaben beispielsweise, die testweise mehreren Lehrern zur Korrektur vorgelegt wurden, kamen die unterschiedlichsten Notenbilder zustande. Ähnliche Ergebnisse erbrachten Korrekturvergleiche in anderen Fächern. Da speziell in nichtnaturwissenschaftlichen Fächern die subjektive Auffassungs- und Bewertungsskala vom Weltbild des jeweiligen Korrektors beeinflußt ist, was besonders bei aufsatzähnlichen Themen der Fall ist, kann dabei nicht im geringsten von Objektivität an sich, sondern nur von einer subjektiven Objektivität gesprochen werden. Nehmen wir daher endlich Abschied von einem schulischen Total-Leistungsbegriff, der glaubt, sich von ›gerechten‹ und ›objektiven‹ Noten leiten lassen zu können! Selbst der verbohrteste Lehrer, selbst der rigideste Bürokrat in irgendeinem Schulamt weiß wahrscheinlich um den Betrug, den man dieser fixen Idee zufolge gegenüber der Person des Schülers ausübt.

Es geht mir keineswegs um die prinzipielle Abschaffung der Noten, aber sehr wohl um einen radikal zu verändernden Bezug von seiten der Kultus- und Schulbürokratie gegenüber dem Fetisch Noten. Was nutzt es, wenn selbst Lehrer auf die Aussage: »Der Lehrer soll die Kinder gerecht nach ihren Leistungen beurteilen« nur im Rahmen von 10 Prozent mit »Ja« antworten (weitaus vorrangiger erschienen ihnen Persönlichkeitserziehung und Wissensvermittlung), wenn ihnen umgekehrt die klare Rechtsbestimmung vorgegeben ist, »objektiv« zu zensieren? Anders gewendet: Ob sie wollen oder nicht, sie müssen das Notenzensurspiel der Objektivität betreiben, es sei denn, sie wollen sich dem Risiko disziplinarischer Verfahren aussetzen.

Wir kommen zu einem weiteren ›wunden‹ Punkt, der zu einer bedrohlichen Demaskierung der Lehrerrolle, der Lehrermoral führen könnte. Es geht uns um die Frage, ob der häufig zu beobachtende Rückzug des Lehrers auf seine institutionelle und disziplinarische Autorität nicht die Folge einer Bedrohung seiner schwachen Persönlichkeit – seiner mangelnden positiven Autorität – ist. Realistisch gesehen wird der Durchschnittslehrer seine persönliche Autorität generell durch die Schüler einer Klasse bedroht sehen, wenigstens aber in Frage gestellt. Die permanente schülerische Hinterfragung ist nicht zuletzt das Ergebnis davon, daß der Lehrer in der Sicht der Schüler – ob zu Recht oder Unrecht – auf der ›anderen Seite‹ steht, auf der Seite der ›Anstalt Schule‹. Folglich muß er permanent vor den Versuchen der Schüler, ihn wie auch immer ›austricksen‹ zu wollen, auf der Hut sein, denn ihnen geht es nicht zuletzt darum, seine personale Autorität zu unterminieren. Man fragt sich, warum dieses Phänomen immer wieder auftritt. Seitdem es eine Schule gibt, können wir es beobachten, lediglich seine Form hat sich je nach den Zeiten geändert.

Aufgrund familiärer und sonstiger Erfahrungen wird dem Schüler das Bild vermittelt, der Lehrer sei ein besonderer Mensch, der – ähnlich dem Richter – kraft seiner Funktion gütige Strenge und große Autorität besitzt und darum nicht dem normalen Kreis bestimmter Respektspersonen angehört, sondern eine nur ganz begrenzte antastbare elitäre Rolle innehat. Wenngleich diese Vorstellung heute nicht mehr die autoritätserheischende Wirkung beim Schüler zu erzeugen scheint wie früher, darf sie keineswegs verniedlicht werden, da sie noch immer, zumindest unbewußt, greift und funktioniert. Gerade die mystifizierte Eigenschaft des Lehrers, die weitaus mehr das Resultat von Andichtung als einer realistischen Sichtweise ist, macht ihn in den Augen des aufsässigen Schülers ›interessant‹ und verführt ihn dazu, ihm diesbezügliche Fallstricke zu legen. Er will konkret erfahren, wie weit man mit dieser erhabenen und seltsamen Autoritätsperson gehen kann, wie lange sie sich reizen läßt, bevor sie sich wehrt. Es ist eine längst bekannte entwicklungspsychologische Einsicht, daß sich Jugendliche (und hier insbesondere die Jungen) speziell während ihrer Pubertätszeit innerlich gedrängt fühlen, sich mit Autoritätspersonen ›anzulegen‹. Ein weiterer Aspekt kommt hinzu: Da heute in den Familien die Väter für die Kinder weniger erreichbar sind, was einerseits aus persönlich-egoistischen oder zeitlich-beruflichen Gründen, andererseits wegen der hohen Scheidungs- und Trennungsrate der Fall ist, muß das Kind auf das zurückgreifen, was es ›fest‹ hat – den Lehrer. Dieser wird dann zu einer Art von (unbewußt) phantasiertem positivem oder aber meist negativem Vaterersatz, mit dem man emotional ›in den Clinch‹ gehen möchte bzw. geht.

In aller Regel läßt sich jedoch der Lehrer auf solche pubertären Bedürfnisse nicht oder nicht lange ein. Sobald es ihm ›zu heiß‹ wird, springt seine persönliche Autorität in die institutionelle um. Zum Beispiel ist die Mitgliedschaft im Lehrerkollegium ein wichtiger Stützpfeiler für den Lehrer, seiner institutionellen Autorität machtvoll Ausdruck zu verleihen. Seine persönliche Autorität aufgebend, kann er »immer auf die Solidarität seiner Kollegen hoffen (und zählen), wenn es sich darum handelt, gegenüber einem Schüler – oder dessen Anverwandten – Stellung zu beziehen. Das weiß der Schüler und richtet sich [im Regelfall – Anm. H.W.] danach, indem er eine äußerste Grenze von vornherein nicht überschreitet« (Wunberg).

Wie oben aufgezeigt, wähnt sich der Durchschnittslehrer der fortgesetzten Bedrohung seiner persönlichen Autorität durch den Schüler ausgesetzt. Er verspürt Angst, von ihm die ›Maske der Stärke‹ vom Gesicht gerissen zu bekommen und schwach vor seinem ›Untergebenen‹ dazustehen. »Dieser subjektiv übersteigerten Vorstellung des Ausgesetztseins, ja eines inneren Unterlegenheitsgefühls ist, wie überall in der Welt, so auch hier, nur mit einem zu begegnen: mit Formalismus, mit dem Sich-Zurückziehen hinter eine andere, meist höhere Instanz. [...] Das einzige Mittel, das der Lehrer hat, der seine Autorität gegenüber der gezeigten Bedrohung nicht schützen kann, ist der Rückzug auf das Offizielle, den Formalismus. Denn das allein gibt ihm ein handgreifliches Mittel, sich die Klasse gefügig zu machen. Das bewährteste ist die unmittelbare Bestrafung durch Abschreiben- oder Auswendig-lernen-Lassen, Nachsitzen, Eintragung ins Klassenbuch. [...] Ein weiteres Mittel ist die Herabsetzung der Zensuren bzw. die mehr oder minder willkürliche Heraufsetzung der Anforderungen. Meist bedient sich der in seiner persönlichen Autorität nicht ganz sichere Lehrer beider Methoden. Gegen diese Maßnahmen ist der Schüler vollständig und endgültig machtlos. [...] Hat er das Gefühl, für einen Augenblick nicht in einem Abhängigkeitsverhältnis zu stehen, so ist das gewissermaßen ein Zustand der Gnade, der jeden Augenblick zu Ende gehen kann. – Aber zurück zum Lehrer selbst: Er unternimmt es, mit formalen Mitteln ein persönliches Problem zu lösen, mit seiner institutionellen Autorität seine persönliche zu festigen. Das muß notwendig falsch werden; auf jeden Fall muß es pädagogisch unvertretbar werden« (Wunberg).

Die Gründe für die falsche Autorität mögen grundsätzlich so sein, aber nur darum, weil der Lehrer durch große Klassenstärken, viele Korrekturen und andere schulische Konferenz- und Verwaltungstätigkeiten in einem permanenten Gehetztsein steht. Hätte er weniger Streß, empfände er auch kaum Probleme mit seiner personalen Autorität, da er weniger mit der Ausübung der institutionellen Autorität beschäftigt wäre. Meist sind es die Lehrer selbst, die zu solchen Aussagen gelangen, und es ist ihnen darin ein Funken recht zu geben, aber nur ein Funken ... Seit längerem sind die Klassenstärken an vielen Schulen (stark) zurückgegangen – und vor allem gibt es mehr Lehrer, die nicht nur arbeitslos auf der Straße stehen, sondern Anstellung an der Schule finden. In Relation zu den wenig positiven Zuständen der letzten Jahrzehnte gibt es also heute mehr Lehrer und weniger Schüler. Sind deswegen die institutionellen und disziplinarischen Autoritätsansprüche der Lehrer im Schulalltag zurückgegangen und hat sich dafür ihre personelle Autoritäts*qualität* sichtbar verbessert? Ich kann auf diese Frage nicht mit einem wissenschaftlichen Beweis antworten, sondern lediglich mit subjektiven Beobachtungen. Denen zufolge kann ich *keine* nennenswerten Fortschritte im Hinblick auf mehr persönliche Autorität des Lehrers beobachten – höchstens auf mehr ›Lässigkeit‹ in seinem Verhalten in Schule und Welt. Durch was sollte der Fortschritt auch sonst zustande kommen, wenn man mit der Veränderung nicht zuerst bei sich selber beginnt, wenn man den Lehrerstudenten auf den Universitäten nicht das Wesen der Persönlichkeitsbildung praktisch nahe bringt und obendrein auch nicht von außen durch die Schulbürokratie größere Freiräume pädagogischer Lebensweise zuerkannt erhält? Vielmehr drängen die Kultusbehörden tendenziös darauf, dem Lehrer noch mehr rechts- und verwaltungsmäßige Vorschriften in den Weg zu legen – und das alles, wie es von ihrer Seite aus offiziell heißt, zum besseren »demokratischen Funktionieren und Leben der Schule«. Ein schönes Demokratieverständnis!

Es ist Wunberg recht zu geben, der bereits vor rund zwanzig Jahren folgerte, daß das innere pädagogische Leben keine primäre Frage von formaldemokratischen Papierverordnungen, hohen Geldzuwendungen in Form architektonischer Schul-Mammutbauten und höheren Lehrerbesoldungen darstellt, sondern das sinnvoll gestaltete pädagogische Leben mitsamt der ihr zugehörigen persönlichen Autorität ist »vornehmlich eine moralische Frage. Mit der Verbesserung der äußeren Bedingungen einer Schule wäre die Problematik wohl erst zur Hälfte – bestenfalls zur Hälfte – gelöst. Vom Lehrer selbst muß etwas wesentlich Anderes und Schwierigeres gefordert werden. Von ihm muß verlangt werden, daß er nur auf eine vorzeitige [...] Anwendung seiner institutionell-autoritativen Rechte weitgehend verzichtet.« Mit anderen Worten: Er muß es lernen, in Zukunft weitgehend auf sein verbrieftes Recht des institutionellen Rückzugs zu verzichten und statt dessen zu seiner pädagogischen Pflicht zu kommen: die *persönlich* vertretbare Autoritätsseite auszuprägen.

Damit einhergehend muß auch das Ammenmärchen begraben werden, das heute kursiert, daß die Autorität im Schwinden begriffen sei. Was tatsächlich im Schwinden ist, ist »nur die vertretbare Seite der Autorität: die persönliche; und das ist die Schuld des jeweiligen Autoritätsträgers selbst« (Wunberg). Doch im selben Maße, wie diese sich verringert, bläht sich die andere, die institutionelle, mehr und mehr auf. Ihre Wirkweise schafft zunehmende schulbürokratische Erstarrung und Reglementierung, die obendrein nicht selten unter den Schlagwörtern »mehr Gerechtigkeit für Kind und Schule« und »mehr Demokratie« formal und scheinheilig an den Mann gebracht werden möchte. Die äußeren Bildungsreformen der siebziger Jahre mit ihren Versuchsschulmodellen und Lehrplanerneuerungen konnten dem Verfestigungsprozeß der institutionellen Autorität nicht Einhalt gebieten, eher im Gegenteil. Woran liegt das hauptsächlich? Letztlich nur an den Menschen selber, die als Lehrer und Sachverwalter in den Schul- und kultusministeriellen Behörden tätig sind, an ihrem oft unbeweglichen, desinteressierten und/oder ›nach oben‹ blickenden, autoritär geprägten Alltagsbewußtsein, am Mangel ihrer inneren Bildungs- und Wandlungswilligkeit.

Zugunsten der eigenen Selbsterkenntnis und Zivilcourage sollten wir aufhören, den eigentlichen Grund der Dinge, mit denen wir nicht oder nur schwer fertig werden, stets zuerst in den äußeren Bedingungen zu suchen.

Mit einer solchen ungeistigen Sicht verändern wir unter Umständen partiell das negative Äußere zu einem scheinbar Besseren, aber es wird nicht lange – wenn überhaupt – ein Besseres bleiben, sofern wir glauben, dabei in uns nichts in Ordnung bringen zu müssen. Selbst noch so gute Schulreformen ändern unter dem Strich überhaupt nichts, sofern der innere Mensch, der innere Lehrer, der alte veränderungsunwillige bleibt, denn infolge der pädagogischen und didaktischen Reformen und Theorien – nicht allerdings der bürokratischen – müßten wir schon seit geraumer Zeit eine ersichtlich bessere pädagogische Schule vorfinden. Wie gesagt, wir müßten ... Doch finden wir diese Form von neuer Schule im Alltag zuallermeist nicht vor, weil der Großteil der Lehrer sie persönlich gar nicht will bzw. nur schwer umsetzen zu können glaubt. Jeder Mensch kennt diese Erfahrung aus dem täglichen Leben: Es ist viel leichter, sich hinter gesetzlich-formellen Positionen zu verschanzen, als den moralischen Pflichten und Aufgaben klar ins Auge zu blicken. Auf die Schule bezogen heißt das: »Nur von der persönlichen Autorität des Lehrers her ist auf Dauer eine menschlich wie pädagogisch vertretbare Beziehung zwischen Lehrer und Schüler wiederzugewinnen. Die gegenwärtig so häufig praktizierte Verlagerung dieser spezifischen Probleme in den juristischen Bereich weicht der eigentlichen Fragestellung aus. Das menschlich-pädagogische Problem zwischen Lehrer und Schüler ist nur menschlich-pädagogisch zu lösen; oder es bleibt ungelöst« (Wunberg).

Würde das nicht eine ganz neue Ära des Miteinander-Umgehens auslösen? Erreichten wir nicht wieder einen Zustand, der dem hellenistischen Leben entspricht, wo jeder freie Bürger seine Autonomie und Lebendigkeit primär darin erfuhr, zu lernen, *begründet* widersprechen zu dürfen, zu *müssen?* Wäre das nicht *der* tiefe Sinn von schulischer wie allgemeiner Erziehung und Humanität: das *dialogische* Prinzip von Lernen zu erfahren und nicht seinen Widerpart, das leblose und autoritäre? Kein anderer als Sokrates forderte vom Menschen, er dürfe sich nicht auf das berufen, was ›die anderen‹ denken und tun. Das heißt, wir dürfen uns aufgrund der eigenen inneren Überzeugung und Moral das Denken nicht von anderen

Menschen abnehmen lassen. Hierzu suchte Sokrates nach positiven Autoritäten, denn nur diesen könne das Privileg zuteil sein, die hohe Kunst der Erziehung zur Ausbildung der inneren Moral und Widerstandsfähigkeit des jungen Menschen zu leiten. In diesem – und nur in diesem – Zusammenhang forderte Sokrates vom Kind, Respekt und Gehorsam gegenüber seinem Lehrer, seinen Eltern oder dem Staat aufzubringen. Ist das nicht eine Art von Disziplin, der das Kind jederzeit mit einem unvoreingenommenen, grundsätzlichen »Ja« folgen könnte? Und sollten wir uns nicht schleunigst auf den Weg machen, jene (Lehrer-)Autoritäten in unseren Schulen und sonstwo wirken zu lassen? Freilich, sie müssen erst einmal in genügender Anzahl gefunden und herangebildet werden ...

Familie und Schule: Die Frage nach dem »Miteinander«

Familie, wohin gehst du ...? Familie, was machst du ...?

Das Wirken der Schule ist nicht nur aus sich selbst heraus zu begreifen. Generell können wir sagen, daß die Schule nur eine von mehreren ›Schaltzentralen‹ der Gesellschaft ist. Die unbestritten wichtigste davon stellt die Familie dar, die im Rahmen der Kindererziehung wesentliche Vorbereitungsfunktionen für die Schule ausübt. Zum Beispiel ist ein Kind, das mit sechs Jahren eingeschult wird, »noch nichts anderes als das Produkt seiner Eltern [...], allerdings mit einem keimhaften Ichbewußtsein begabt, aber noch keineswegs fähig, seine Individualität in irgendwelchem Maße zu behaupten« (C. G. Jung). Es liegt eine Grundwahrheit in der Aussage, die Schule könne nur auf dem aufbauen, was die Familie erzieherisch am Kind geleistet hat und weiter fördert. Wir sind an einem prekären Punkt angelangt, der die Frage aufwirft, welche qualitative wie quantitative Erziehungs›arbeit‹ die Durchschnittsfamilie heute noch leistet, um dem Kind jene Fertigkeiten zu vermitteln, die es braucht, um den Ansprüchen der Schule gewachsen zu sein.

Im folgenden ist weniger von den sogenannten »kognitiven Fähigkeiten« die Sprache, mit denen das Kind ausgestattet sein soll und meist auch ist, sondern es geht mehr um die Frage nach seinen psychosozialen Dispositionen und deren geistiger Grundausformung. Beide werden ebensosehr wie die kognitiv-intellektuellen in den ersten Lebensjahren in der Familie entwickelt und zeichnen für das kindliche Gesamterscheinungsbild wesentlich verantwortlich.

(Um beim Leser kein Mißverständnis zu erzeugen, sei vorab eines klargestellt. Es geht im weiteren nicht darum, eine Glorifizierung der glücklichen, harmonischen und liebevollen Familie vergangener Zeiten aufzubauen, die ihr nach heutigem Wissen so niemals zustand. Aller Wahrscheinlichkeit nach war sie alles in allem gesehen nicht besser und nicht schlechter als die heutige. Was sie jedoch von der jetzigen Familie generell unterscheidet, war ein anderes Struktur-, Funktions- und Weltbild, aus dem sich ein dementsprechend unterschiedlicher Wert-, Ziel- und Lebenskodex ergab. Wenn sich im folgenden Fakten ergeben, die zu einer vernünftigen Rückbesinnung auf natürliche familiäre Werte und Normen, besser gesagt: auf unverzichtbare menschenkundliche Grundlagen aufrufen, so soll das nicht im Sinn der Forderung eines prüden moralischen Konservativismus verstanden werden, der im ideellen, guten und braven Familienleben das Glück und die Heilkraft des Menschen erblickt. Statt dessen geht es darum, aufzuzeigen, daß es abermals um eine Synthese aus Alt und Neu, um eine veränderte Standort- und Sinnbestimmung, um eine kreative Lebensqualität der heutigen Familie oder sonstiger alternativer Lebensgemeinschaften zu gehen hat.)

Häufig hört man die Feststellung, die heutige Familie sei ganz und gar nicht mehr ›die alte‹, sie zeige rapide innere Zerfallstendenzen, gegenüber denen die äußeren noch harmlos seien. Sinnleere, Melancholie, Zerrissenheit, Orientierungslosigkeit, psychische wie körperliche Gewalttätigkeit sind nur einige Schlagworte, die das negative Bild der Familie plakativ unterstreichen sollen. Was ist wahr, zumindest aber wahrscheinlich an solchen Aussagen? Und falls sie auch nur annähernd zutreffen, was soll aus den Kindern werden, die unter diesen Verhältnissen aufwachsen? Können sie überhaupt einigermaßen ›normal‹ aufwachsen? Und welche Aufgaben und Möglichkeiten stellen sich der Schule, sofern sie jene ›Sorte‹ von Kindern erziehen und ausbilden muß? Lautet dann das vorrangige Ziel der

Schule nicht, das Gespräch und die kontinuierliche Zusammenarbeit mit den Eltern unter allen Umständen zu intensivieren, ja sogar vielleicht gesetzlich vorzuschreiben? Und was hilft dabei der schulische Ausspruch: »Erfolgreiche Erziehung gelingt nur als Koalition aller Verantwortlichen zum Besten der Kinder«, wenn umgekehrt »so viele Eltern einen Respektabstand zur Schule halten und ihre kühle Distanz nur zögernd überwinden ...« (*Schule und wir* Nr. 4/1984)?

Fragen über Fragen ...

Wie wir bereits sahen, ist die Familie der erste und zugleich entscheidendste Erfahrungsort des Kindes. In ihr lernt es alles, was es zum Leben und Überleben benötigt. Es erfährt das Band der Gemeinschaft, das Wir-Gefühl der Gruppe, woraus sich in der Folgezeit sein soziales Verhalten bildet. Dadurch entwickelt das Kind die Grundlage, »auf der sich das Sozialverhalten differenzieren und den Erfordernissen in anderen Gruppenstrukturen [...] anpassen kann. Seine Grundzüge werden meist auch auf die künftige eigene Familie übertragen« (Hederer/Schiefele/Tröger) und wirken ebenso in das schulische Leben hinein. Dabei ist die psychische Nahrung, das Ur-Vertrauen sich selbst und den Eltern gegenüber, die es ihm durch tiefe Zuneigung und Liebe vermitteln sollen, ebenso wichtig wie die körperliche Nahrung und Pflege.

Bis zu Beginn des Industrie- und Naturwissenschaftzeitalters hat praktisch keine Gesellschaft gegen dieses ewige Gesetz der Natur und des Menschseins verstoßen, indem es den ersten Kulturkreis des Kindes – die Existenz der Familie – hinterfragte. Anders ausgedrückt: Jede Gesellschaft zeigte, aus welchen Gründen auch immer, unantastbaren Respekt gegenüber den prägenden Schlüsselerfahrungen, die das kleine Kind in der Familie erfährt. Unabhängig davon, ob es dort eine zumeist überstrenge und/oder wenig verständnisvolle Erziehung genoß, verlief diese in einem ganz bestimmten Rahmen, an dem sich das Kind orientieren konnte. Folglich hatte es keine größeren Probleme, zu wissen, was richtig und falsch, was gut und böse usw. war. Ob dieser Umstand dem heutigen Menschen pädagogisch oder weltanschaulich passen mag oder nicht – eines ist jedenfalls von nicht zu leugnender Bedeutung: Aus vielen psychologischen wie anthropologischen Forschungen geht hervor, daß der Mensch, vor allem in den ersten zwei bis drei Jahren, ein ganz konkretes Bild von liebevoll-emotionalem Verhalten und Orientierungsmustern im Sinne fester Normen und Regeln benötigt, um ein harmonisches Gleichgewicht gegenüber sich selbst und der Umwelt aufbauen zu können. Der Mensch ist, wie der Kulturanthropologe Eibl-Eibesfeldt schreibt, u. a. auch stammesgeschichtlich darauf vorprogrammiert, zu wissen, »was er darf und nicht darf«.

Diesen Umstand weist auch die heutige Gen-Forschung unmißverständlich nach, indem sie fordert, daß die Umwelttheorie der Erziehung keinesfalls den »grundlegenden genetischen Teil« (Kroeber, zitiert nach Freeman) des Individuums mißachten darf. Damit widerlegt sie eindeutig die Theorien der extremen Umweltapostel wie J. B. Watson oder Margret Mead. Watson meinte, es existiere familiär wie stammesgeschichtlich »kein solches Ding wie die Vererbung von Fähigkeit, Talent, Temperament, der geistig-seelischen Konstitution«, und Margret Mead nahm an, die Menschennatur wäre »das roheste, höchst undifferenzierte [...] Rohmaterial« (beide zit. nach Derek Freeman), aus dem sich je nach Belieben der Umwelt praktisch alles formen lasse – vom Wunderkind bis hin zum Nobelpreisträger. Laut Young ist das genetische Potential des Menschen »durchaus nicht nur ein Allzweckcomputer [...], dessen Speicher Informationen aller Art aufnimmt«. Viel eher besteht seine Funktionsweise darin, daß er ein ganz konkretes Grundsystem »von Programmen in sich trägt« (zit. nach Derek Freeman), das zur Auslösung kommen muß, falls die weitere kindliche Entwicklung nicht (schweren) Schaden nehmen will.

Mit anderen Worten: Mißachtet oder überzieht man die genannten natürlich-genetischen Determinanten z. B. in Form von Liebes- und Zuneigungslosigkeit, kalter Strenge, allesgewährender ›Liebe‹, Setzen von Orientierungsgrenzen, extremer Über- bzw. Unterforderung, oder erlebt das Kleinkind von Anfang an den ständigen Streit und die pädagogische Uneinigkeit seiner Eltern, so kann es sich über kurz oder lang nicht selbst erreichen; es wird neurotisch bzw. schwer gestört. Das Kind gerät in eklatanten Widerstreit von innerlich vorprogrammierten Konstellationen und Abrufprogrammen, denen die Nichterfüllung oder Verletzung seitens der elterlichen Außenwelt gegenübersteht.

Bis heute kennen wir »keine einzige Kultur, in der nicht eine gewisse Form familiärer Gruppierung zur Grundzelle der Gesellschaft gewählt würde«, sagt die Anthropologin Ina Corinne Brown (zitiert nach Hederer/Schiefele/Tröger). Sie stellt damit der Familie das Prädikat der körperlich-seelisch-sozialen Schutz- und Pflegegemeinschaft aus, die das Kind existentiell nötig hat, um seiner persönlichen Selbstregulation ausreichend gewahr zu werden.

Es wäre ein Unding, zu behaupten, die heutige Familie folgte nicht den gleichen grundsätzlichen Absichten, indem sie etwa die Kinder nicht mehr liebevoll pflegen und behüten will. Im Gegenteil: Die Familie von heute scheint nach außen hin ein weitaus stärkeres Bezugs- und Vertrauensverhältnis – eine viel größere Liberalität – gegenüber dem Kind aufzubauen, als das in früheren Zeiten der Fall gewesen sein mag. Was ist es aber dann, das die Familie des späten 20. Jahrhunderts dennoch (ganz) anders wirken und aussehen läßt?

Zum einen ist es bestimmt ein äußerer Grund, der in einer anderen Funktionsrolle liegt. Seit Beginn der Industrialisierung hat die Familie einen rapiden Außentrend entwickelt, der darin besteht, daß der Vater (und heute auch mehr und mehr die Mutter) den ökonomischen Unterhalt fern des Hauses erwirtschaften muß. Frühmorgens verläßt er die Familie, um an seinen Arbeitsplatz zu gelangen. Dort verdient er das nötige Geld, das die Familie zur Aufrechterhaltung ihrer materiellen Existenz benötigt. Spätabends kehrt er nach Hause zurück, ja, es ist keine Seltenheit, wenn er die ganze Woche über die Familie nicht zu Gesicht bekommt, weil er auf Montage oder Dienstreise ist. Den Umstand der arbeitszeitlich starken Beanspruchung des Vaters hat es natürlich auch in früheren Zeiten gegeben, aber da war seine Arbeit vorwiegend dem familiären oder familiennahen Umkreis angegliedert, wobei das Kind wußte, daß der Vater irgendwo – in der Werkstatt oder auf dem Feld – da ist. Es konnte ihn also beobachten, hatte eine Ahnung, was und wieviel er leistete, und war von der Arbeit des Vaters weniger entfremdet, weil sie ihm nichts Abstraktes und Undefinierbares bedeutete.

Ein weiterer wesentlicher äußerer Faktor kommt mit der Großfamilie hinzu. Selbst wenn der Vater damals, aus welchen Gründen auch immer, für das Kind wenig oder gar nicht erreichbar war, konnte es auf die restlichen Familienmitglieder ausweichen, die ihm emotionalen Schutz und Vertrauen gaben. Da waren die Großeltern, die Mutter und die Geschwister, die allesamt unter einem Dach lebten und an die man sich wenden konnte. Womöglich mußte man bei ihnen ›anständig‹ sein und aufs Wort gehorchen, aber sie waren wenigstens für einen da – sie hatten Zeit und konnten zuhören.

Nochmals: Das Kind wußte, wo es hingehört, wo sein Platz in Familie und Gesellschaft war. Die Familie war die eigentliche (Lebens-)Schule des Kindes, vor allem, was dessen psychosoziale Wert- und Normorientierung betraf. In die richtige Schule ging das Kind hauptsächlich nur, um Lesen, Schreiben, Rechnen zu lernen und weitere Wissensdinge zu erfahren.

Spätestens nach dem Ende des Zweiten Weltkrieges erhielt die alte (Groß-)Familie den Todesstoß versetzt. Ihre an die Kinder zu vermittelnden ›konservativen‹ Denk- und Verhaltensweisen wichen mehr und mehr neuen Norm- und Wertvorstellungen. Einhergehend mit den Produktionsstätten, die sich zunehmend in den Stadtrandgebieten ansiedelten und dort innerhalb von ein paar Jahrzehnten zu industriellen Ballungszentren anwuchsen, zogen immer mehr Familien in die Städte. Dort zu leben, so wähnten viele Menschen, bedeute, das Glück des Lebens zu finden, zumal ihnen neben hervorragenden Arbeitsmöglichkeiten und guten Einkommen auch noch ein vielfältiges Freizeitangebot zur Verfügung stand. Den beengten Wohnraum, den die meisten Familien in den Städten vorfanden, nahm man gerne dafür in Kauf. Hatte man vorher auf dem dünnbesiedelten Land gewohnt, so galt es jetzt, sich räumlich einzuschränken, was in der Folgezeit vor allem für die Kinder von nicht zu übersehender negativer Bedeutung werden sollte. Damit zusammenhängend kam es in den letzten Jahrzehnten zu einem auffallend starken Rückgang der Kinderzahl, der aber nicht allein durch die begrenzten Wohnverhältnisse der Familien zu erklären ist.

Die Erwerbstätigkeit und das Emanzipationsverlangen der Frau trieben einen weiteren Keil in die althergebrachte Funktionsweise der Familie. Somit kam die bislang unhinterfragte Rolle der Frau, hauptsächlich häusliche Erzieherin und Mutter des Kindes zu sein, ins Wanken. Ebenso veränderte sich aus der Sicht des Mannes das Bild von der ökonomisch abhängigen Ehefrau. Langsam, aber sicher wuchs die Frau in eine strapaziöse Doppelrolle hinein. Auf der einen Seite stand die Aufgabe der Kinderpflege und -erziehung, auf der anderen der Wunsch nach Emanzipation im Sinne von mehr (ökonomischer) Selbständigkeit, die generell dadurch zu erreicht werden glaubte, daß man einer geregelten Erwerbstätigkeit außerhalb des Hauses nachging. Das Verlangen der Frau nach mehr wirtschaftlicher Autonomie wurde zudem durch den immensen Arbeitskräftemangel der Wirtschaft gefördert und erfüllt, der besonders in den sechziger Jahren groß war.

Es sind aber nicht allein die wenigen aufgezeigten Gründe, welche die heutige Familie immer mehr in das Ghetto der inneren Beziehungslosigkeit zu treiben scheinen. Da existieren ferner die Medien und sonstigen äußeren Beeinflussungsträger der Gesellschaft, die unentwegt in den privaten Schonraum der Familie eindringen. Ihr Anliegen ist es, Informationen und ›Aufklärung‹ in verschiedenster Art und Weise zu schaffen. Radio, Fernsehen, Video, Zeitungen, Zeitschriften und Bücher sorgen heutzutage beim Menschen für ein so großes Wissens- und Informationsangebot, daß er oft gar nicht mehr weiß, was er zuerst lesen, hören, ansehen – und glauben soll. Den Familien wird ein solcher Zuwachs von äußerer Welt in ihre private Sphäre gebracht, daß sie es in aller Regel schwer haben, sich auf die Suche nach ihrer *inneren* Welt zu begeben. Diese beruht aber ganz wesentlich auf der Geborgenheit, auf gegenseitigem Verstehen, auf einer gewissen Beschaulichkeit, auf der Innigkeit der Mitglieder untereinander. Wo immer diese Kriterien nicht erkannt, gepflegt und angestrebt sowie, auch der Umwelt gegenüber, sinnvoll integriert werden, schlagen sie ins Gegenteil um: in das Chaos des fortwährenden Außer-sich-Seins, in den Trubel von Ersatzbefriedigungen, die von draußen unentwegt ›per Knopfdruck‹ abgerufen werden können. Sie »gaukeln jedem, der nicht sehr gefestigt ist, eine greifbare Nähe des ›großen Glücks‹ vor. Hier wird er bestätigt, wie er ist, nie aber angerufen, durch Überwindung seiner Schwäche über sich hinauszuwachsen. Seine selbstsüchtigen Wünsche erscheinen als ›natürlich‹, und damit gibt es auch über ihre Berechtigung keinen Zweifel mehr« (Brezinka). Wir sprechen dann von der »entäußerten« Familie, die sich selbst nicht mehr hat, weil ihre Mitglieder (nur) nach dem schielen und leben, was man ihnen von der Umwelt vorgibt zu vollziehen. Da muß man ständig das nachäffen, was der neueste Modetrend empfiehlt, in dieses oder jenes Restaurant, Pub oder Tanzlokal gehen, das gerade ›in‹ ist, diejenige Sportart betreiben, die momentan als »letzter Schrei« propagiert wird, über die Erziehungstheorie Bescheid wissen, welche die augenscheinlich beste Wirkkraft verspricht, das politische Programm kennen, das entweder das progressivste, gerechteste oder konservativste Weltbild vertritt usw. Möglichst alles soll beweisbar sein und wissenschaftlich hinterfragt und kritisiert werden, damit der ›mündige Mensch‹ entstehen kann. Umgekehrt wird man aber auch zum absichtsfreien und lustgestalteten Konsumieren und Sich-gehen-Lassen aufgefordert – zum lässig-coolen Relaxen –, um den ganzen Frust loszuwerden, den die leistungs›geile‹, ›repressive‹ Kultur- und Wegwerfgesellschaft produziert. Wir sehen: Ein Erwartungs- und Handlungsextrem jagt das andere, es gibt kaum einen Stillstand in der Zeit, alles muß in Bewegung und Hektik sein und keiner soll rasten, da er sonst ›rostet‹ und so nicht mehr ›up to date‹ ist.

Der allergrößte Teil der Erziehungsschwierigkeiten geht auf den Umstand zurück, daß die Familie nur mehr schwer jene Voraussetzungen einlöst, die das Kind zur natürlichen Entwicklung im Sinne eines geborgenen Aufwachsens dringend benötigt. Spricht man mit Eltern, so äußern sie meist recht schnell ihre gegenseitige Uneinigkeit und ›Negativität‹. Kurzum: Sie sind unzufrieden mit sich selbst, dem Partner, den Kindern, der Schule, den Berufskollegen, der Politik – mit der Welt an sich. »Das meiste, was ich tue, ist doch sinnlos, ist Mist; nichts klappt so, wie ich es mir vorgestellt habe. Und jetzt ist mir auch noch meine Frau mit den Kindern weggelaufen! Dafür darf ich Trottel sogar Unterhalt zahlen, ganze 2100,— DM monatlich. Ein Scheißleben ist das doch, sagen Sie nicht auch?« Das Beispiel zeigt einen Fall, der sich täglich hundertfach in unserem Land ereignet: Eltern kommen nicht mehr miteinander zurecht und wählen als ›letzte Hilfe‹ das Auseinandergehen. Die eheliche Lebensform hat versagt; man probiert es fortan, wie in unserem Fall, anders oder man lebt in der Ehe weiterhin lieblos aneinander vorbei – meist »der Kinder wegen«, wie es so schön heißt ... Viele Eltern leiden schrecklich unter diesen Entschlüssen, die sie gewahr werden lassen, wie sehr sie gegenüber ihren einst edlen und hochgesteckten Familienzielen versagt haben. Sie spüren, daß sie gegen Prinzipien und Gebote – gegen innerlich vorprogrammierte Traditionen und Gesetze – verstoßen haben, die jeder innigen (Ehe-)Beziehung zugrunde liegen. Diese »verlangt nach Beständigkeit, nach einer erprobten zuverlässigen Ordnung des Zusammenseins, die unabhängig von den wechselnden Gefühlen der Gatten eingehalten wird. Sobald größere Belastungen einsetzen und die unausbleibliche Gewöhnung beginnt, erweisen sich die subjektiven Empfindungen als ein schwankender Grund, der dazu verführt, von Überlegung zu Überlegung zu leben statt in vorentschiedenen Bahnen, die im wesentlichen nicht mehr in Frage gestellt werden. In der traditionsgebundenen Gesellschaft sind den Eheleuten viele Entscheidungen durch die Wirksamkeit der Sitte abgenommen worden. Sie konnten einfach jene Verhaltensweisen übernehmen, die die Überlieferung ihnen anbot. Diese ererbten Lebensformen haben auch alle jene Menschen gestützt und in ihrem Handeln bestimmt, die sie niemals selbst hätten ausdenken und mit eigener Kraft durchhalten können. [...]

Wer als Einzelmensch bedingungslos und ohne tieferen Sinn dahinlebt, erwartet sich von der Ehe besonders viel an Erfüllung und Geborgenheit. Die eheliche Gemeinschaft kann aber keinem Partner mehr schenken, als von ihm in sie hineingebracht worden ist. [...]

Wo es daran fehlt, müssen wesentliche Einstellungen und Verhaltensweisen, die nicht rechtzeitig gelernt worden sind, mühsam und unter vielen Spannungen nacherworben werden. Es ist verständlich, daß manche Ehe an dieser Belastung zerbricht. Je weniger die Arbeitswelt den Hunger [...] nach mitmenschlicher Verbundenheit befriedigt, desto verheißungsvoller erscheint die Lebensgemeinschaft als letzte Zufluchtsstätte. Das Mißverhältnis zwischen den überspannten Erwartungen und der beiderseitigen Armut an seelischem Gehalt muß notwendig zu einer Enttäuschung führen. Die romantische Verklärung des Partners hält der schmucklosen Wirklichkeit des Alltags nicht stand. [...]

Die Wurzeln der mangelnden Ehefähigkeit liegen gewöhnlich in der unzureichenden Charakterbildung, die die Gatten in ihrer Jugend erhalten haben. Was früher versäumt worden ist, kann im Erwachsenenalter nicht auf dem leichten Wege des Forderns, Trotzens oder Träumens nachgeholt werden. Es läßt sich nur durch beständige Arbeit an sich selbst, durch Geduld, Vertrauen und nie ermüdende Liebe wenigstens teilweise einbringen. Das aber sind gerade jene Tugenden, die in einer Gesellschaft, welche es mehr auf äußere als auf innere Erfolge abgesehen hat, am meisten verkümmert sind« (Brezinka).

Brezinkas Analysen mögen denjenigen durchwegs ›moralisierend‹ und ›konservativ-reaktionär‹ erscheinen, die den alten Zöpfen der Sitte und Tradition abgeschworen zu haben glauben. Genau sie aber sind die inneren Nahtstellen, die jeder noch so emanzipiert und mündig lebende Mensch benötigt, um überhaupt eine sinnhafte Freiheit und Selbständigkeit verwirklichen zu können. Wo es nicht auch eine vertraute und geborgene Rückbindung – ein positives Ja – zur Vergangenheit mit all ihren möglichen Fehlern und Unzulänglichkeiten gibt, wo im Zurückliegenden alles nur schlecht und negativ erkannt wird, kann kein gesunder Geist im

Menschen obwalten. Der Irrtum besteht darin, ein vermeintliches Lebensglück ohne den Boden der stammesgeschichtlich individuellen wie kollektiven Tradition und Historie erreichen zu wollen. Menschen, die so zu leben glauben, haben meist negative Erfahrungen hinsichtlich ihrer eigenen Erziehung und Sozialisation hinter sich, d. h. sie wollen entweder gar nichts mehr davon wissen – sie unterdrücken sie –, oder sie schweben ihnen laufend vor Augen, um sie als Alibi für aktuelle Lebensprobleme hinzustellen. Nach dem Motto: »Seht doch her, bei meiner unguten Erziehung und Umwelt, in der ich damals aufwuchs, konnte ja gar nichts Vernünftiges aus mir werden! Wer so verdummt wurde wie ich, der muß doch in dieser Gesellschaft scheitern, der muß doch eine schlechte Ehe führen!« werden permanente Entschuldigungsgründe dafür gesucht, um sich aus der eigenen Verantwortung, die jeder Mensch für seine Existenz mitträgt, davonzuschleichen.

So manche Professoren, Dozenten und andere ›Lehrsachverständige‹ verkünden rigoros von den ›Kanzeln der Wissenschaftlichkeit‹ diese und ähnliche Extremauffassungen, die davon getragen sind, daß in *erster* Linie die Umwelt der Hauptgrund *aller* persönlicher Fehlentwicklung ist, man sich also mit eigener Kraft und Überwindung gar nicht davor ›retten‹ kann. Diese Einsichten werden in der Regel von studentischen oder sonstig interessierten Zuhörern – meist den späteren Lehrern und Erziehern – mit Begierde und Applaus aufgesaugt, da sie einem *die* Entlastungsfunktion gegenüber den eigenen Versagensanteilen verschaffen. Folglich muß man nicht auch und vielleicht zuallererst vor seiner eigenen Türe kehren, sondern kann den anderen, der Umwelt, den Schwarzen Peter des Versagens zuschieben. Statt dessen müßte es um die Erkenntnis dessen gehen, daß Anlage- und Umweltfaktoren stets an allem beteiligt sind, was menschliches Verhalten ausmacht. Conway Zirkle äußert, »jeder Versuch, eine der beiden Komponenten als wichtiger hinzustellen«, sei »so töricht, wie feststellen zu wollen, wer für das Zustandekommen des Ergebnisses wichtiger ist: der Multiplikand oder der Multiplikator« (zitiert nach Derek Freeman).

Wäre es nicht die natürlichste und ehrlichste Sache der Welt, wieder zu der Einsicht zurückzufinden, daß Anlage- *und* Umweltfaktoren eines Menschen in einem permanenten Wechselspiel miteinander stehen und daß die individuellen Anlagen des Menschen zugleich auch immer seine Eigenverantwortlichkeit genetisch mit einschließen? Sicherlich kann und wird eine permanent negative Umwelt dabei als großer Stör- und Hemmfaktor wirken, doch deswegen ist der Mensch noch lange nicht berechtigt, sich als an die Umwelt ausgeliefertes Produkt zu klassifizieren. Gerade deshalb ist er doch Mensch und unterscheidet sich darin vom Tier, daß er über sich selbst hinaus zum Durchbruch und zur Selbstregulation gelangt. Die Umwelt kann und muß ihm dabei helfen, mehr aber auch nicht. Sie soll einen möglichst optimalen (Erziehungs-)Nährboden für den Samen – das genetische Potential – schaffen, ganz ungeachtet dessen, ob der Same ein mehr guter oder ein mehr schlechter ist.

Jeder Mensch dagegen, welcher der Umwelt die alleinige oder hauptsächliche Macht über sich zuerkennt, hat in seinem Innersten größte Angst vor sich selbst. Er glaubt, nicht er sei letztlich Herr über seine Geschichte und seine Aufgaben, sondern nur die guten oder bösen ›Anderen‹. Darin gründet auch die naive Meinung: Ist die Gesellschaft gut, so kann auch ich gut werden; ist sie dagegen böse, kann auch aus mir nichts anderes werden. So wartet und wartet man seit Adam und Eva auf eine optimale Gesellschaft und verkennt dabei völlig, daß man ewig auf sie warten wird. Es wird sie draußen nie geben, falls der Mensch nicht dazu bereit ist, auch in seiner inneren Umwelt Ordnung und Frieden zu schaffen. Dann würde sich nämlich als erstes Ergebnis zeigen, daß die Familie als kleiner Staat im großen Staat wieder funktionieren, wieder leben und pulsieren würde. Sie wäre kein Hort mehr des gegenseitigen Mißtrauens, des Streitens und des monotonen Mehr-schlecht-als-recht-Dahinlebens. Die in ihr aufwachsenden Kinder hätten wieder Eltern, an denen sie sich orientieren und ›aufrichten‹ könnten. Ihr Sinn bestünde darin, den Kindern wieder Kraft und Geist der inneren Kultur vorzuleben und zu vermitteln. Sie könnten erfahren, was es heißt, gemeinsam zu planen, spielen, lernen und Konflikte auszuhalten. Sie lernten, daß man bei Leidens- und Schicksalsprozessen nicht einfach mit Weglaufen, Trinkerei, Tabletteneinnahme oder Prügelei reagiert, sondern ihnen als wohlverstandenen und letztlich aufrüttelnden Wegmarken des menschlichen Lebens begegnet. Sie erhielten Einsicht darüber, wie falsch es ist, bei scheinbar aussichtslosen Situationen apathisch den Kopf in den Sand zu stecken oder mit ihm durch die Wand zu rennen. Mit einem Wort: Sie würden jenes feine Gespür entwickeln, das man das volle »Ja zu sich selbst« nennt, das aber primär nur durch die vorbildhafte Liebe und Hilfe der Eltern wachsen kann.

Wo dieses größte Geschenk, das Eltern ihren Kindern geben können, nicht grundlegend zum Ausdruck kommt, kann die bestgemeinte Erziehung nichts fruchten. Die Eltern können dem Kind noch so viele künstliche Liebesbeweise in Form von Spielzeug, Urlaubsreisen, guter Schulausbildung und verständnisvoller Kopferziehung zukommen lassen – es hilft nicht viel ...

Oft wissen die Eltern das und reagieren auf ganz bestimmte Weise. Sie versuchen ihre erzieherischen Mängel zu delegieren, indem sie glauben, sogenannte ›pädagogische Fachleute‹ ausfindig machen zu können, die ihnen die Probleme der Kindererziehung abnehmen. Exakt aus dieser falschen Haltung resultiert heute oft der Wunsch, die pädagogischen Pflichten der Kindererziehung von der Familie abzukoppeln. Einerseits redet man sich ein, die Erziehungsaufgabe sei in den letzten Jahren derart kompliziert geworden, daß man sie bei ständig steigendem Berufsstreß und den oft sich daraus ergebenden Partnerschwierigkeiten kaum mehr ›vernünftig‹ bewältigen kann. Andererseits pflegt man ein besseres Gewissen zu haben, wenn gewährleistet zu sein scheint, daß das Kind im Kindergarten oder in der Schule eine optimale pädagogische Betreuung hat, jedenfalls eine bessere als die, die man ihm als ›Laie‹ geben kann. Das mag theoretisch stimmen und im Einzelfall sogar praktisch zutreffen. Generell ist diese Denk- und Handlungsweise jedoch grundfalsch, denn das Kind nimmt wahr, daß seine Eltern ihm gegenüber versagen, indem sie sich mit ihm nicht adäquat beschäftigen können oder wollen. Es fühlt sich über kurz oder lang verstoßen und auf ein Abstellgleis geschoben. Viele der heutigen Kinder sind gerade aus dem Grund schwierig, weil sie das spüren und mit ihren Mitteln, z. B. der Aufsässigkeit und Lernunlust, die Eltern fortwährend dafür bestrafen.

Die Feststellung ist richtig, daß die momentane familiäre Erziehung vielerorts einem Torso aus Wert- und Zielunsicherheit gleicht, dem zum einen scheinliberale Haltungen zugrunde liegen, zum anderen aber auch autoritär verbrämte Ansprüche eines zum Spießbürgertum hin zu erziehenden Kindes anhaften. In diesem Vakuum zwischen hilfloser Unsicherheit und konkret kleinbürgerlicher Hoffnung fristen viele Familien ihr pädagogisches und zwischenmenschliches Dasein. Wen erstaunt es da, daß sie nach äußeren und besseren Erziehungsträgern rufen? Wer will es ihnen verübeln, daß sie nach jedem Strohhalm greifen, der ihnen eine gute und solide Erziehung für das Kind anbietet, der ihnen die Schul- und Erziehungsschwierigkeiten der Kinder problemlos und schnell abnehmen will? Man braucht nur einen Blick in den Anzeigenteil von Tageszeitungen und Zeitschriften zu werfen, um zu sehen, wie groß der Markt allein für Schul- und Ausbildungserziehung und -betreuung ist. Fast jeder Anbieter verspricht die beste Erziehung anhand der ausgefeiltesten, neuesten und wirksamsten Lern- und Erziehungsmethoden nach dem Motto: »Für Ihr Kind ist uns das Beste gerade gut genug!«

Keine noch so exzellente Außer-Haus-Pädagogik kann aber die Familie als wichtigsten Ort des grundlegenden psychosozialen Lernens ersetzen. Sie kann auch nicht auf die konstruktive Mitarbeit der Eltern verzichten. Das gilt in ganz besonderem Ausmaß für die Kleinkinderziehung, denn »in keinem späteren Lebensabschnitt werden so vielfältige und differenzierte Dinge erfahren wie hier. Die Grundgegebenheiten der menschlichen Existenz, das, was den Menschen erst zum Menschen macht, werden ausnahmslos in der Familie geweckt und zur Fertigkeit gefördert: der aufrechte Gang und die Sprache, das Denken und die Phantasie, die Selbstbehauptung und das Einfügen in die Gruppe. Dabei gibt die Familie dem Kind teils direkte Anregungen, teils wirkt sie als Modell« (Hederer u.a.).

Wie wäre es, wenn sich die Familie wieder mehr auf ihre zwischenmenschlichen Werte und Eigenschaften besänne? Bei auch nur etwas gutem Willen könnten z. B. alle ihre Mitglieder ein- oder zweimal in der Woche eine Stunde Zeit und Muße füreinander aufbringen, ganz ohne ›Programm‹. Was immer in dieser Zeit an Telephonanrufen, Fernsehsendungen oder sonstigen ›wichtigen Terminen‹ hereinbrechen mag: Man hat in dieser Stunde keine Zeit für all das, was von draußen einströmt. Man setzt sich einfach nur zusammen, um sich zu unterhalten, um beisammen zu sein und zu spüren, daß man noch füreinander da ist, daß man sich mag und sich etwas zu sagen hat. Oder daß man sich wieder gern haben *möchte* und sich wieder etwas zu sagen *wünscht*.

Wir sollten es lernen, das klare und schlichte unmittelbare Tun zu bevorzugen, anstatt uns fortwährend den indirekten Dingen wie Vorträgen, Fernsehsendungen *über* Eheprobleme, *über* Schul- und Kindererziehung, *über* alleinerziehende Mütter oder Väter zuzuwenden. Wenn wir die dort angesprochenen Probleme, über die Experten reden und streiten, erst gar nicht bekommen wollen, dann brauchen wir in erster Linie lediglich das zu tun, was eigentlich die natürlichste Sache der Welt ist: ein Leben zu führen, das von der »Logik des Herzens« (Pascal) im Sinne von Zuneigung, Zeit für den anderen haben, Besinnlichkeit, Toleranz, Gelassenheit und Gefühl getragen wird. Uns selbst und den Kindern bereiten wir damit den höchsten Sinn und die größte Vertrautheit, zu den Freuden des Lebens vorzustoßen, die es erst wirklich lebenswert machen.

Auch werden wir feststellen, daß den Kindern über kurz oder lang das problematische Schulleben gar nicht mehr so schlimm erscheint, da sie es zumindest stückweise mit den positiven Erfahrungen in der Familie kompensieren können und ihnen die Eltern im vertrauensvollen Gespräch und Verstehen die Angst vor dem Schulversagen ›wegtherapieren‹ (ganz abgesehen davon, daß sich die Eltern womöglich auch noch Zeit und Geld für häufige (Bitt-)Gänge zu Lehrern, Nachhilfeexperten oder Verhaltenstherapeuten ersparen können).

Solange sich die Familie diese Ziele nicht wieder zu eigen macht, wird sie aus ihren Verstrickungen und Problemen nicht herausfinden. Sie wird ihren Kindern nicht gerecht, sondern führt sie weiter in den Zwiespalt von Geborgenheitssehnsucht und falsch verstandenem Freiheitsrausch. Eine zweifache Aufgabe steht an: eine Änderung der Gesinnung und eine daraus folgende Reformierung des Zustandes von Familie und Gesellschaft. Ein Wandel unserer prekären Lage ist ohne ein neues Bewußtsein für die klassischen Menschheitsideen kaum möglich. Wir sollten nicht eher ruhen, bis auf die Frage, wodurch sich der wirklich humane und freie Mensch denn auszeichnet, geantwortet wird: Insbesondere durch Kinderliebe und Familienfreundlichkeit! Wir müssen zuallererst in unseren Familien beginnen, das vorzuleben, was uns am wahren Menschsein erfreut und uns über alle anderen Kreaturen erhebt, nämlich Ausstrahlungspunkt von geistiger Kultur im Sinne von Liebe, Sitte und Glauben zu sein. Dazu müssen wir das Steuer selber in die Hand nehmen und die falschen Kapitäne von Bord weisen, die uns ein äußeres Patentrezept nach dem anderen anbieten. Durch unsere Umkehr zeigen wir sichtbar jedermann, welch unersetzliche Aufgaben die ›herzliche Familie‹ bewältigt, welche Bedeutung ihr deshalb für Schule, Gesellschaft und Staat zukommt und wie einfältig und hilflos dagegen all die staatlich gut gemeinten finanziellen Hilfs- und Förderprogramme für die Familie sind. Eine Familienpolitik, die hauptsächlich nur im Aufdrehen des Zuschuß-Geldhahnes und in der weiteren Schaffung familienersetzender oder -ergänzender Ersatzinstitutionen das Heil erblickt, ist ein miserables Unterfangen. Vielmehr muß sie die Familie selber stärken und fördern, indem sie diese als Wertinstitution personaler Lebensgemeinschaft ideell-praktisch unterstützt und nicht als ›Verein mit beschränkter Haftung‹, der bei seiner Pleite nur finanziellen Konkurs bzw. Bezuschussung anmelden muß. Bei der Familie geht es um viel mehr als um einen finanziellen Konkurs oder Bonus, nämlich um einen weitaus essentielleren Grund: um den ihres eigentlichen Geschaffenseins und Wirkens, der sie zur Spannungsursache unserer Gesellschaft – und mithin auch der Schule – macht.

Den durchgängigen Aussagen von (Volksschul-)Lehrern zufolge betreten die Kinder heutzutage mit weitaus mehr »Sachkompetenz« erstmals die Schulen, das heißt, sie sind auf vielen Gebieten des Wissens und Könnens intelligenter und geschickter als früher. Bei vielen mag das am Umstand der vorangegangenen Kindergarten- und Vorschulzeit sowie an den besseren häuslichen Informationsangeboten liegen. So gesehen sind sie zweifelsohne adäquater auf die Schule vorbereitet als die Kinder früherer Generationen. Dieses kognitive Plus wird jedoch des öfteren eklatant durch ein psychosoziales Minus ausgeglichen, indem viele Kinder nur schwer in der Lage sind, z. B. die nötige Konzentrations- und Begeisterungsfähigkeit für die Schule aufzubringen. Sie sind, wie die Lehrer berichten, regelrecht wirr und verstört, unausgeschlafen und blaß; sie können nur noch wenig leisten, sei es, daß sie nicht wollen oder daß sie nicht können. Letzteres trifft häufiger zu, und es dürfte aus dem Vorausgegangenen klarwerden, daß jene Mängel hauptsächlich die Folgen der familiären Situation sind. Bei allen Vorbehalten und Einwänden, die ich gegenüber dem System Schule habe, kann man ihr in diesem Punkt nicht die geringste direkte Schuld zuerkennen, zumal es sich bei Erstklaß-Schülern um Kinder handelt, die durch die Schule logischerweise noch nicht ›verkorkst‹ werden konnten. Man kann also wahrlich nicht behaupten, die Schule hätte eine derart prägende Kraft, in Erstklaß-Kindern bereits nach wenigen Wochen manifeste Symptome von Unkonzentriertheit, innerer Hektik, Orientierungslosigkeit, Unausgeglichenheit usw. zu erzeugen.

Jedem einigermaßen sensiblen Beobachter leuchtet es ein, daß die persönlichen Defekte aus dem Lager kommen müssen, wo sie ihre Genese empfingen: der Familie. Wenn man der Aussage Rechnung trägt, schwierige Kinder seien das Produkt schwieriger Eltern, so ist dem an dieser Stelle nicht viel hinzuzufügen. Vielleicht nur eines: Schwierige Kinder werden durch die schwierige Schule nicht besser, sondern im Regelfall nur noch problematischer und ›dümmer‹. Da Eltern und Schule derart mit ihren eigenen Schwierigkeiten belastet sind und nur zu gern dem anderen Teil die Schuld zuschieben, fällt es beiden schwer, in einer entspannten und offenen Art und Weise aufeinander zuzugehen, um vielleicht zu erkennen, daß die Probleme der einen Seite die der anderen (mit-)bedingen und umgekehrt.

Wie das heute mehr denn je benötigte Zusammenwirken von Eltern und Schule in der Praxis aussieht, soll im weiteren einer näheren Beleuchtung unterzogen werden.

Eltern und Schule als »ungleiche Zwillinge«

Zweieiige Zwillinge haben es an sich, daß sie zwar zeitlich gemeinsam im Mutterleib heranwachsen, nach ihrer Geburt aber vollkommen anderen Gedanken und Lebensweisen nachgehen können. Übertragen wir diese Feststellung analog auf Eltern und Schule und sehen wir in beiden so etwas wie Zwillinge, die in vielen Dingen eng aneinandergekettet sind, so stellt sich die Frage, ob nicht auch hier ein Verhältnis vorherrscht, das im Alltag alles andere als zwillingshaft ist.

Wir müssen uns daher der Frage zuwenden, in was für einem Wechselspiel Schule (Lehrer) und Familie (Eltern) stehen. Ist es überhaupt eine praktisch-lebendige Beziehung, und falls ja, wie drückt sie sich aus? Oder ist sie mehr eine auf rein pragmatisch-gesetzlichen Regelungen und Angeboten beruhende Zwangsverbindung, die ganz einfach da ist, weil sie da sein muß, weil man eben sein Kind auf irgendeinen Schultyp schicken muß oder will und es dort von irgendwelchen Lehrern Unterricht erteilt bekommt.

Alle Eltern haben bestimmte Erfahrungen aus der eigenen Schulzeit. Einige behaupten, die Schule habe ihnen geholfen, durch gute Noten eine qualifizierte Berufslaufbahn einzuschlagen. Andere äußern, die Schule habe sie zu Pflicht, Gehorsam und Respekt erzogen und insofern etwas Gutes (oder Schlechtes) bewirkt. Wieder andere hängen der Meinung an, die Schule habe ihnen außer ein paar Wissens- und Könnensfakten für ihr Leben überhaupt nichts gebracht; und schließlich gibt es Leute, die der Überzeugung sind, die Schule habe rundum echten Spaß und Lebenssinn vermittelt. Letztere Gruppe ist mit Sicherheit die am schwächsten vertretene.

Wo immer wir auf solche oder ähnliche elterlichen Aussagen stoßen, werden wir gewahr, daß die Erwachsenen den eigenen Schulerfahrungen gegenüber ein recht ambivalentes Empfinden aufbringen, das von den Klassifizierungen »extremer Unsinn«, »habe keine echte Meinung dazu« bis »überwiegend positiv« reicht. Wie unterschiedlich die einzelnen Meinungen auch sein mögen – es existiert dennoch eine gewisse generelle Gemeinsamkeit, die besagt: Mit der Schule wollte oder konnte man in privatpersönlichkeitsähnlichem Sinn keine nähere Verbindung anknüpfen. Wäre es nicht sogar befremdlich, überhaupt das Verlangen zu verspüren, mit einer Institution persönliche Beziehungen einzugehen und zu pflegen? Und sind schließlich die in ihr tätigen Personen – die Lehrer – nichts weiter als Beamte, die aus Gründen des Broterwerbs ähnlich ihren Dienstpflichten nachkommen wie die in einer Finanzbehörde, nur daß erstere mit Schülern zu arbeiten haben und nicht mit leblosen Akten und Einkommensteuererklärungen?

Wer dermaßen extrem nüchtern und sachlich zu denken gewohnt ist, dem wird zunächst viel Enttäuschung erspart, wenn er schulpflichtige Kinder hat. Er ist von der Meinung geleitet: Schule ist Schule, und Familie ist Familie. Jede der beiden Institutionen führt ihr spezielles Eigenleben, und keine ist von der anderen abhängig, einmal davon abgesehen, daß beide aus Rechtsgründen der Schulpflicht und Ausbildung sich irgendwie miteinander arrangieren müssen.

Damit sind wir zugleich bei einer Gruppe von Eltern angelangt, die in der Schule eine rein pragmatische Anstalt der Lern- und Wissensvermittlung sieht, in die das Kind gehen muß, um ein gewisses Maß von Leistungen zu erfüllen, das hinterher mit Noten bewertet wird. Sind die Noten des Kindes gut, dann ist es ein schulisch erfolgreiches Kind, dem eventuell die Möglichkeit zuteil wird, auf eine weiterführende Schule zu wechseln, oder dem die Türen für eine qualifizierte berufliche Ausbildung offenstehen. Sind die Noten des Kindes schlecht, so ist es eben sein und der Eltern persönliches Schicksal, das primär im Rahmen der eigenen intellektuellen Beschränktheit oder Faulheit zu suchen ist. Mit der Schule und dem Lehrer hat das – so diese Eltern – nichts oder kaum etwas zu tun, und noch viel weniger mit der Familie. Aus dieser fatalistischen Sichtweise resultiert auch die Einstellung, Familie und Schule seien zwei gänzlich verschiedene Welten, von der die eine nicht weiß und auch nicht wissen soll, was die andere denkt und lebt, und umgekehrt. Aus dem elterlichen Wunsch, anonym bleiben zu wollen, ergibt sich meist auch der Umstand, kein konkretes Interesse für die schulischen Belange des Kindes aufzubringen, und seien sie selbst positiver Natur. Hinter dem Motto: »Wenn bei unserem Kind ohnehin schulisch alles ›läuft‹, warum sollten wir uns dann darum kümmern?« steckt ein Bild von Schule und Lehrer, das gewöhnlich zum einen auf den illusionslosen Erfahrungen der eigenen Schulzeit aufbaut und zum anderen unter Beweis stellt, daß man sich seither in den eigenen Vorstellungen nicht geändert hat.

Man kann diese erste Gruppe von Eltern auch dadurch charakterisieren, daß es ihr nicht opportun erscheint, der pädagogischen Bedeutung der Schule Aufmerksamkeit zu zollen. Falls überhaupt, so besteht sie darin, Kontakte anhand formeller disziplinarischer und notenmäßiger Observierung und Sanktionierung auszuüben.

Die zweite Elterngruppe ist aus einem anderen Holz geschnitzt. Ihre Auffassung ist, Schule und Lehrer hätten die absolute Pflicht, *ihr* Kind optimal zu fördern und es womöglich auf das intellektuelle Niveau eines kleinen Einstein zu bringen. Oft sind dies Eltern, die unter dem Nichterreichen ihrer eigenen schulischen wie beruflichen Ansprüche und Träume leiden und deshalb ihr ›Versagen‹ und ihre Schuldgefühle an den eigenen Kindern wiedergutmachen möchten. Aber wir treffen auch Eltern an, die schlichtweg von der Vorstellung besessen sind, ihr Kind könne nur über einen möglichst qualifizierten (Gymnasial-)Abschluß sein wahres Lebensglück erreichen, das aus einem möglichst hohen späteren akademischen Grad besteht. Diese Eltern unternehmen alles Erdenkliche, um ihrem Kind zu ›helfen‹. Nicht selten verkörpern sie den schulischen Schatten des Kindes, indem sie zum Schreckgespenst seiner Lehrer avancieren. Sie bilden unter dem Etikett »bemühte Eltern« das bewegliche, jederzeit auftauchende pädagogische Hilfspotential, das vor und nach der Schule, ja, selbst in den Schulpausen auf die Lehrer lauert, um von ihnen mit neuesten Informationen über den aktuellen Leistungs- und Motivationsstand ihres Kindes gefüttert zu werden. Sie sind die von Lehrern und Schule mit Abstand am meisten ›geliebten‹ Eltern, da man vor ihnen nie sicher sein kann, nicht einmal in der Privatsphäre.

Ähnlich der ersten Gruppe, verkörpern auch diese Eltern, wenngleich aus anderen Motiven, einen unpädagogischen Anspruch. Es kommt ihnen nicht auf die erzieherisch-persönlichkeitsprägenden Qualitäten von Schule und Lehrer an, sondern lediglich auf deren intelligenz- und leistungsförderndes Potential. Schulisches Ziel muß sein, das Kind zur Intelligenzbestie zu trimmen, die enzyklopädisches Wissen im Schlagwortstil besitzt. Nach dem Weltbild der Eltern hat die Schule den einzigen Zweck, dem Kind das Wissen auf möglichst pragmatische und rationale Weise beizubringen; es soll sich hauptsächlich zweck- und statusmäßige Bildung, verbunden mit ein paar klassisch-humanistischen Gedanken- und Ideenlehren (»Es kann nie schaden, etwas von den ›alten Philosophen‹ zu wissen«), rezepthaft aneignen. Unter »Selbsterkenntnis« versteht man hier das grandiose Aufblähen des Wissens-Ichs, das, je mehr es weiß, desto persönlichkeitsstabiler ist. Dagegen ist es nicht erwünscht, die inneren Kräfte des Unbewußten aufzudecken und zu fördern, da sie der Rationalität des Ichs schaden bzw. es vom »Weg des pragmatischen Blicks« abbringen. Die nähere Begründung dafür lautet: Das Wissens-Ich des Kindes ist durch alle Eindrücke gefährdet, die zu einem anderen Sinnverständnis von sich selbst, den Eltern und des schulischen Bildungsauftrages führen könnten.

Es ist klar, daß die Eltern das verhindern wollen. Einmal geschieht es aus dem Grunde, daß sie ihrem eigenen Unbewußten angstvoll gegenüberstehen und es durch das Aufkommen kindlicher Bedürfnisse nach »unkontrollierter Triebhaftigkeit« und »unlogischer Spinnerei« nicht bedroht sehen möchten. Getreu der Meinung, der Mensch messe »seine Selbsterkenntnis an dem, was seine soziale Umgebung durchschnittlich von sich selber weiß, nicht aber am wirklichen psychischen Tatbestand, der ihm größtenteils verborgen ist« (C. G. Jung), muß weiterhin das Irrationale und emotional Suspekte im Kerker des eigenen Dunkels gefangen bleiben.

Zum anderen deckt sich der elterliche Wunsch mit dem Bild einer Schule, die sich dem klaren Auftrag verpflichtet sieht, reines und anwendbares Erfahrungswissen zu lehren und nicht irgendwelche transzendenten und unbewußten Zustände im Kind auszulösen. Darin unterscheidet sich ja die heutige Schule von jener des Sokrates, daß sie nicht zur Erkenntnis führt: »Ich weiß, daß ich schließlich und endlich nichts weiß«, sondern zu: »Je mehr ich eindeutig weiß und kann, desto mächtiger und allwissender erscheine ich mir und der Welt gegenüber; um so mehr kann ich mir einbilden, desto größer wird mein Abstand zu den anderen – den ›Unwissenden‹.«

Dieses vielleicht etwas überzogene Bild von Kind, Schule und ›Bildung‹ ist häufig bei Eltern anzutreffen, die aufgrund ihrer beruflichen wie privaten Erfahrungen von einem pragmatischen rational-wissenschaftlichen Leistungsdenken geprägt sind, bei dem »Gefühle zeigen zu dürfen« nicht oder nur wenig gefragt ist. Wer es gewohnt ist, daß nur mit knallharten und präzisen Wissens- und Könnenseffekten Erfolg und Geschäft winkt, dem kann man es nicht verübeln, daß er an Schule und Lehrer dieselben oder ähnliche Erwartungen stellt: das Kind mit gleichen oder entsprechenden persönlichen Erfolgsstrategien auszustatten. So ergibt sich der fatale Umstand, daß Eltern mit besagten Einstellungen Lehrer und Schule noch zusätzlich darin bestätigen, was sie ohnehin schon über Gebühr tun: intellektuelles Lehren und Lernen zu praktizieren, bei dem die Sache gegenüber der Person des Schülers regelmäßig Vorrang hat.

Somit geht es auch der zweiten Elterngruppe keineswegs um eine tatsächlich bessere pädagogisch-persönlichkeitsorientierte Ausbildung ihres Kindes. Dagegen ist eine egoistische Forderung nach mehr »pädagogischer Gerechtigkeit« und individuellerer Beachtung des Kindes festzustellen, die im Regelfall auf ganz bestimmte eigennützige Vorteile abzielt. Zum Beispiel steht das elterliche Verlangen im Vordergrund, das Kind dürfe keinen »kollektiven Versuchen« im Sinne sozialen Gruppenlebens ausgesetzt werden, um nicht seiner individuellen Intelligenz und Eigendynamik verlustig zu gehen. Mit anderen Worten: Die Begriffe Gerechtigkeit und Leistung stehen im elterlichen Sinn nur insofern hoch im Kurs, wenn sie notenmäßig und individuell gebunden klar auf Eigenerfolg abzielen. Ist dagegen das persönliche Noten- und Leistungsbild des Kindes negativ oder läßt sein Gesamtverhalten zu wünschen übrig, wird mit allen Mitteln versucht, dies dem pädagogisch-didaktischen Ungeschick – in Form von zu wenig beachtetem gruppenpädagogischem Einfluß – von Lehrer und Schule anzulasten. Gewöhnlich ist das Vorgehen aber mit wenig Erfolg gekrönt, so daß eine andere Verhaltensvariante gewählt wird. Man versucht den Lehrer in ›vernünftigen‹ Gesprächen davon zu überzeugen, daß es doch auf die Noten des Kindes gar nicht wesentlich ankommt bzw. daß die Noten nur einen geringen Ausschnitt der kindlichen positiven Gesamtpersönlichkeit widerspiegeln. Gegenüber dem Lehrer gibt man sich privat-freundschaftlich, um seinem Ziel näherzukommen. Das mag auch in Ausnahmefällen beim Lehrer zum Erfolg führen, doch kann auch er nicht aus einem notenmäßig schlechten Schüler einen guten machen, es sei denn, er läßt sich zur Notenmanipulation verleiten.

Wir könnten die Schilderung der Taktiken beliebig fortsetzen, um immer wieder zu erfahren, daß es den Eltern zumeist weniger um realistische Selbsteinschätzung sowie um allgemeines Gerechtigkeitsempfinden gegenüber Lehrer, Schule und Kind geht als um eigene Profilierungssucht, die auf dem Rücken ihres Schützlings ausgetragen wird. Kind und Schule sind nur die nach außen vorgeschobenen Anlässe, um mit etwas fertig zu werden, das zuallerst der reinigenden inneren Lösung durch die Eltern selber bedürfte: eine andere Sicht- und Handlungsweise gegenüber der eigenen Person aufzubauen. Auch hier treffen wir abermals auf das eigentliche Dilemma des Menschen: Er bedient sich viel lieber eines anderen, statt die Schwachstellen bei sich zu suchen und sie zu ändern! Wo das nicht fruchtet, hilft auch die beste demokratisch-partnerschaftliche Erziehung nicht viel, da sie über das Theoretisieren, Kritisieren und Wähnen – das Anschuldigen und Denunzieren sogenannter undemokratischer wie mißliebiger Zustände in Schule und Gesellschaft – kaum hinauskommt; Ziel und Absicht demokratischer Erziehung und Bildung versagen ebenso in der familiären Praxis bereits da, wo sie nicht schon im einzelnen Elternteil Fuß gefaßt haben, d. h. sich auf dem Weg des praktischen Tuns befinden. Eltern, die glauben, von Schule und Lehrer immer nur etwas fordern zu können, dürfen sich nicht als konstruktive Partner der Zusammenarbeit sehen; vielmehr gehören sie zu den »ungleichen Zwillingen«, die sich gegenseitig mit Mißtrauen und Argwohn beäugen und klammheimlich versuchen, dem anderen eins auszuwischen. Eine solche Zusammenarbeit führt letztlich zu einem verständnislosen und aggressionsgeladenen Gegeneinander, das vom verdeckten Wunsch beseelt ist, Macht und Ohnmacht, Kompetenz und Nicht-Kompetenz, Professionalismus und Laienhaftigkeit aufrechtzuerhalten bzw. zu erzeugen. Und schließlich ist das Ende vom Lied, daß Lehrer und Schule doch am längeren (institutionellen) Hebel der Macht sitzen, die Eltern folglich ›leer‹ ausgehen!

Wenden wir uns der dritten und letzten Elterngruppe zu. Ihr ›Markenzeichen‹ drückt sich in einem eher gelassenen natürlichen Verhältnis zu sich, der Schule und dem Kind aus. Ihnen ist bewußt, daß es in allererster Linie um die Person des Kindes geht und nicht allein um den Status oder die Position von irgend jemand anderem. Diese Eltern pflegen zunächst eine ehrliche, selbstkritische und realitätsbezogene Sichtweise der Dinge, wie sie sind. Sie begreifen sich nicht als Künstler der Verdrängung und Projektion. Dadurch sind sie frei von zwanghaften Idealen und Weltbildern. Selbstverständlich kritisieren auch sie viele der unguten Zustände, die unserem Schulsystem anhaften, und streben deren Veränderung an, aber ihre Gelassenheit drängt sie nicht in Extrempositionen. Weder auf familiärer noch auf schulischer Seite setzen sie sich Totalforderungen aus. Diese Eltern verurteilen weder das schulische Leistungsprinzip als solches und schieben nicht den Lehrern die Alleinschuld am etwaigen Versagen ihres Kindes in die Schuhe, sondern packen sich auch sehr wohl ›an der eigenen Nase‹. Mit anderen Worten: Sie erkennen offen und nüchtern, daß die familiären Bedingungen maßgeblich mit dafür verantwortlich zeichnen, wie sich das Kind in der Schule zurechtfindet. Darüber hinaus ist ihnen bewußt, daß Intelligenz und Leistungskraft sehr wohl auch mit genetischen Faktoren in Zusammenhang stehen, d. h. ein Kind auch unter besten äußeren Förderungsbedingungen nicht automatisch zu einem Superschüler gemacht werden kann. Selbst wenn dem so wäre, wünschten das die Eltern nicht, es sei denn, ihr Kind würde spielerisch zu jenem Zustand finden.

Welches Weltbild steckt dahinter? Kurz, es ist das eines möglichst natürlichen inneren Wachsen-und-sich-eigenständig-entwickeln-Lassens. Zwischen den Extremen »innere Natur« und »äußere Kultur« soll das Kind die goldene Mitte für seine Person finden, um zur Synthese zu gelangen, die eigener Lebenssinn lautet. Nur aus dieser seiner zentralen Mitte heraus kann es nach Ansicht der Eltern das werden, was man als positive Persönlichkeit bezeichnet. Es ist gewiß ein schwieriger, aber auch ein humaner Weg, den sich diese Eltern wünschen. Da er niemals einem extremen und starren Ziel folgt, sondern ein Spiel der Behutsamkeit und Distanz zwischen den Gegensätzen ausdrückt, darf auch er sich nicht den gegebenen Realitäten entziehen.

Zunächst einmal muß das Kind lernen, die Dinge anzunehmen. Erst dann kann es daran gehen, sie zu verändern. Wie überall, so braucht es auch hier ein dementsprechend positives Vorbild – seine Eltern. Sie sind der hauptsächliche Garant für das Zustandekommen des »mittleren Weges«. Er bezweckt jedoch alles andere als nivellierte Anpassung oder das Mitschwimmen in der Masse, auch wenn es ein mittlerer Weg ist. Vielmehr liegt seine Stärke in der Verneinung des Gewöhnlichen und ›Toten‹; seine Kraft liegt in der Hinführung zur Originalität und schöpferischen Eigenheit, die immer mit berücksichtigt, daß in jeder Gesellschaft unumgängliche Anpassungsforderungen existieren.

Die Bemühungen dieser Eltern entstammen keiner Schubladenwelt, in der die eine Schublade Schule, die andere Familie und wieder eine andere

Beruf heißt. Im Gegenteil, sie begreifen das Leben als pulsierende Gesamtheit aller Bereiche, Funktionen und Zustände, welche sich nur durch Un-Sinn spalten und in angeblich voneinander unabhängige Systeme pressen lassen. Den Eltern geht es nicht darum, Grenzpflöcke und Mauern zwischen Familie und Schule, zwischen ›privat‹ und ›öffentlich‹ zu schlagen, sondern deren Beziehungen durchgängiger, offener, ehrlicher – menschlicher zu gestalten. Sie wünschen, daß ihre Kinder im gelungenen Wechselspiel von Schule–Familie und Familie–Schule ein besseres Verständnis dafür erhalten, daß Menschen und Institutionen, denen völlig unterschiedliche Rollen zugewiesen sein können, dennoch vernünftig zusammenarbeiten, dennoch ähnliche Gefühle äußern können und nicht nur Scheuklappenträger ihrer jeweiligen Zugehörigkeit abgeben.

Wer solche Ansprüche hegt, dem muß bescheinigt werden, daß es ihm neben den zurecht bestehenden wissensvermittelnden Aufgaben der Schule sehr wohl auch um ihre pädagogisch-humanistische Prägung geht. Denn, so könnte man in Abwandlung der Worte Jesu sagen: Was nützt es dem (jungen) Menschen, wenn er die »ganze Welt« gewinnt, aber an seinem Sinn – an seiner Seelenerziehung – Schaden leidet?

In der täglichen Praxis sieht die konkrete Zusammenarbeit zwischen Eltern, Schule und Lehrer generell so aus: Zunächst einmal steht sie aufgrund juristischer Verankerung allen Eltern offen. Jeder Elternteil kann z. B. im Rahmen von Lehrersprechstunden oder öffentlichen Schulveranstaltungen daran teilnehmen. Darüber hinaus existiert ein für die nähere Zusammenarbeit eigens geschaffenes Gremium – der *Elternbeirat*, der es den von den Eltern der jeweiligen Klasse zu wählenden Elternvertretern ermöglicht, unmittelbaren Einfluß auf die schulischen Belange zu nehmen. Meist konstituiert sich dieses Gremium zu Anfang des Schuljahres und tritt dann je nach Bedarf zusammen. Der Elternbeirat ist die Vertretung der Erziehungsberechtigten der Schüler und wirkt in Angelegenheiten, die für die Schule von allgemeiner Bedeutung sind, beratend mit. Dem Gremium der Eltern wird also nicht gestattet, generell mitzubestimmen, sondern nur *beratend* mitzuwirken, was den elterlichen Aktivitäten ganz klare Grenzen setzt. Die amtliche Begründung hierzu lautet z. B.: »Das Recht des Elternbeirats auf Beratung und Information [...] kann und soll nicht in ein Recht auf Mitbestimmung umgewandelt werden.« Diese Bestimmung der Bayerischen Allgemeinen Schulordnung findet sich sinngemäß auch in den Schulordnungen der anderen Bundesländer und Stadtstaaten.

Warum dürfen die Eltern nur beratend mitwirken? Es kommt einer schallenden Ohrfeige gleich, so ein dauerhaftes echtes Vertrauensverhältnis Eltern–Lehrer begründen zu wollen, wenn die einen nur beraten dürfen und die anderen immer entscheiden müssen. Falls das angestrebte Vertrauensverhältnis nicht nur eine kosmetische liberale Effekthascherei sein soll, muß man die Frage stellen, ob es im Rahmen der gegenwärtigen Rechtsbedingungen überhaupt zu einer fruchtbaren Zusammenarbeit zwischen Eltern, Schule und Lehrer kommen kann. Allerdings braucht diese Frage im Grunde genommen gar nicht gestellt zu werden, denn eine Antwort erübrigt sich, wenn man die schulische Praxis betrachtet. Wer einmal in einem Elternbeirat tätig war, wird wissen, was damit gemeint ist, nämlich mit welch überwältigender Motivation sich Eltern dazu gedrängt fühlen, sich in das Gremium wählen zu lassen. Meist ist man froh, wenn sich überhaupt jemand dazu bereit erklärt, besonders, wenn derjenige oder diejenige weiß, daß er/sie gar nicht über die anstehenden Dinge mitentscheiden darf ...

Freilich ist das nicht der alleinige Grund für das Desinteresse, das große Teile der Elternschaft am Miteinander von Schule und Familie aufbringen. Zumindest liegt darin aber eine nicht zu unterschätzende Hemmschwelle begründet, sich nicht stärker zu engagieren. Warum sollte man sich auch, um im Jargon des Vorurteils zu sprechen, auf eine kontinuierliche und im Grunde fruchtbare Zusammenarbeit von Eltern, Schule und Lehrer einlassen, wenn »die da oben« dann doch so entscheiden, wie sie es für richtig halten? Da verbringt man seine wertvolle Freizeit doch lieber mit etwas Nützlicherem, das dem unmittelbaren Macht- und Einflußbereich zuträglicher ist. In jahrelanger Praxis habe ich viele Eltern kennengelernt, die grundsätzlich bereit waren, sich der verantwortlichen Mitarbeit in einem Elternbeirat zu unterziehen, jedoch über kurz oder lang aus besagten Gründen ihre Teilnahme aufkündigten, weil ihre Meinungen zwar angehört, aber nicht in die Abstimmungsentscheidung einbezogen werden durften. Natürlich gibt es auch Fälle, daß es trotz der Nichtexistenz des elterlichen Stimmrechts zu sinnvollen und stillschweigenden Mehrheitsbeschlüssen von Lehrern *und* Eltern kommt, doch sind das die rühmlichen Ausnahmen.

Auch wenn in den letzten ca. 15 Jahren verschiedene zusätzliche schulische Hilfs- und Unterstützungsträger geschaffen wurden – genannt seien hier das Schulforum, der Schulberater, der Schulpsychologe –, so muß dennoch klar gesagt sein: Das generell distanzierte und mißtrauische Verhältnis zwischen Eltern und Schule hat dadurch keine wesentliche Besserung erfahren. Zwar mag heute die Form des persönlichen Umgangs miteinander in lockereren und weniger hierarchisch anmutenden Bahnen, in einer entspannteren Atmosphäre ablaufen; das heißt jedoch noch lange nicht, daß das Verhältnis ein vertrauensvolleres und substantielleres ist, in der jeder der beiden »Zwillinge« wirklich bereit ist, dem anderen zuzuhören und ihn in seinen Nöten auch emotional zu verstehen.

Wen überrascht es da, daß laut einer Umfrage nur 7 % der Eltern und nur 17 % der Lehrer die Lehrersprechstunde als wichtige Informationsquelle einstufen. Ähnlich wird der Elternabend bewertet: Lediglich von 25 % der Lehrer wird er als vernünftige Gesprächsbasis und Austauschmöglichkeit favorisiert. Man gelangt zu der ernüchternden Überzeugung, daß die vielfältigen formalen Kontakt- und Beratungsangebote der Schule auf wenig Resonanz bei den Eltern stoßen. Sie waren quantitativ noch nie so groß wie in der jetzigen Zeit, und dennoch fruchten sie in der Praxis kaum. Warum sie nicht greifen, dürfte den tiefen Grund auf einer ganz anderen Ebene haben: dem emotionalen Gesprächsmanko zwischen Eltern und Lehrer. Falls überhaupt kontinuierliche Gespräche zwischen beiden Teilen stattfinden, sind sie zuallermeist fachlicher Art, und zwar, indem auf der einen Seite der Experte (der Lehrer) und auf der anderen Seite der Laie (die Eltern) stehen. Der Laie kommt zum Experten, weil er von ihm etwas über einen Dritten – den Schüler – erfahren will. Das bekommt er auch mitgeteilt, wobei allerdings die Information meist in rein sachlich-formaler Atmosphäre stattfindet, die wenig dazu angetan ist, sich darüber hinaus auch persönlich-›privat‹ näherzukommen. So ergibt sich der unbefriedigende Umstand, daß keiner der beiden »Zwillinge« vom anderen privat näher etwas weiß (was z. B. die persönlichen weltanschaulichen Gedanken sind, was man in seiner Freizeit an Interessen und Hobbys hat, aus welchen näheren Gründen man Lehrer geworden ist, warum die Eltern beide berufstätig sind, welche eigentlichen Meinungen sie zur Kindererziehung haben usw.). Um kein Mißverständnis zu erzeugen, sei gesagt, daß ich keinesfalls ein Eltern-Lehrer-Verhältnis gutheiße, das von den Attributen »größtmögliche Privatheit« oder gar »Intimität« geprägt ist und in dem womöglich die Anrede im kumpelhaften Du-Stil erfolgt. Ganz im Gegenteil: Aus realistischer Sicht kann es ruhig ein beiderseitiges Verhältnis von relativer privater Distanz bleiben, dem aber die Sensibilität, das Gespür für emotionale Belange und Wünsche beider Seiten, anzugehören hat. Vor allem vom Lehrer darf erwartet werden, daß er dafür eine feinere Wellenlänge mitbringt, damit die Eltern mehr Mut und Kraft finden, sich in ihren Gedanken und Gefühlen gelassener darzustellen und den Lehrer ›menschlicher‹ zu empfinden. Das ist freilich leichter gefordert als getan, zumal dann, wenn wir aus der an anderer Stelle erwähnten rheinland-pfälzischen Studie erfahren, daß »über 90 % der befragten Lehrer [...] während ihrer Ausbildung überhaupt nicht oder nur unzureichend auf den Kontakt mit Eltern vorbereitet wurden ...«

Hinzu kommt, daß heute mehr Gespräche zwischen Eltern und Lehrern ablaufen als früher, zumindest, was deren Sachorientiertheit anbelangt. Werfen wir dagegen den Blick auf die Frage, ob die Zusammenarbeit auch von mehr ›Unsachlichkeit‹ – von mehr emotionalem Sinn – getragen ist, so muß ein »Nein« die Antwort sein. Von bestimmten Ausnahmen abgesehen, resultiert der elterliche »Erfolg« bei der Lehrersprechstunde daraus, daß man sich im Interesse des Kindes wieder einmal in Erinnerung bringt, Auskunft über den Leistungs- und Disziplinstand des Kindes einholt und vielleicht noch einige fachlich gut gemeinte intellektuelle Tips zwecks besserer Förderung und ›Erziehung‹ seines Sprößlings mit nach Hause nimmt. Zumindest weiß der Lehrer jetzt, wie die Eltern oder ein Elternteil seines Schülers aussehen, und sie wissen, wie der Lehrer ihres Kindes aussieht, ob er ihnen ähnlich sympathisch oder unsympathisch ist wie dem Kind. Damit ist meist schon das Ende der Zusammenarbeit für die nächsten Monate oder das ganze Schuljahr erreicht; zum nächsten Sprechtermin geht man eben wieder hin, und das gleiche ›Zusammenspiel‹ beginnt von neuem – solange, bis das Kind die Schulzeit hinter sich hat. Eltern und Lehrer dürfen sich dabei obendrein eines sicher sein: Sie haben ihrer formalen erzieherischen wie schulischen Pflicht Genüge getan, sich um das »Wohl des Kindes« zu bemühen! Darin gründet aber zugleich wesentlich die Fortführung der ›un-menschlichen‹ Schule: in der Aufrechterhaltung der Polarität Eltern–Lehrer, die kaum eine emotionale und gesamtsinnbezogene Annäherung erfahren. Sie bleiben ihrem Status quo treu, das ungleiche »Zwillingspaar« zu sein.

Was not tut, wäre eine Zusammenarbeit, die nicht in erster Linie nur auf Noten- und Leistungskriterien gründet, die nicht auf pädagogischer Alleinzuständigkeit besteht; beide Teile sollten vielmehr sensiblen Einblick in die Schwach- und Problemstellen des anderen gewinnen. Nur so kann mehr Verständnis und Freude für den Gesamtkomplex Leben erwachsen, dessen tragende Pfeiler gerade für den jungen Menschen Familie *und* Schule sind.

Versuchen wir einen kurzen Rückblick. Wir hatten festgestellt, inwieweit und warum die Familie eine unersetzliche Institution für das natürliche und gesunde Aufwachsen des Kindes darstellt. Damit einhergehend ist sie das ›Sprungbrett‹ für alle späteren äußeren Grunderfahrungen, denen das Kind im Laufe des weiteren Lebens begegnet. Eine davon ist das ›Erlebnis Schule‹, die ihm ganz bestimmte Verhaltensregeln abfordert und somit zwangsläufig auf dem aufbaut, was das Kind laut Erwartungen der

Schule an bestimmten »sozialen Selbstverständlichkeiten« mitzubringen hat. Sind diese durch die Familie nicht im ausreichenden Maße gegeben, besteht die unausweichliche Gefahr, daß dem Kind dadurch über kurz oder lang massive Probleme erwachsen, die sich in neurotischen Schwierigkeiten im Sinne von sozialen wie psychischen Anpassungsproblemen, Konzentrations- und Leistungsschwächen, Motivationsmängeln usw. manifestieren.

Weiterhin stellten wir fest, daß die allermeisten der genannten Symptome dem sogenannten Zeitgeist der heutigen Familie und Gesellschaft entsprechen, also das Folgeprodukt einer Auffassung von menschlicher und familiärer ›Mündigkeit‹ und ›Freiheit‹ sind, die alles andere als erstrebenswert erscheinen, sofern nicht beabsichtigt ist, zu einer extremen Umkehrung des Begriffs »normal« zu gelangen. Sollte dem dennoch so sein – und die Tendenzen weisen darauf hin –, werden wir in Zukunft unter dem Begriff »unnormal« all das verstehen müssen, was wir heute wenigstens noch als einigermaßen »normal« bezeichnen: eine geregelte und auf gemeinsamen Überzeugungen aufgebaute verläßliche Ehe zu führen; die aus ihr hervorgehenden Kinder in verantwortungsvoller Liebe, Behutsamkeit, aber auch Konsequenz zu führen; eine positive Autorität darzustellen; den Kindern Freude am Leben zu vermitteln trotz aller negativen Tendenzen, die es tagtäglich zeigt; ihnen die Schule als eine Einrichtung vor Augen zu halten, die in vielen Dingen sinnwidrig und am eigentlichen Leben vorbeigehend wirkt, aber dennoch ihre grundsätzliche Berechtigung hat; und damit einhergehend ihnen Mut und Kraft zu spenden, das »Kapitel Schule« in gemeinsamer Dreiheit Eltern–Kind–Schule möglichst harmonisch zu bewältigen.

Insgesamt betrachtet, stehen wir vor der klaren Entscheidung, ob uns Familie und Schule noch so viel wert sind, daß wir gegen ihre lebensfeindlichen Ausuferungen angehen wollen, oder ob wir es dem blinden Gang der Dinge zugestehen, sie so zu belassen, wie sie im Moment sind: Institutionen, die ihre Atemluft aus der letzten oder vorletzten Sauerstoffflasche beziehen und dennoch glauben, sie hätten noch lange weiterzuleben ...

Um was muß es gehen, wenn wir wünschen, daß, auf unser Thema bezogen, vor allem die Schule ein neues Gesicht erhält und damit zur Sinnfrage des Menschen einen unersetzlichen Beitrag leisten soll? Zum einen kann sie nicht weiter die Augen davor verschließen, daß sie in einem erweiterten Ausmaß den Part der Erziehung übernehmen muß, den die Familien heute nur mehr schwer leisten können bzw. wollen. Dadurch würde sie aus der jetzigen Primärrolle der neutralen Wissensvermittlung heraustreten und in eine erweiterte Aufgabe schlüpfen, die wesentlich das Erziehen auch im Sinne der wertenden Auseinandersetzung mit ideologischen, moralischen, philosophischen und religiös-esoterischen Dingen beinhaltet. Um nicht mißverstanden zu werden: Grundsätzlich bin ich nicht dafür, das Kind weiter von der Familie abzukoppeln, indem man es noch mehr öffentlichen Erziehungsbemühungen unterstellt. Seit längerem zeigt mir umgekehrt die Realität, daß das Durchschnittskind so, wie es durch die Familie, vor allem aber durch die Schule gelenkt wird, keine befriedigende autonome Sinnerfüllung und Lebensorientierung erfährt. Es bekommt z. B. kaum vermittelt, daß die Persönlichkeit Quelle der Einzigartigkeit seines Wesens ist oder daß das Wort »Führung« Konsequenzen in Bezug auf Verantwortlichkeit, moralischen Mut und Entscheidungskraft auslöst. Statt dessen wird ihm mehr und mehr gelehrt, die beste Führung von Menschen und Gruppen bestünde darin, möglichst entscheidungsarm und »neutral« oder besonders rücksichtslos und autoritär zu lenken, damit am besten dem »populären Durchschnitt« einer Meinung entsprochen werden kann.

Das Wiedererwachen einer mutigen persönlichkeitsorientierten Erziehung und Gesinnung kann natürlich optimal nur von beiden Seiten – der Schule *und* der Familie – in Angriff genommen werden. Umgekehrt aber scheint mir dies eine Forderung zu sein, die für längere Zeit eine völlige Überziehung des Zielanspruchs darstellen würde. Aus besagten Gründen müssen wir uns der Einsicht beugen, daß die Durchschnittsfamilie – vor allem aber die zerrüttete oder durch Scheidung auseinandergebrochene Familie – nicht mehr in der Lage ist, den Kindern das zu vermitteln, was ihnen wieder echten Lebenssinn schenkt: das Annehmen, Verstehen und Aufarbeiten ihrer Nöte und Existenzängste, das Erfahren ihrer Einmaligkeit und Originalität, ihrer Kreativität, die den Menschen wieder ganz in den Mittelpunkt der Welt stellt.

Wären diese Belange – dabei kann es sich hier nur um ein vorläufiges Denkmodell handeln – nicht einen mutigen Versuch wert, sie an einem Ort wiederzuentdecken, der *»Neue Schule«* heißt? Könnten sie dort mit originellem, pulsierendem Leben ausgestattet und umgesetzt werden? Und würde dann das Vorbild »Neue Schule« nicht auch automatisch auf die Familie übergreifen und ihr durch die positiven schulischen Erfahrungen der Kinder jenen Ruck versetzen, der sie aus dem gegenwärtigen Gefangensein und Um-sich-Kreisen hervorlocken kann? Warum wäre es nicht denkbar, daß aufgrund dieser Neuen Schule die Kinder es sind, die ihre Eltern ›erziehen‹, sie auf den ›rechten Weg‹ lenken und ihnen wieder einen anderen Lebenssinn zurückgeben?

Oft sind die Kinder die weitaus besseren ›Erzieher‹ als die Erwachsenen, indem ihnen noch jene Spontaneität, Gelassenheit und Originalität zu eigen sind, die ihre »Alten« längst resigniert abgelegt haben. Zudem erscheinen sie »weitherzig und vermögen durch den Zauber der Phantasie Dinge in ihrer Seele nebeneinander zu beherbergen, deren Widerstreit in älteren Köpfen zum heftigsten Krieg und Entweder-Oder wird« (Hermann Hesse, *Lektüre für Minuten*). Eines trifft jedenfalls mit Sicherheit zu: Kinder und Jugendliche pflegen ein weitaus sensibleres Gespür dafür zu haben, daß etwas »faul ist im Staate Dänemark«. Nur fehlt es ihnen meist an der konkreten Macht, Überzeugungskraft und Sachlichkeit, bei den Erwachsenen die nötigen Veränderungen zu schaffen. Viel besser als wir Erwachsenen wissen, besser gesagt: spüren sie, daß z. B. in den Erfolgen des technischen und naturwissenschaftlichen Fortschrittsdenkens die größten Gefahren für Mensch und Welt liegen. Sie merken, daß der Mensch in der technisch-intellektuellen Welt für seinen Mitmenschen nicht mehr der Bruder oder Freund ist, sondern zum ›störenden Passanten‹ geworden ist, der immerfort zu funktionieren hat. Junge Menschen spüren auch, daß sich in vielen der erwachsenen negativen ›Funktions-Zeitgenossen‹ die Ansichten ihrer eigenen Väter und Mütter widerspiegeln, ja, daß sie im Berufsleben womöglich genauso denken und handeln wie diese.

Gerade weil wir heute vor der drohenden Apokalypse des Menschen und seiner Gattung stehen, ergibt sich daraus auch eine unendlich große Chance zur Umkehr. Viele unserer existentiellen Uhren stehen »5 vor 12« – sei es in uns selbst, in der Familie, in der Umwelt, in der Religion oder in der Schule. Wir sind zur Umkehr aufgerufen, obwohl es keine Propheten im alten Stile mehr gibt, die es uns weissagen. Dafür haben wir unsere neuen Propheten: die Wissenschaftler aller Sparten. Seit Jahren weisen z. B. besonnene Psychologen, Pädagogen, Verhaltensforscher und Theologen Eltern und Schule eindringlich darauf hin, daß im Rahmen des Weltbildes, das sie den Kindern vermitteln, grundlegend eine Änderung eintreten muß, falls beabsichtigt ist, die Verhaltensauffälligkeiten, psychosomatischen Erkrankungen, Selbstmordgedanken und Selbstmordraten zu senken. Diesen Aufrufen folgt stets der Nachsatz: »Dazu müßt ihr eure diesbezügliche Gesinnung ändern!« Mit anderen Worten: Es ist endlich an der Zeit, neue Inhalte zu finden und sie mit entsprechenden Formen zu umkleiden. Dabei liegt die Ironie in dem Umstand, daß wir die Inhalte gar nicht neu entdecken müssen, sondern wir brauchen sie nur wieder aus der Vergeßlichkeit unserer verschütteten Innerlichkeit zurückzuholen – der Seele. Der Sinn menschlicher Bildung und Erziehung muß wieder darin liegen, Körper, Seele und Geist in ein harmonisches Gleichmaß zu bringen. Das, und nur das, sind die Eckpfeiler einer humanen Erziehung, einer humanen Schule.

Dritter Teil

Elternratgeber

»Deine Seele sucht andere Wege, und wo sie zu kurz kommt, wo du auf ihre Kosten Erfolge hast, blüht dir kein Glück. Denn ›Glück‹ empfinden kann nur die Seele, nicht der Verstand, nicht Bauch, Kopf oder Geldbeutel.«

(Hermann Hesse, *Mein Glaube*)

Eltern auf der Suche nach existierenden Alternativschulen

Bevor das Modell »Neue Schule« weiter zur Sprache kommt, soll eine Reihe von Alternativschulen in Augenschein genommen werden, die bereits heute Realität in unserem Land sind. Viele von ihnen waren vor Jahren noch kleine und, was ihre Wirkung in der Öffentlichkeit anbelangt, unscheinbare Produkte von ›Spinnern‹ und pädagogischen ›Sektierern‹. Zwischenzeitlich haben sie sich aber, vor allem wegen der stärker anwachsenden inner- wie außerschulischen Eltern-Schüler-Lehrer-Dissonanzen, mehr und mehr zu konkreten Alternativmodellen gemausert.

Hinzu kommt, daß es den Befürwortern der (Regel-)Schule immer weniger zu gelingen scheint, den Restwert ihrer positiven Seiten glaubhaft darzustellen. Spätestens heute erkennen wir, daß das »System Schule« im allgemeinen wie im besonderen mehr als krank darniederliegt. Der französische Pädagoge Célestin Freinet äußert: »Wenn man einem Hundezüchter nachsagt, daß 50 Prozent seiner Tiere mißraten und unfähig zur Jagd sind, wenn die Eigentümer eines Pferdestalles ihre Pferde in allen Wettbewerben durchfallen sehen, würde man selbstverständlich die Schlußfolgerung ziehen, daß die Ausbildungs- und Lehrtechnik mangelhaft ist oder daß jene unfähig sind, die sie anwenden oder, was noch öfter vorkommt, alle beide unbrauchbar sind; denn ein guter Arbeiter praktiziert keine Praktiken, die seine Fähigkeit und Hingabe für die Sache entwerten. Die gegenwärtigen schulischen Ausbildungs- und Lerntechniken scheitern, und die Statistiken sind in 50 bis 75 Prozent der Fälle noch pessimistischer. Die Niederlage wäre vollkommen, wenn das Leben, das noch nicht ganz entartet ist, die Irrtümer der Pädagogen nicht berichtigen würde« (zitiert nach *betrifft erziehung* 2/1981).

Und so verwundert es nicht, daß praktisch von allen Seiten der Gesellschaft die Klage kommt: »So kann es nicht mehr weitergehen! Das, was die Schule generell in unseren Kindern bewirkt, ist mehr als hinterfragenswert – es ist nicht selten blanker Unsinn!« Der Berliner Erziehungswissenschaftler Jürgen Zimmer meint, sie sei »eher eine Zerschlagungsmaschinerie von Sinnzusammenhängen denn eine sinnstiftende Institution« (zitiert nach Carna Zacharias).

Wenngleich die im folgenden dargestellten Alternativschulen nur für einen kleinen Teil der Bevölkerung eine unmittelbare praktische Relevanz bieten, sollte ihre Existenz dennoch Hoffnung und Anlaß dafür sein, Eltern und Kindern Zuversicht auf eine sinnvollere Schulform zu geben, die bald für *alle* als Wahlmöglichkeit offensteht.

Anmerkung: Bei den dargestellten Alternativschulen handelt es sich lediglich um eine Auswahl, die keinen Anspruch auf Vollständigkeit erhebt. Es ließen sich noch zahlreiche andere Schulmodelle aufführen, die ebenfalls seit vielen Jahren mit Erfolg die Erziehungs- und Förderungsdefizite der Familie auszugleichen versuchen. Höchst aufschlußreiche Schulalternativen bieten auch die Gesamtschulen Köln-Holweide, Göttingen-Geismar und Hannover-Linden an. Sie unterrichten in einem sog. »Team-Kleingruppenmodell« mit jeweils nur fünf bis sechs Schülern, die von denselben Fachlehrern über mehrere Jahre hinweg betreut werden. Ohne Berücksichtigung blieben auch die vielen öffentlich anerkannten Schulen sogenannter »freier Träger«. Sie stehen oft unter kirchlicher Trägerschaft. Ihnen sind von Fall zu Fall auch Tagesheim- und/oder Internatsschulen angegliedert. Kirchliche Trägerschulen sind besonders dadurch geprägt, daß ihnen die Leitgedanken des christlichen Menschenbildes pädagogisch vorstehen. Ansonsten unterscheiden sie sich nicht wesentlich von den herkömmlichen Schulen, so daß man bei ihnen von Alternativschulen im eigentlichen Sinne nicht sprechen kann.

Freie Schule Bochum

In Bochum schlossen sich Eltern und Lehrer zusammen, um für ihre Kinder die Freie Schule Bochum zu gründen. Alle Kinder besuchten vorher eine öffentliche Schule. Fragt man nach ihren dortigen Erfahrungen, bekommt man durchwegs zur Antwort, die Lehrer hätten nie Zeit gehabt, man habe sich ›Sperrmüllwissen‹ aneignen müssen, gerade gut genug, es nach dem nächsten Test zu vergessen, und – die Konkurrenz unter den Schülern sei immer schlimmer geworden. Die Ziele der Freien Schule Bochum dagegen sind: Zeit füreinander haben, Lernen, das der Selbst- und Mitbestimmung unterliegt, keine Jahrgangsklassen und starren Stundenpläne, kein Durchfallen mehr.

Doch bevor der Schulbetrieb in einer umgebauten Apotheke richtig losgehen konnte, fand er in seiner ursprünglich geplanten Form bereits das Ende. Das nordrhein-westfälische Kultusministerium sagte plötzlich nein und drehte den Geldhahn zu. Die Folge war: »15 Elternpaare zogen die Anmeldung ihrer Kinder daraufhin zurück; elf blieben dabei – andere kamen im Laufe der Zeit hinzu. Die Bußgeldverfahren wegen angeblicher Schulpflichtverletzung ihrer Kinder haben sie erstaunlich gelassen entgegengenommen, Einspruch wurde erfolgreich eingelegt. Ein Gerichtsurteil im Kampf mit dem Kultusminister steht noch aus.«

Wird an der Schule, außer dem »Umgang mit eigenen Gefühlen«, wie eine Schülerin bemerkt, überhaupt etwas ›Richtiges‹ gelernt? Lernangebote sind zahlreich vorhanden: »Standardfächer wie Deutsch, Englisch, Französisch, Mathematik, Biologie, Kunst und Sprache gehören ebenso dazu wie fächerübergreifende Projekte«, die hauptsächlich dem manuellen Bereich zugeordnet sind. So wird z. B. gelernt, wie man Fahrräder repariert oder Gartenarbeiten verrichtet; »selbstgeschriebene Geschichten und Gedichte werden in einer ›Dichterrunde‹ vorgelesen und diskutiert ...«

Freie Schulen dieser Art gibt es in der Bundesrepublik Deutschland derzeit mehrere, doch nur zwei (in Frankfurt und Hannover) sind staatlich anerkannt. Alle anderen sind sozusagen ›illegal‹ und verfügen nicht über die Berechtigung, Kindern offizielle Schulzeugnisse auszustellen. Dennoch: Vierzig bis fünfzig weitere Schulen stehen bundesweit in konkreter Planung und hoffen auf offizielle Anerkennung. Diese dürfte nach wie vor schwierig zu erlangen sein, da man dem ›Erziehungsoptimismus‹ der Freien Schulen seitens der Kultusbehörden skeptisch entgegentritt. Vor allem mißtrauen sie den Schulen hinsichtlich der Bereitschaft, die öffentlichen Lehrpläne kontinuierlich und gewissenhaft zu lehren.

In den meisten Ländern der Welt existieren neben den öffentlichen Schulen auch private. Unser Grundgesetz sieht ausdrücklich vor, daß Privatschulen (Alternativschulen) neben den öffentlichen genehmigt werden können, *wenn* die dafür zuständigen Behörden es für richtig und vertretbar halten. Es liegt also nur am Wörtchen »wenn« ...

Hermann-Lietz-Schule

Eine weitere Alternativschule hat in jüngster Zeit auf der Nordseeinsel Spiekeroog von sich reden gemacht (vgl. *Die Zeit* Nr. 8/1985). Die Hermann-Lietz-Schule, die den Namen ihres Gründers, eines nationalbewußten Reformpädagogen der Jahrhundertwende, trägt, ist eine Internatsschule, in der Schüler mit Lehrern in einer familienähnlichen Gemeinschaft beisammen sind. Das Motto der Schule lautet: »Zusammen leben, lernen und arbeiten.« Hier sollen »Lehren und Erziehen [...] nicht auseinanderfallen; Lehrer sollen mit Schülern zusammenleben und nicht schon nach 45 Minuten den Raum verlassen; Kopf- und Handarbeit – das ist das wichtigste Stichwort – gehören zusammen: deshalb der hohe Stellenwert der körperlichen Arbeit, des Handwerks, der Landwirtschaft.«

Die Schüler sind sogar freiwillig bereit, in den Ferien an der Schule zu verbleiben, um sie herzurichten, da sie sich in einem sehr baufälligen Zustand befindet. Warum tun sie das? Weil ihrer Schule die finanziellen Mittel nicht ausreichend von außen zufließen, vor allem aber, weil die Schüler weiter glücklich an ihr leben möchten und wollen, »daß ihre Seele gerettet, Haus und Gelände nicht verchartert werden«. Es bedeutet für sie ein Abenteuer, mit eigener Hände Kraft etwas Sinnvolles zu leisten und sich darin widergespiegelt zu sehen. Sie bauen Schlosserei und Schreinerei wieder auf, konstruieren Boote, bestellen die Felder, betreiben Viehzucht, versuchen die Wind- und Solartechnik als Energiequelle zu erkunden, indem sie mit Windrädern und Solarzellen experimentieren, fragen danach, ob der Inselmüll nicht zur Wiederaufbereitung dienlich sein kann. »Besucher und Bewunderer kommen: die neuen Schüler, die Technologieexperten von der nahen Universität; Lehrer bewerben sich, die technische und handwerkliche Fähigkeiten mitbringen.«

Zweifelsohne stellt die Hermann-Lietz-Schule bereits heute ein aufsehenerregendes Expriment, ein »produktives Gymnasium, ein Internat als Modell für ökologische Praxis und sanfte Technologie [...] im Gewand der neuen technologisch-sozialen Bewegung« dar. Der Berichterstatter der *Zeit*, Jürgen Zimmer, bemerkt, sie »ist am Anfang eines Weges, zum Modell zu werden. Weil sie noch längst nicht perfekt ist, ist sie ein Traum für Schüler, denn wo sonst hätten sie die Chance, ihre Schule durch ihre Arbeit so mitzubestimmen.«

Munich International School

In Starnberg nahe München besteht seit 1966 eine Alternativschule namens Munich International School (Münchner Internationale Schule). Sie vereinigt auf einem riesigen Parkgelände Kindergarten, Grundschule, Realschule und Gymnasium. Ihre Umgangssprache ist Englisch. Sie wurde von international arbeitenden Geschäftsleuten und Diplomaten gegründet, steht jedoch grundsätzlich allen Kindern offen. Das Schulgeld ist nach der Höhe des elterlichen Einkommens gestaffelt.

Wie sieht das Leben in dieser Schule aus? Als Orientierung gilt ihr die deutsche Salem-Schule, die zu Beginn der siebziger Jahre demokratische Schüler- und Elternmitverwaltungsstrukturen ins Leben rief, den Projektunterricht ausbaute und Eltern, die ein geringeres Einkommen hatten, durch finanzielle Hilfen unterstützte.

Wir wollen, so bemerkt ein Vertreter der Munich International School, die »Menschlichkeit verstärken, innerhalb der Schule selbst und in Verzahnung mit ihrem Umfeld, das wir uns erobern wollen«. Es wäre grundfalsch, der Schule eine verklärte Inselexistenz zuzuschieben oder zu wähnen, in ihr eine Eliteschule zu sehen, »in der Arroganz gezüchtet würde«. Vielmehr ist sie bestrebt, nach innen wie außen Kontakte zu pflegen im Sinne eines freundschaftlichen Miteinanders. So bestehen beispielsweise zu einem Gymnasium in Starnberg rege Verbindungen. »Man besucht einander bei Theateraufführungen, tauscht Schüler aus« und strebt neuerdings sogar »Nachbarschaftshilfen und Sozialdienste durch die Schüler« an. Zwischen Lehrern, Schülern und Eltern fehlt das autoritäre und bürokratische Kompetenzbeharren ebensosehr wie das Nicht-mitbestimmen-Dürfen. Gemeinsame Feste, gemeinsame Sportveranstaltungen und Reisen werden vorbereitet, wie überhaupt die Fächer Sport, Musik und Kunst eine bedeutende Rolle spielen.

Leider kann an der Munich International School nicht das Abitur für das Studium an einer deutschen Universität abgelegt werden, was für deutsche Schüler bedeutet, daß sie es an einer staatlich anerkannten Schule im Rahmen einer externen Anerkennungsprüfung nachholen müssen.

Internationale Schulen, die es in der Bundesrepublik noch in den Städten Hamburg, Frankfurt und Düsseldorf gibt, sind, so meint der Leiter der Starnberger Schule, »Modelle für das Erziehungswesen der Zukunft«, in denen die Schüler »zu vielseitig interessierten Menschen heranwachsen, die sich der Verpflichtung gegenüber der Gesellschaft bewußt sind«. So könnten sie später Verantwortung in einer Welt übernehmen, »die immer mehr durch Austausch und Verständigung zwischen Angehörigen verschiedener Kulturen und Nationen geprägt wird« (*Süddeutsche Zeitung* Nr. 134 vom 13. 6. 1985).

Europaschule

Kommen wir zu einer weiteren Modellschule, in der das Lernen Freude und Zufriedenheit bereitet. Sie heißt »Europaschule« und hat ihren Sitz in den Städten München, Karlsruhe, Varese (Italien), Luxemburg, Brüssel, Mol (Belgien), Bergen (Holland) und Culham (Großbritannien). Grundsätzlich nimmt sie nur Kinder von Eltern auf, die bei der Europabehörde tätig sind. Eines ihrer Lernziele besteht darin, junge Menschen nach der Idee des europäischen Gedankens zu erziehen: Verständnis, Achtung und partnerschaftliches Zusammenleben der Menschen untereinander. »Deutsche, Italiener und Franzosen lernen miteinander Englisch. Geschichte und Erdkunde werden in der ersten Fremdsprache gelehrt, und in den ›Europäischen Stunden‹ wird polyglott Theater gespielt, getöpfert oder Sport getrieben. Sprachbarrieren werden so ganz schnell abgebaut.« Die Europaschule ist in Form der integrierten Gesamtschule konzipiert und bietet obendrein einen Kindergarten an. An ihr kann ein Abitur abgelegt werden, das sich »Europäische Reifeprüfung« nennt und zum Studium an allen Länderuniversitäten berechtigt, die der Europäischen Gemeinschaft angehören.

In allen Europaschulen existiert eine einheitliche autonome Schulordnung. Sie ist weitaus mehr als üblich an den individuellen psychologischen wie sozialen Bedürfnissen von Kindern und Eltern orientiert und setzt z. B. eine vernünftige Mitbestimmung von allen an der Schule beteiligten Gruppen als Selbstverständlichkeit voraus. Natürlich beinhaltet die Schulordnung auch Regelungen für Noten, Schul- und Ferienzeiten, Disziplinarfragen u. a. m. Auf die Frage, in welchen exakten Formen die Disziplinarnormen geregelt sind, antwortet der Direktor der Schule, der ihr seit 20 Jahren angehört: »Da müßte ich nachschauen. Wir handhaben das lieber individuell. Wenn irgend etwas los ist, rufen wir die Eltern an und sprechen mit ihnen darüber. Doch es gibt eigentlich keine Schwierigkeiten mit der Disziplin.« Ist das reiner Zufall oder pure Übertreibung? Wohl kaum. Denn wo immer sich Menschen wohl fühlen, d. h. einer Atmosphäre gegenüberstehen, die es zuläßt, ihre spontanen Bedürfnisse in angemessenen Formen zu äußern und zu entwickeln, entstehen auch keine Aggressionen oder Disziplinprobleme größerer Art. An ihrer Schule »begegnet man sich viel familiärer und friedlicher«, bekennt ein 18jähriger Schüler, und eine Klassenkameradin unterstützt ihn dabei: »Jeder kennt jeden«, und »außerdem sind die Klassen viel kleiner als in anderen Schulen. Etwa 15 Schüler pro Klasse, recht viel mehr sind es nie« (*Abendzeitung* München vom 17. 4. 1985).

Odenwaldschule

Seit 75 Jahren ist der hervorragende Ruf der Odenwaldschule unter pädagogischen Insidern bekannt. Sie ist eines der attraktivsten Alternativ-Schulmodelle bundesrepublikanischer Bildungslandschaft und eine Oase für Eltern und Kinder, die »der Zeigefingerpädagogik, einer ›verregelten‹ blutleeren Lernfabrik« abgeschworen haben. Eingebettet in eine reizvolle Wald- und Wiesenlandschaft in der näheren Umgebung Heppenheims, wirkt der »Zauberberg Odenwaldschule«, wie sie einer ihrer ehemaligen Leiter, Gerold Becker, gerne bezeichnet, »weltabgelegen, aber nicht weltfremd« auf den Besucher. Von mancher Seite wird der Schule vorgeworfen, sie sei eine latente Kaderschmiede grüner sowie sozialistisch angehauchter Revolutionäre und Naivlinge, die z. B. bei »Menschenketten gegen den atomaren Overkill« mitmachen. Prominente Namen haben der Odenwaldschule außerdem den Ruf einer Eliteschule eingebracht.

Können diese Behauptungen verallgemeinert werden, und was stellt die Schule tatsächlich dar? Ganz sicher will sie nicht bestimmte gesellschaftliche Eliten ausbilden, was schon dadurch unterstrichen wird, daß ein beträchtlicher Teil der rund 320 Schüler keinen sogenannten geborgenen und konventionellen bürgerlichen Verhältnissen entstammt. Viele davon sind Waisen oder Kinder aus geschiedenen Ehen. Obwohl sich die monatlichen

Schulkosten auf 1600 Mark belaufen, finden Kinder aller Schichten Aufnahme, und es gilt »für 40 Prozent der Schüler, die hier leben und lernen«, die Regelung, kein Schulgeld oder nur ein den jeweiligen Einkommensverhältnissen ihrer Eltern angepaßtes zahlen zu müssen.

Die Odenwaldschule ist als freie Trägeranstalt der Aufsicht des hessischen Kultusministeriums unterstellt und muß sich daher an bestimmte Rechtsvorschriften halten; dennoch hat sie sich als Gesamtschule besonderer Prägung exzellente pädagogische Freiheiten bewahren können. Freilich, auch ihre Lehrer können nicht schalten und walten, wie es ihnen beliebt, denn es gilt, sich im Sinne der Vergleichbarkeit (z. B. der Leistung und Noten) an den herkömmlichen Schulen zu orientieren.

Wo liegen die inhaltlichen und pädagogischen Freiräume dieser internatsgleichen Ganztagsschule? Zunächst einmal »wird nicht im 45-Minuten-Takt« den Kindern schubweise bloßes Lern- und Faktenwissen verordnet. Es bestehen Unterrichtseinheiten von 80 Minuten, zwischen denen lange Pausen liegen. Ausgewählte Fächerkombinationen laufen ein Vierteljahr lang, so daß sich der Schüler nicht mit zusammenhanglosen 13 Schulfächern abstrakt abquälen muß. Von der dritten bis zur siebten Klasse erfährt er »einen ungefächerten naturwissenschaftlichen Unterricht, der die Natur nicht als Physik, Chemie, Biologie wahrnimmt, sondern erst einmal als Ganzes«. Erst danach beginnt die Spezialisierung.

Mit Fug und Recht kann sich die Odenwaldschule als Hort kreativen Lebens bezeichnen. Sie sieht in Schulfesten und anderen gemeinsamen Veranstaltungen ebensolche Selbstverständlichkeiten wie in täglichen Zusammenkünften von Lehrern und Schülerabgeordneten. Partnerschaftliche offene Begegnung, das Reden und Tun miteinander, sind die zutreffendsten Schlagworte hierfür, ohne daß das Schüler-Lehrer-Verhältnis in ein kumpelhaftes, autoritätsloses Verhältnis ausarten würde. Dieser Umstand wird auch dadurch stabilisiert, daß die Odenwaldschule nicht als Halbtagsschule konzipiert ist. So lebt jeder Schüler in einer familienähnlichen Gruppe, der ein Lehrer zugeordnet ist. Statt zu viel organisatorischer wie pädagogischer Perfektion wünscht man sich lieber das unmittelbar

Schlichte und Natürliche in Form zwischenmenschlicher Beziehungen. »Die ›technokratische Perfektion‹ habe die Gesamtschulidee kaputtgemacht«, lautet das Urteil der Odenwaldschul-Lehrer, und deshalb weigere man sich auch, sie zu vergrößern. Viel lieber konzentriert man seine Gedanken darauf, dem Schüler eine ganzheitliche Erziehung angedeihen zu lassen. Unter anderem findet sie ab der siebten Klasse einmal pro Woche in den Lehrwerkstätten für Holz, Metall, Elektronik, Töpferei, Textil, Design statt. So ergibt sich für den Schüler die Möglichkeit, neben dem Abitur zugleich auch einen Gesellenbrief zu erwerben. Gerade daß sich auch angehende Universitätsstudenten »einmal die Hände schmutzig machen, hält man für einen Bildungswert an sich«.

Beispielhaft steht die Odenwaldschule für eine Kopf-und-Hand-Bildung, die sich zudem durch ein kinderfreundliches Klima und einen Freiheitsbegriff auszeichnet, der seine »Grenzen an der Freiheit des anderen findet« und erprobt. Würden sich die herkömmlichen Schulen der Mühe unterziehen, sich an dieser Schulform zu orientieren, dann bräuchten sie »den Mut, auch ohne Reformerlaß etwas zu wagen« (*Die Zeit* Nr. 31 vom 26. 7. 1985).

Montessori-Schule

Mit der Vorstellung der Montessori-Schule treffen wir auf ein durchweg bekannteres Schulmodell. Die italienische Ärztin und Pädagogin Maria Montessori (1870–1952) arbeitete zu Beginn ihres Wirkens in Rom mit verwahrlosten und schwachsinnigen Kindern. Ihre methodischen Erkenntnisse übertrug sie im Laufe der Zeit auf ›normale‹ Kleinkinder sowie auf die Schulpädagogik. Durch jahrelange Beobachtungen gelang es ihr, diejenigen allgemeinen Sinnesreize und seelischen Bedingungen auszuloten, nach denen normale wie behinderte Kinder zu einem sinngestaltenden und harmonischen Leben und Schöpfen gelangen. Im späteren Verlauf ihres

Lebens reiste Montessori als »pädagogische Botschafterin« quer durch die Welt, um für die Ziele und Methoden ihrer ganzheitsorientierten Pädagogik zu werben.

Montessori-Schulen (einschließlich deren Kindergärten) sind, gemessen an ihrem Alternativ-Charakter, in der Bundesrepublik Deutschland wie in vielen anderen Ländern relativ zahlreich verbreitet. Zur Zeit existieren etwa 60 Schulen in unserem Lande.

Die Montessori-Schule steht jedem Kind offen. Leider gibt es keine Montessori-Realschule und kein Montessori-Gymnasium, d. h. die Schule bietet nur den Grund- und Hauptschulabschluß an. Sie ist öffentlich anerkannt und ermöglicht Kindern, nach einem Probeunterricht an eine weiterführende Schule überzutreten (Gymnasium, Realschule). Bei einem Übertritt erhalten Kinder ein Notenzeugnis, ansonsten werden keine Notenzertifikate erteilt, »sondern Informationen zu ihren kognitiven, emotionalen und sozialen Lernprozessen und ihren erreichten Lernzielen«.

Montessori-Schulen gründen in der Absicht, die Individualität des Kindes durch ruhige und konzentrierte Aktivität und Selbsttätigkeit zu fördern, um Schul- und Eigenwelt des Kindes in eine sinnvolle Wechselbeziehung zu setzen. Ebenso wie die kognitive Betätigung und Befähigung des Kindes von großer Bedeutung sind, sind es auch die emotionale wie soziale. An der Montessori-Schule »wird ein Kind nicht nur z. B. Mathematik lernen, sondern sich auch mit der gegenseitigen Wahrnehmung, Hilfe, Verständnis und Achtung auch vor Schwächeren und Andersdenkenden« vertraut machen. Dadurch wird die Untrennbarkeit von Kopf- und Herzbildung zur obersten Forderung. Prinzip der sozialen Erziehung ist es auch, daß neben ›normalen‹ Kindern verschiedenartig und mehrfach (geistig) behinderte sowie verhaltensgestörte Kinder gleichzeitig in einer Schulklasse zusammengeschlossen sein können. Damit soll das gegenseitige Verständnis und die Akzeptanz zwischen ›normalen‹ und ›nicht normalen‹ Kindern gefördert und erlernt werden. Diese Art sozialen Lernens wird z. B. seit 1970 anhand des Münchner Montessori-Schulmodells mit großem Erfolg praktiziert.

Auf den allgemeinen Grundsatz der Bedeutung sozialer Erziehung angesprochen, äußerte Maria Montessori: »Das Kind in der Montessori-Schule ist nicht isoliert. Es befindet sich in einer kleinen, wirklich menschlichen Gesellschaft. Die ideale Wirklichkeit dieser Gesellschaft sind die Einheit und der Zusammenhang, die Ehrfurcht und die Liebe.« Hier erlernen Kinder »durch ihre gegenseitige Hilfe und auch durch ihre Freude an den Spielen das ›Wir‹ [...] als eine Wirklichkeit, innerhalb welcher sich jeder dem anderen gegenüber verantwortlich findet«.

Die weltweit angewandte Montessori-Erziehung beruht auf der Erkenntnis, daß ganz bestimmte, bewußt eingesetzte Spiel- und Lerngegenstände – die sog. Montessori-Materialien wie stereometrische Körper, geometrische Figuren, Farbtafeln, Klangkörper usw. – die Sinnesorgane optimal üben und so auch die seelische Entwicklung besonders fördern. Durch das Material üben sich die Vorschul- und Grundschulkinder bewußt in der sinnlichen Selbsterziehung durch eigenes freies Tun. So wird die Pflege der Sinne z. B. durch Augenübungen hinsichtlich des Unterscheidens der Dimensionen, der Wahrnehmung des Tastsinns, der Differenzierung von Farben sowie des Auseinanderhaltens von Tönen gefördert. Die Übungen sind dazu angetan, das Lesen, Schreiben und Rechnen möglichst spielerisch zu erlernen. Das Kind soll u. a. so seiner eigenen Natur, die ein Ganzes aus Sinnen und Organen ist, zugeführt werden und so zu immer größer werdender Selbsttätigkeit gelangen. Endziel der Montessori-Erziehung ist der allseitig geschulte individuelle wie soziale lebensfreudige Mensch.

Die Montessori-Schule lehnt es ab, das Kind in einem die natürlich anthropologischen Grenzen überschreitenden allesgewährenden Tun-und-lassen-Können zu erziehen, wie das tendenziell bei den Freien Schulen der Fall ist. Vielmehr erspart sie den Kindern nicht ein ganz bestimmtes Maß an »Anstrengung und Selbstzucht des Lernens«. Die Phänomene Konzentration, Disziplin, Stille, Gehorsam und religiöse Welterschließung sind keineswegs Hinderungsgründe für eine wohlverstandene Freiheit, sondern bedingen sie geradezu. Man soll nicht glauben, daß Freiheit und Disziplin Begriffe sind, die einander entgegengesetzt auftreten. »Statt dessen haben wir erfahren, daß es keine Freiheit gibt ohne Disziplin. Freiheit und Disziplin sind eine harmonische Verbindung. [...] Nach einiger Zeit versteht die Erzieherin, daß, wenn es in ihrer Klasse an Disziplin fehlt, der Fehler bei ihr liegen muß. Die Kinder haben nicht genug Freiheit. So ist die Disziplin wie eine Kontrolle eines Irrtums bezüglich der Freiheit.«

Bezüglich der Konzentration erteilt Maria Montessori Eltern und Lehrern folgenden Rat: »Stören Sie also nie, wenn ein Kind von sich aus arbeitet. Machen Sie sich keine Sorge darüber, ob es Fehler macht. In diesem Augenblick brauchen Sie es nicht zu verbessern. Das Wichtigste ist nicht, daß das Kind mit dem Material [oder dem Lernstoff – Anm. H.W.] richtig umgeht, sondern daß das Material [oder der Lernstoff – Anm. H.W.] die Aufmerksamkeit des Kindes auf sich gezogen hat.« Den Eltern, Lehrern und sonstigen Erziehern (bei Maria Montessori generell »Erzieherin« genannt) kommen zwei Hauptaufgaben zu: »Kinder zur Konzentration zu führen und danach ihnen in der Entwicklung zu helfen. [...] Die Erzieherin muß nicht nur darauf verzichten, sich einzumischen, wenn ein Kind sich orientiert; sie muß dafür sorgen, daß es nicht gestört wird.« Denn nichts Vernünftiges kann entstehen, »wenn die Kinder ungeordnet sind. [...] Die Natur bringt die Kinder zum Punkt der Konzentration, nicht Sie. Sie helfen, wenn Sie die Idee verstehen und ihnen Übungen geben, die Selbstkontrolle bieten. [...] Geben Sie ihnen irgend etwas, das für sie von unmittelbarem Interesse ist. [...] Die Kinder müssen die Erzieherin wegen ihrer Bedeutung bewundern. Wenn keine Autorität für sie da ist, so haben die Kinder keine Orientierung.« Sie benötigen die positive Autorität zunächst als Stütze, damit sie im weiteren Verlauf ihrer Entwicklung selbständig werden, sich der Stütze langsam entledigen können.

Montessori-Schulen sind Lern- und Erziehungsinseln in einer Gesellschaft extremer (technologischer) Machbarkeitsideologie. An ihnen wird keine politische oder sonstige Ideologie verbreitet. Das Ziel ihrer ›Ideologie‹ ist die freie individuelle wie soziale Selbständigwerdung des Kindes durch Spiel und Arbeit aus sich selbst heraus. Hierzu fordert sie auch die kooperative Zusammenarbeit der am kindlichen Erziehungsvorgang Beteiligten. Lehrer *und* Eltern sind aufgerufen, den Kindern Beachtung und Liebe zu schenken, damit sie sinnvoll lernen können und wollen. Gerade das »Gefühl der Sicherheit, das aus der Liebe ihrer Eltern kommt, ist auch notwendig für ihren Erfolg in der Schule. Kinder einer einigen Familie sind sehr erfolgreich.« Genau hierin liegt der Punkt, daß Eltern gegenüber dem Kind höchste Verantwortung und Moral zum Ausdruck bringen müssen. Unabhängig davon, wie das jeweilige Schulsystem strukturiert sein mag, das ihr Kind gerade besucht, haben die Eltern die große Aufgabe, es durch Liebe und Vertrauen so zu kräftigen, damit es mit den Anforderungen einer z. B. sinnentleerten Schule zumindest besser zurechtkommt. Das Kind weiß dann, daß es wenigstens in der Familie das warme und sichere Nest vorfinden kann, das ihm Kraft und Mut gegenüber der emotionsgestörten und leistungszwingenden Schulatmosphäre gibt. In vielen Angelegenheiten können Eltern die Schuld des kindlichen Versagens bedingt der Schule (bzw. der Gesellschaft im allgemeinen) in die Schuhe schieben, nur nicht in einer: im Versagen ihrer natürlichsten und obersten Pflicht – der Liebe. Wo immer das Kind die elterliche Liebesbekundung entbehrt oder erfahren muß, daß sich seine Eltern mit Haß und Mißtrauen begegnen, kann es schlecht tragenden und gelassenen Lebensoptimismus sammeln. Die Liebe ist diejenige Kraft, die die Gegensätze (z. B. Eltern – Kind, Familie – Schule) zur Vereinigung führt und zugleich friedensstiftend wirkt.

Selbst die beste Schulerziehung wird den Mangel an »herzlicher Gesinnung« alleine nur schwer ausgleichen. Sicherlich kann sie ihn lindern und über kurz oder lang in ein positives kindliches Vertrauen umwandeln, doch selbst hierbei sind die Eltern aufgerufen, daran aktiv mitzuarbeiten. Speziell die therapeutischen Erfolge der Montessori-Schulen bei verhaltensgestörten Kindern belegen dies unzweideutig. In vielen Fällen gelingt es der Montessori-Pädagogik, den Teufelskreis schwierige Eltern – schwierige Kinder zu durchbrechen, indem durch (schulisch-) therapeutische Methoden Kindern und Eltern gemeinsam geholfen wird, den Ursprung ihrer Beziehungsschwierigkeiten in einem chronischen wechselseitigen Liebesmangel zu erkennen. Nicht zuletzt auch darin liegt das große

Verdienst der Montessori-Schulen mitsamt ihren (heil-) pädagogischen Hilfsangeboten.

Waldorf-Schule

Ein letztes Alternativ-Modell von lebendiger Schule gelangt nun zur Vorstellung. Es ist die Rede von der Waldorf-Schule, nach ihrem Begründer auch Rudolf-Steiner-Schule genannt. Rudolf Steiner (1861–1925) war nach Aussagen von Zeitgenossen ein »eigenartiger« Mensch, eine Persönlichkeit im wahrsten Sinne des Wortes. Sie ist von seltsamen mystischen wie realen Leistungen umkleidet. Wurde Steiner von sog. »übernatürlichen Kräften« beseelt und gelenkt oder entstammten sie »nur« den natürlich genialen Kräften seines Gehirns? Wir wissen es nicht genau. Dessen ungeachtet war er ein Mann, der aus dem Übersinnlichen – wir würden heute sagen: aufgrund außerirdischer Wahrnehmungen – seine Grundgedanken und Kräfte bezog. Steiner bekannte sich zur Seelenwanderung im Sinne der Wiedergeburt des Menschen und war, ähnlich der ewigen Ideenlehre Platons, davon überzeugt, in der Seele des Menschen den eigentlichen unsterblichen Wirkgrund von allem zu erblicken. Diesen gilt es im Kind von früh an durch eine geeignete Erziehungs- und Schulform herauszuheben. Es soll zum »Anthroposophen« (was ursprünglich Weisheitserkenntnis des Menschseins heißt), zum anthroposophischen Leben geführt werden. Nach Steiners Auffassung ist Anthroposophie ein Weg der Erkenntnis, »der das Geistige im Menschenwesen zum Geistigen im Weltall führen möchte« (zit. nach Brügge), und weist damit Verbindungen zu M. Montessoris ganzheitsorientierter »kosmischer Erziehung« auf. Und so verwundert es nicht, daß in der Steinerschen Waldorf-Schul-Pädagogik jene Gedanken der geistigen Erschließung des Kindes in der Gestaltung vieler Unterrichtsinhalte mitklingen.

Waldorf-Schulen sind die derzeit in der Bundesrepublik Deutschland begehrtesten Alternativschulen, was nicht zuletzt ihr rapides Ansteigen beweist. Gab es 1975 42 Schulen, so waren es 1984 bereits 80, und weitere Neugründungen stehen auf dem Plan. Zur Zeit besuchen rund 38 000 Kinder diese Schulen. Vielerorts existieren seitenlange Wartelisten von Eltern, die ihre Kinder auf diesen Schultyp schicken wollen. Auch in den anderen europäischen Ländern finden die Methoden der Waldorf-Schule regen Anklang.

Es muß gefragt werden, worin das Besondere ihrer Ziele und Methoden liegt. Ist die heutige Waldorf-Schule, wie manche Kritiker bemerken, überwiegend eine modisch-gesellschaftliche Erscheinung anthroposophischer, umweltbewußter, gesellschaftskritischer, ›grüner‹ Eltern? Oder gibt sie ganz einfach das Beispiel einer Schule ab, in der Kinder kaum mit Streß, Lernangst, Aggressionen und abstrakten Unterrichtsinhalten in Berührung kommen und dennoch zu qualifizierten Schulabschlüssen gelangen?

Die Beantwortung dieser Fragen ergibt sich bereits indirekt aus dem Grundkonzept der Waldorf-Schule. Sie verfolgt den Gesamtschulgedanken einer 12jährigen Schulzeit, der in aller Regel eine Kindergartenzeit vorangeht. Als Gesamtschule klassifiziert sie »nicht nach dem Leistungsprinzip«. Vielmehr werden »die Schülergruppen, in denen verschiedene Sozialschichten und Leistungsmöglichkeiten vereint sind, gemeinsam« unterrichtet. Lediglich in der Oberstufe ist es möglich, eine »innere Differenzierung« herbeizuführen, »ohne daß der Klassenverband gesprengt wird und ohne daß die soziale Identität des Schülers verlorengeht«. Fächer wie Lesen, Schreiben, Rechnen, Geographie, Physik, Biologie und Chemie finden in einem sog. »Epochenunterricht« statt, der über zusammenhängende Zeiträume von 2 bis 5 Wochen gelehrt wird. Bereits ab der ersten Klasse werden dem Kind Ersteindrücke von zwei Fremdsprachen (Englisch und Französisch) vermittelt, weil es »noch unmittelbar nachahmend lernt« (Lindenberg). Großes Gewicht wird auf die handwerklich-praktischen Fächer sowie auf die Sport- und Musikerziehung gelegt.

Die Waldorf-Schule orientiert sich an der menschenkundlichen Erziehung, was heißt, »sie stellt Unterrichtsinhalte, Stundenplan usw. auf die Notwendigkeiten und erwachenden Fähigkeiten der jungen Menschen ein« (Lindenberg). Sie sieht die Entwicklung des Individuums in einer psychologisch/physiologischen Stufenfolge. Diese bestimmt, wie der Unterrichtsstoff gelehrt wird und was er beinhalten soll. Er »wird nicht gelehrt, damit das Kind den Stoff lernt, sondern damit durch den Stoff die kindliche Entwicklung gefördert wird, das eigene Erleben sich abklärt, die Wahrnehmung sich differenziert« (Lindenberg). Zeugnisse in Form von Noten werden grundsätzlich nicht erteilt; ebenso entfällt das Trauma Sitzenbleiben. Anstelle der Noten erhalten die Schüler »einen Bericht, in dem auf die individuellen Anlagen und Leistungsmöglichkeiten des einzelnen eingegangen wird«. Von der ersten bis zur achten Klasse ist es derselbe Klassenlehrer, der die Kinder führt. Täglich, meist von acht bis zehn Uhr, erteilt er ihnen eine Form von »Hauptunterricht«. Der Hauptschulabschluß wird mit der 10., der Realschulabschluß in der 11. und 12. Klasse erreicht. Nach der 12. Klasse kann die Fachhochschulreife erworben werden. Schließlich ist es möglich, das Abitur nach einer speziellen, an den staatlichen Prüfungsordnungen orientierten Vorbereitung am Ende einer zusätzlichen 13. Klasse abzulegen.

Die Organisation der Waldorf-Schule beruht auf der Zusammenarbeit von Lehrern, Schülern und Eltern und bezeichnet sich als »Veranstaltung einer frei sich bildenden Vereinigung von Menschen«. Das schließt die Selbstverwaltung mit ein, innerhalb derer die Position eines Schuldirektors keinen Platz hat. Bei den hauptamtlichen Lehrern treten keine anderen Unterschiede als die auf, die sich aus Initiative und Arbeitseinsatz ergeben. Alle werden nach gleichen Gehältern ohne Rangstufen vergütet. Die generelle Absicht der Waldorf-Schule besteht nicht darin, Mini-Reformen einzelner Unterrichtsfächer und -stoffe zu ermöglichen und ebensowenig z. B. antiautoritäre Erziehungsstile zu propagieren. Statt dessen strebt sie die »Erneuerung der gesamten Schulwirklichkeit« an.

Anhand weniger Beispiele soll das innere Leben und Lernen an der Waldorf-Schule kurz veranschaulicht werden. Da eröffnet zunächst einmal der schon erwähnte »Epochenunterricht« die Möglichkeit, die Inhalte eines bestimmten Lehrgebietes über einen längeren Zeitraum hinweg kontinuierlich und systematisch zu behandeln. Christoph Lindenberg, Lehrer an einer Waldorf-Schule, vermerkt z. B. hinsichtlich des Faches Erdkunde: »Während der 45-Minuten-Unterricht unter Umständen so verfährt, daß nun Stunde für Stunde je ein Land durchgearbeitet wird, [...] gibt nun der Epochenunterricht zu einem ganz anderen inhaltlichen Vorgehen Anlaß: Man kann einen Kontinent erst einmal als Ganzes behandeln, seine Erdgeschichte, seine Klimazonen. [...] Schließlich kann man einzelne Länder, etwa Japan und China, miteinander vergleichen [...] und unter Umständen erarbeiten, wie in verschiedener Weise diese alten Völker und Kulturen mit dem Kolonialismus, mit dem europäischen Einfluß fertiggeworden sind.« Noch ein weiterer Vorteil ergibt sich aus dieser Unterrichtsform: Neue Unterrichtsthemen können geschaffen und umgesetzt werden, wie etwa Ernährungslehre, Gesteinskunde oder Kartographie.

Im Rahmen des Faches Lebenskunde erfolgt die Vermittlung dessen, was man Vielfalt und Polarität des Lebens nennt. Dem Schüler wird nahegebracht, die Dinge, »wie sie sind«, erst einmal bewußt zu sehen und anzunehmen. Erst danach erfolgt die nähere intellektuelle und emotionale Auseinandersetzung und Hinterfragung, das Dahinterschauen. Gerade in der heutigen, immer differenzierter werdenden Welt ist die Forderung nach wenigstens mehr grundsätzlicher Durchschaubarkeit der Zusammenhänge eine äußerst brisante Aufgabe. Durch sie soll der Schüler lernen, was hinter den Dingen steht bzw. stehen könnte. Es ist wichtig, »daß der Schüler *im Prinzip* durchschauen lernt, was sich hinter den Fabrikmauern, im Gehäuse des Telephons, in der Fernmeldezentrale, im Motor abspielt [...]; das wesentliche ist, daß der Schüler seine Umwelt kennenlernt, daß er weiß: Man kann hinter die Dinge kommen.«

Das Kind erfährt somit die praktischen wie theoretischen Zusammenhänge des Lebens und nicht zuletzt auch ihre moralisch-religiösen Verwobenheiten und Sollens-Bestimmungen; ihm wird ein Zugang zum Begreifen des Ganzen geboten, indem es u. a. vermittelt bekommt, daß im Kleinen das Große und im Großen das Kleine ruht und wirkt und sich in der polaren Welt der Erscheinungen alles gegenseitig bedingt und ergänzt. Das Kind soll aber auch erkennen, daß es nicht nur den logischen Ursache-Wirkung-Kreis des Lebens gibt, sondern daß zugleich ein emotionaler Wirkkreis existiert, der, wenn er keine Zuordnung zu ersterem erfährt, das Wirken und Handeln des Menschen zum Un-Sinn werden läßt.

Die Hiberniaschule in Herne, eine spezielle Form der Waldorf-Schule, setzt seit Jahren die Erfordernisse des Kopf- und Handlernens praktisch um. Durch die Verquickung von Allgemein- und Berufsausbildung erreicht man unter anderem, »daß an einer differenzierten Oberstufe nicht nur Abiturienten unterrichtet werden, sondern auch künftige Schreiner, Dreher, Fräser, [...] Sozialarbeiter, Kinderpfleger und Kindergärtnerinnen. So, wie der Abiturient mit dem Abitur abschließt, so schließt auch der praktisch Ausgebildete mit einem Gesellen- oder Facharbeiterbrief ab« (Lindenberg).

Die Waldorf-Hibernia-Schule ist ein Musterbeispiel dafür, wie junge Menschen die Einübung beruflicher und sozialer Fertigkeiten sinnvoll erfahren. Motivation und Lernwille drücken sich auch dadurch aus, daß sie nicht selten bis zu 54 Stunden wöchentlich freiwillig an der Schule verbringen. Sie tun es gerne, weil sie wissen, daß Arbeiten und Lernen keine stupide und abstrakte Plage sind, sondern kreativ-spielerisches Gestalten und Leisten von Dingen, denen gegenüber eine Identifikation besteht. Über einen Zeitraum von sechs Jahren hat man unter staatlicher Aufsicht den schulischen Weg von 90 Angehörigen eines Jahrgangs verfolgt. »82 dieser Schülerinnen und Schüler haben neben mittlerer Reife einen Gesellenbrief mitgenommen, zwölf dann noch die Fachhochschulreife und 38 das Abitur. Zum Vergleich: In den deutschen Waldorf-Schulen generell erreichen rund 35 Prozent der Schüler die Hochschulreife, im öffentlichen Schulsystem nur 19 Prozent« (Peter Brügge).

Unverzichtbarer Bestandteil auch der Waldorf-Pädagogik ist die kontinuierliche Zusammenarbeit von Eltern und Schule, ja, mehr noch: Die Eltern sind in einem »Schulverein« organisiert, der unter Miteinbeziehung der Lehrer Träger der Schule ist. Den Platz des Vorsitzes im Schulverein nimmt in aller Regel nicht ein Lehrer, sondern ein Elternmitglied ein. Damit kommt den Eltern, die einen Sitz im Schulverein haben, große Verantwortung zu, denn sie entscheiden letztlich maßgeblich über die Belange ihrer Schule – angefangen von finanziellen Dingen bis hin zu bestimmten pädagogischen Sachverhalten.

Darüber hinaus kommt der Elternarbeit, verglichen mit der herkömmlicher Schulen, eine zutiefst andere Aufgabe zu. Sie wurzelt primär in der pädagogischen Frage. So wird den Eltern z. B. geholfen, ihre Erziehungsvorstellungen hilfreich zu hinterfragen. Sie »bemühen sich, ihre pädagogischen Kenntnisse zu erweitern, sie diskutieren Probleme wie ›Autorität und Freiheit‹, sie geben aber auch Anregungen für die Arbeit der Schule. [...] In einem Fall bringen die Eltern vielleicht vor, daß eine Klasse zu wenig ausgelastet sei, im anderen sind sie über das Gegenteil besorgt« (Lindenberg). Die Eltern wirken auch an der Vorbereitung und Gestaltung von Schulaufführungen und -festen mit, d. h. sie übernehmen konkrete Aufgaben, die in das Unterrichts- und Freizeitgeschehen des Organismus Schule–Eltern–Kind einfließen und das natürliche Zusammengehörigkeitsgefühl aller Personengruppen zum Ausdruck bringen. Kurzum: Die Eltern sind über die Entwicklung ihrer Kinder und der Schule hautnah informiert und erleben viel weniger die oft entfremdende Spaltung von privater Familienwelt und öffentlicher Schulwelt – von ›Innen‹ und ›Außen‹.

Kehren wir zu der früher gestellten Frage zurück, ob Eltern, die ihre Kinder auf die Waldorf-Schule schicken, primär vom Leitbild einer weltentrückten, anthroposophischen, ökologischen oder »grünen« Ideologie besetzt sind. Mit gutem Recht darf man die Frage mit einem klaren Nein beantworten, zumindest für den Großteil der Eltern. Vielmehr sind sie von einem realistischen Bild seelenlosen öffentlichen Schullebens geprägt, das ihnen das ausschlaggebende Ja zur Waldorf-Schule ermöglicht, denn Waldorf-Pädagogik bedeutet für sie, eine klare Alternative für ihr Kind in folgenden Punkten gefunden zu haben: »Keine Noten, kein Sitzenbleiben, keine sture Paukerei, keinen Ärger mit Hausaufgaben und lebensfernen Lehrbüchern« (Peter Brügge). Zudem wissen sie auch, daß ihr Kind eine Erziehung zur Persönlichkeitsbildung erhält, die es zu eigenen Standpunkten und Wegen führt; denn erst dort, wo man erfährt, »Gedanken nicht irgendwelchen Systemen oder Philosophien zu entnehmen, [...] findet man eigene Wege« (Lindenberg).

Diese Bemühungen spiegeln sich auch in den durchwegs erfreulichen Resultaten einer statistischen Befragung wider, die sich an rund 1500 Waldorfschulabsolventen der Geburtsjahrgänge 1946 und 1947 richtete. 41 Prozent stehen in akademischen Berufen, 43 Prozent haben bereits eine zweite Berufsausbildung beendet. Der Berufswahl standen in erster Linie die Attribute »Neigung, Fähigkeiten und das Bedürfnis nach Selbständigkeit« vor; karitative und soziale Aspekte wurden an zweiter Stelle genannt. Weitere hervorstechende Persönlichkeitsmerkmale ehemaliger Waldorfschüler drücken sich in den Wert- und Verhaltenseinstellungen aus: »[...] überwiegend kommunikative Individualisten, kleben weder am Stuhl noch am Geld, wechseln spielerischer als der strebsame Durchschnitt ihrer Altersgenossen Berufe, Aufenthaltsorte, Perspektiven.« Der Großteil von ihnen sind keine zwanghaften und konkurrenzbesessenen »Karrieristen, Anpasser, Duckmäuser, Raffer, Raser, Spekulanten, Freaks« (Brügge).

Die Chancen stehen demnach gut, zu dem zu werden, was einen lebendigen Menschen auszeichnet: zu einem Wesen, das aus dem gelungenen Wechselspiel von Kopf und Herz zu einer individuellen wie partnerschaftsverpflichteten ganzheitsorientierten Weltsicht gelangt. Nicht Spaltung und Absonderung sind das Erziehungsziel der Waldorf-Schule, sondern die Integration menschlicher Kräfte. Die Ergebnisse der Befragung scheinen dem zusätzlich recht zu geben.

Welche grundlegenden Ergebnisse können Eltern aus dem Wirken von Alternativschulen ziehen?

1. Alle aufgeführten Schultypen, einschließlich der Integrierten Gesamtschule (siehe Seite 98 ff.), weisen mehr oder weniger starke organisatorische wie inhaltliche Unterschiede zu den herkömmlichen Schulen auf.

2. Mit Ausnahme der Freien Schulen sind sie bestrebt, das Kind unter einem wohlverstandenen Freiheits- und Selbständigkeitsbegriff zu bilden und zu erziehen, der keineswegs die Postulate positive Autorität, Ordnung, Orientierung im Sinne allgemeinverbindlicher Regeln, Normen und Werte und religiöse Sinnerschließung ablehnt. Vielmehr sind gerade sie die Fundamente dafür, daß sich im jungen Menschen so etwas wie Verantwortungsbereitschaft, Moral, Differenzierungs- und Widerspruchsfähigkeit, Lebenssinn und Lebensfreude konstruktiv entwickeln kann. Folglich liegt ihnen der Gedanke fern, das Kind in einer allesgewährenden Tu-was-du-willst-Gesinnung heranzubilden. Sie propagieren keine Anti-Pädagogik an sich, wenden sich aber gegen eine ›pädagogische‹ Schul- und Erziehungsauffassung, die glaubt, durch anonymen bürokratischen, persönlichkeitsfernen, autoritären sowie (vorwiegend) ›sachlich‹ begründeten Leistungs- und Notendruck den mündigen und selbstverantwortlich handelnden Bürger zu gewinnen.

3. Alternativschulen sind die Rufer in der Wüste einer entseelten Schullandschaft. Zugleich sind sie praktischer Beweis dafür, daß unsere Gesellschaft noch längst nicht aufgehört hat, das Ringen um eine menschenge-

rechte Schule blind ›dem System‹ zu überlassen. In ihrem Vorleben und Experimentieren einer sinnvolleren Pädagogik, die zu einer ganzheitlicheren Bewußtwerdung des Menschen führt, sind sie schon heute die Vorläufer der Schule von morgen.

4. Den allermeisten Alternativschulen ist nicht daran gelegen, in den Einheits- oder Regelschulen ihren erklärten Feind zu sehen, dem es gilt, ›das Handwerk zu legen‹. Das heißt, sie sind nicht von der fixen Idee besessen, hinter ihren Lehr- und Lernmethoden verberge sich das einzig wahre Patentrezept für jeden Menschen. Sie verstehen sich nicht als revolutionäre Kaderanstalten auf dem Weg zum ›richtigen‹ gesellschaftspolitischen Bewußtsein. Sie wissen, daß nicht zwangsläufig alle Kinder in einer kreativeren und freiheitlich-offeneren Schulform auch unbedingt zufriedener sein und besser lernen würden. Vor allem aber ist dem Großteil der Alternativschulen bewußt, daß es nicht ihr Recht sein kann, Kinder und Eltern zu ihrem ›Glück‹ zu zwingen, indem die Einheitsschule von morgen ausschließlich nach ihren Methoden und Zielen gestaltet sein müßte. Wenn die Behauptung stimmt, nach der Individuen auf unterschiedlichen Wegen am kreativsten lernen, dann ist es nur ein humanes Gebot, eine Vielzahl unterschiedlicher Lern- und Schulsysteme gleichberechtigt nebeneinander anzubieten. Dadurch hätten Eltern, Schüler und Lehrer die Chance, Entscheidungen nach ihrem eigenen Gutdünken zu treffen.

5. Die Alternativschulen sind bestrebt, den Schüler aus der zwanghaften Welt der übergroßen Entweder-oder-Ideologie herauszuführen. Sie bieten ihm eine Art von Bildung des »Mensch, erkenne dich selbst« an, die ein Gleichgewicht von Wissens- und Seelenschulung anstrebt. Die Alternativschulen wollen neben einer gesunden Skepsis und realistischen Nüchternheit vor allem das »Prinzip Hoffnung« vermitteln, Hoffnung in dem Sinne, daß sie bewußtmachen, daß es einer primitiven, ungeistigen und eindimensionalen Haltung entspricht, »durch rigide, langweilige und zwanghafte Organisation unserer Schulen den Schülern jene Lernprozesse vorzuenthalten«, die sie zum eigenverantwortlichen Denken, Fühlen und Handeln befähigen sollen; »daß es verantwortungslos ist, sie daran zu hin-

dern, selbständig [...] ihre optimalen Lerntechniken [...] schulischen Lernens zu suchen und zu erproben. Allerdings: Alternativen fallen nicht vom Himmel. Sie fordern persönliches Engagement« (Ramsegger). Es ist kein Zufall, daß gerade in den Alternativschulen dieses Engagement von Eltern, Lehrern und Schülern gemeinsam vertreten wird. Es ist das »Salz in der Suppe« einer neuen alten pädagogisch-philosophischen Ideenlehre, die, unausgesprochen oder nicht, ihre Wurzeln in der altgriechischen Philosophie findet und durch das harmonische Zusammenspiel von Körper, Seele und Geist die Einheit oder Ganzheit des Menschen im Auge hat. Nicht Spaltung, sondern Integration der menschlichen Kräfte ist Absicht ihrer Persönlichkeitsbildung.

Grundüberlegungen für Eltern zur Erziehung

Anhand einer praktischen Hilfestellung und Zusammenfassung möchte ich Eltern und sonstigen an der Erziehung des Kindes beteiligten Personen im folgenden einige Grundgedanken ans Herz legen. Sie sind Dreh- und Angelpunkt jeder sinnvoll aufbauenden Erziehung und Bildung, die erreichen will, daß sich das Kind im Laufe seiner familiären wie schulischen Entwicklung selbst finden und erreichen lernt.

— Als Eltern obliegt Ihnen im höchsten Maße die Verantwortung für die Entwicklung des Kindes, von der Sie kein noch so perfektes anderes Erziehungs- und Schulsystem entbinden kann. Sie erwächst vor allem aus den Grundhaltungen der Liebe, des Vertrauens, der Geduld, des Optimismus, der Orientierung, der positiven Autorität, des Glaubens, der Stille und des Füreinander-Zeit-Habens. Mit einem Wort: Ihr Ausdruck ist die erzieherische Kraft der positiven Gesinnung, die auf den jungen Menschen ausstrahlen muß, damit er mit denjeweiligen Erfordernissen, die das Leben an ihn heranträgt, sinngerecht umzugehen lernt.

— Diese Umsetzung gelingt dem Kind in aller Regel nur, wenn Eltern ihm dabei aktives Vorbild sind. Das heißt, nur wenn Sie es selber sind, die sich ernsthaft bemühen, die genannten Werte vorzuleben, kann auch Ihr Kind den positiven Bezug dazu finden. Predigen und moralisieren Sie dagegen nur darüber, so wird sich Ihr Kind innerlich über kurz oder lang von Ihnen und Ihren Vernunft- und Moralmaximen abwenden. Es erkennt in

Ihnen den Pharisäer oder Maskenträger, der zwar schön über die Werte reden mag, sie aber nicht ehrlich in der Alltagspraxis umzusetzen versucht. Deshalb beginnt jede wohlverstandene Erziehung niemals zuerst beim anderen, sondern immer bei einem selbst.

— Sie sollten sich darüber im klaren sein, daß das meiste, was Sie von Ihrem Kind verlangen und erwarten, unmittelbar mit Ihren eigenen Vorstellungen in Form von Sehnsüchten oder Ängsten zusammenhängt. Machen Sie sich bewußt, daß Ihr Kind in vielen Fällen die Position Ihres ›verlängerten Arms‹ einnimmt, mit dem es das erreichen soll, was Ihnen im Leben gelang oder nicht gelang. Sehen Sie ein, daß Sie unbewußt mit Ihren Reaktionen das Verhalten des Kindes weitaus mehr lenken und bestimmen, als Ihnen womöglich bewußt und recht sein mag. Können Sie sich das zugestehen, so werden Sie automatisch einen ganz anderen Bezug zu Ihrem Kind aufbauen: Sie erfahren dann mit einemmal, daß das Kind viel zu sehr entsprechend Ihren (unbewußten) egoistischen Vorstellungen gelenkt und geleitet wurde, und es wird Ihnen gewahr, daß der Ausspruch: »Ich meine es ja nur gut mit dir!« in dieser Form nicht mehr stimmig ist.

— Lernen Sie, sich selbst viel mehr loszulassen. Sagen Sie nicht ständig: »Ich muß, ich muß ..., ich will, ich will ...« Sprechen Sie vielmehr davon: »Ich darf ..., ich kann ...« Sobald Sie das bei sich fertigbringen, werden Sie auch an das Kind weitaus weniger ›wichtige‹ Anforderungen herantragen; es wird sich, wie Sie, mehr loslassen und einen ganz anderen Bezug zu seiner Seele entdecken können. Sie und das Kind verspüren, daß einem die Seele des anderen nicht gehört.

Mißverstehen Sie das nicht, indem Sie glauben, Sie dürften dem Kind nicht mehr Ihre Meinung sagen oder ihm nicht dies und jenes verbieten. Ganz im Gegenteil: Das Kind möchte gar nicht auf Ihre Meinung und auf Ihre positive Autorität verzichten, falls es verspürt, daß seine Meinung und Autorität ebenso angenommen und verstanden werden, und wenn es weiß: Hier nimmt man mich ernst, obwohl meine Eltern sich in dem einen oder anderen Punkt anders entscheiden, als ich es mir vorstelle.

— Sobald sich Ihr Kind von Ihnen wirklich geliebt und angenommen sieht, geht es weitaus mehr auf Ihre Gedanken ein und versucht, sie mit den seinen in Verbindung zu setzen. Es gelangt zu dem Empfinden, daß Sie es nun tatsächlich gut mit ihm meinen. Das Kind wird Ihnen das als größten Beweis des Vertrauens ein Leben lang nicht vergessen.

— Beschäftigen Sie sich darum konzentriert mit der Gefühls- und Gedankenwelt des Kindes und bringen Sie die dafür nötige Zeit und Muße auf. Tun Sie etwas Sinnvolles miteinander, egal in welchen Formen: ein Gespräch führen, einen Ausflug unternehmen, ein Spiel spielen oder ganz einfach nur füreinander da sein und die gemeinsame Stille in sich aufnehmen. Gestalten Sie diese Kontakte zum Kind nicht stur und einfallslos, sondern bringen Sie Ihre ganze Person mit ein. Schämen Sie sich nicht des Gefühls: »Jetzt werde ich unlogisch und sentimental«, oder: »Nun bin ich aus meiner Eltern- bzw. Erwachsenenrolle gefallen.« Sie werden spüren, welch heilende und schöpferische Kräfte sich dabei auftun. Ihnen wird bewußt, was man alles aneinander wahrnimmt, das bislang aus gegenseitigem Zeit- und Interessenmangel schlecht möglich war. Geben Sie sich so, wie Sie wirklich sind, und verkörpern Sie nicht einen starren Rollenträger, der glaubt, irgendwelche (konventionelle) Erwartungsmuster erfüllen zu müssen – und seien es selbst die allesgewährenden und -verstehenden.

— Halten Sie sich vor Augen, daß Ihr Kind in einer Atmosphäre gegenseitigen Vertrauens und beidseitiger Zuneigung am allerbesten gedeiht. Das schließt keineswegs gelegentlichen Streit und ›dunkle Stunden‹ aus, denn es gehört zu den Selbstverständlichkeiten des Lebens, daß der junge Mensch erfahren muß, daß nicht alles eitel Sonnenschein ist. Umgekehrt braucht er aber auch die Sicherheit, daß die ›hellen‹ gegenüber den ›dunklen Stunden‹ Vorrang haben, d. h. in seiner Lebensgemeinschaft die Worte Liebe, Hoffnung und Glaube an das Gute im Menschen groß geschrieben werden. Kein Individuum kann sein Leben auf Dauer sinnerfüllt meistern, wenn es nicht von diesen Einsichten und Erfahrungen geprägt ist. Nicht umsonst scheitern gerade heute so viele junge Menschen an sich selber und an der Umwelt, weil sie vor allem in jüngster Kindheit nicht die richtige Form von Nestwärme und Geborgenheit vermittelt bekamen. Der Mangel an Mut, Optimismus, Selbstvertrauen und Gelassenheit hängt stets mit einem Zuviel an negativer und mit einem Zuwenig an positiver Autorität zusammen. Bei beiden Extremen handelt es sich um den Verlust der »pädagogischen Mitte«. Er wird meist durch den eigenen Liebes- und Verständnismangel der Eltern gegenüber sich selbst ausgelöst und dann (unbewußt) im Rahmen irriger Verhaltensweisen und -erwartungen auf das Kind übertragen.

— Versuchen Sie das Kind als ein Wesen zu sehen, das eigene Gefühle, Neigungen und Ansprüche hat, die durch die Wahl eines Schulsystems gefördert werden sollen, welches seinen Begabungen nahe kommt. Prüfen Sie daher, inwieweit das Kind durch Ihre Entscheidung, es auf einen bestimmten Schultyp zu schicken, nicht über- oder unterfordert ist. Fragen Sie sich ganz offen, ob Sie nicht das Kind mit sanfter Gewalt zu einem schulischen Weg zwingen, den es von sich aus nur unter größten Mühen schaffen kann oder gar nicht anstreben will. Was Sie als »normal«, »leicht«, »schwierig«, »selbstverständlich«, »vernünftig«, »wichtig«, »logisch« und »erstrebenswert« bezeichnen, muß dem Kind noch lange nicht als gleichwertig erscheinen. Gerade heute sind viele Eltern geneigt, das Kind mit einer Menge von Fertigkeiten und Wissen auszustatten, ohne zu beachten, ob es hierzu die nötigen inneren wie äußeren Fähigkeiten und Bereitschaften mitbringt. Das Kind wird so mit Dingen konfrontiert, die es noch gar nicht begreifen will oder kann.

— Beobachten Sie daher das Kind von klein auf hinsichtlich seiner besonderen Begabungen, Interessen und Fertigkeiten. Sind sie z. B. mehr musischer, sprachlicher oder praktischer Natur? Daran sollte sich auch die Entscheidung orientieren, was für eine Schulrichtung die geeignetste für Ihr Kind sein könnte: Hauptschule mit Fächern »der besonderen Leistungsfeststellung« (qualifizierter Hauptschulabschluß); humanistisches, neusprachliches, mathematisch-naturwissenschaftliches, musisches, wirtschaftswissenschaftliches oder sozialwissenschaftliches Gymnasium; Realschule mit wahlweisen Schwerpunkten im wirtschaftlichen, musisch-gestaltenden, hauswirtschaftlichen oder sozialen Bereich; Fachoberschulen für Technik, Sozialwesen, Gestaltung, Agrarwirtschaft oder Wirtschaft, Verwaltung und Rechtspflege (sie setzen die Realschulreife voraus und führen zur Fachhochschulreife). Auskünfte darüber erteilen die Kultusministerien der Länder, die Stadtschulämter sowie Schulberatungsstellen.

— Jedes gesunde Kind verfügt über ganz bestimmte natürliche Stärken und Neigungen. Sollten Sie Schwierigkeiten haben, diese grundsätzlich zu taxieren, so ziehen Sie ruhig vertraute Personen zu Rate, die dem Kind nahestehen. Oftmals sind sie die besseren, weil objektiveren Beobachter des Kindes als Sie selber. Als weitere Hilfsmöglichkeit bieten sich ein psychologischer Begabungstest oder ein fachmännisch erstelltes Horoskop an, aus dem mit relativer Tendenz hervorgeht, wo die generellen Begabungs- und Charakterpotentiale des Menschen liegen. Unterliegen Sie nicht der irrigen Meinung, die genetischen Anlagekräfte des Kindes wären insofern nebensächliche Erscheinungen, als sie nur durch optimale Umweltförderung so gestaltet werden können, wie man es sich gerade einbildet. Mit anderen Worten: Lassen Sie sich nicht von dem Gedanken verleiten, die menschlichen Anlagen wären lediglich Marionetten von Erziehung und Umwelt, die ausschließlich darüber bestimmen, ob das Kind erfolgreich oder nicht erfolgreich wird. Gehen Sie ganz allgemein davon aus, daß die prozentualen Anteile von Anlagen und Umwelt bis heute nicht wissenschaftlich exakt feststellbar sind. Das einzige Verbindliche, was die Wissenschaft hierzu aussagen kann, ist die Tatsache, nach der Anlage- und Umweltfaktoren in einer ständigen Wechselwirkung zueinander stehen und Erziehung und Bildung es sein sollen, die als harmonische Vermittler und Förderer zwischen beiden auftreten.

— Versäumen Sie nicht, Ihr Kind in einem möglichst langen spielerischen Zustand zu belassen. Schulen Sie es im Zweifelsfall lieber ein Jahr später ein. Falls Sie beabsichtigen, es auf eine weiterführende Schule zu schicken, so prüfen Sie genau, ob es nicht besser ist, es erst nach der 5. bzw. 6. Hauptschulklasse abgehen zu lassen. Mißtrauen Sie grundsätzlich irgendwelchen modisch-wissenschaftlichen Pseudo-Tendenzen, die vorgeben, das Kind müsse möglichst früh oder möglichst spät eingeschult werden bzw. in einen höheren Schultyp übertreten. Schenken Sie denjenigen pädagogischen Marktschreiern wenig Glauben, die verabsolutiert verkünden, die Förderung von Leistungswillen und -bereitschaft sei etwas durchweg Verwerfliches, da sie die spontan-kreativen Kräfte des Kindes abtöte. Wie überall, so kommt es auch hier auf die richtige sinngerechte Dosierung des Leistungsbegriffes nach Inhalt und Form an. Vertrauen Sie primär Ihrem ›gesunden Menschenverstand‹ und der individuellen Entwicklung Ihres Kindes. Sie selber können ein ähnlich guter Psychologe und Lehrer sein wie derjenige, der berufsmäßig Ihr Kind testet und bewertet. Viele Kinder sind sogenannte »Spätzünder«; ein Jahr längere Entwicklungszeit oder ein Wiederholen der Klasse haben gerade auf dem Schulsektor oft schon Wunder bewirkt.

— Falls Sie dennoch eine fachliche Hilfe wünschen, so achten Sie bei der Auswahl des Beraters nicht ausschließlich auf seine formellen Kenntnisse und Berufstitel (Dipl.-Psych., Psychotherapeut oder Dipl.-Päd.), sondern mehr auf seine Sinn- und Persönlichkeitsstruktur. Sie müssen sich ihm in erster Linie emotional anvertrauen können und sollten ihn weniger als rein wissenschaftlichen Experten sehen, der Ihnen eine Unmenge von abstrakten Theorien erzählt. (Namen und Anschriften einer Reihe qualifizierter Berater können über den Buchautor eingeholt werden.)

— Achten Sie bei einem Schulwechsel darauf, welches pädagogisch-psychologische Klima an der betreffenden Schule vorherrscht, auf die Ihr Kind gehen soll. Schenken Sie dem persönlichkeitsbildenden Gesamtbild der Schule weit mehr Beachtung als seinem sachlich-leistungsbezogenen. Ist die Schule etwa nur eine bloße Vermittlungsanstalt intellektuellen Wissens und Könnens und herrscht in ihr eine emotionsfeindliche Atmosphäre vor, so sollte das für Sie eine nicht zu unterschätzende Warnung sein. Möchten Sie sich einen näheren Eindruck über die Lebensqualität der Schule verschaffen, so überzeugen Sie sich persönlich davon, wie das Zusammenwirken von Lehrern und Schülern geschieht. Gehen Sie ruhig vorher in die Schule *hinein*. Dort können Sie u. a. »Antworten auf die folgenden Fragen [...] durch Beobachtungen und durch Diskussionen mit Lehrern und Verwaltungsbeamten gewinnen:

Nehmen Schüler an der Festsetzung von Regeln und Richtlinien teil, nach denen sie sich in der Klasse und in der Schule verhalten müssen? [...]

Führen Lehrer schülerzentrierte Klassendiskussionen durch?

Planen die Schüler zusammen mit ihren Lehrern die Stoffwahl, die Geschwindigkeit der Durchnahme und die Wertung?

Praktizieren Schüler in angemessenem Maße Selbstverwaltung, oder befehlen und kommandieren die Lehrer ständig?

Benehmen sich die Schüler als Resultat von zuviel Nachgiebigkeit ohne Respekt, zügel- und rücksichtslos?

Ist es nicht ungewöhnlich, daß Lehrer und Schüler informell mal zusammensitzen und reden?

Versuchen die Lehrer, ihre Konflikte mit den Schülern selbst zu lösen, oder schicken sie die Kinder ›ins Büro‹ zu einem Schulberater, zum stellvertretenden Schulleiter oder zum Direktor?

Beraten Schulberater (wenn es überhaupt welche gibt) wirklich oder disziplinieren sie und stellen Programme zusammen?

Ist die allgemeine Atmosphäre entspannt und persönlich oder angespannt und steif? [...]

Erkennen Sie bei einem Besuch der Schule Zeichen, die darauf hindeuten, daß die Menschen hier sich umeinander kümmern? Sprechen die Schüler Sie an? Werden Sie begrüßt? Nehmen die Erwachsenen Sie wahr?

Können die Schüler sich in informellen, unstrukturierten Situationen angemessen verhalten, sind sie untereinander rücksichtsvoll oder beginnen sie Machtkämpfe und Streitereien?« (Thomas Gordon)

Kommen Sie nach diesen Beobachtungen zu dem Schluß, daß die vorgesehene Schule für Ihr Kind nicht akzeptabel ist, so versuchen Sie eine geeignetere – wenngleich womöglich örtlich weiter entfernte – Schule zu finden. Oft ist ein längerer Schulweg das weitaus kleinere Übel als eine Schule, die gleich nebenan liegt, in der es sich aber schlecht lernen und leben läßt.

— Nehmen Sie nicht alles sofort für bare Münze, was die ›Autoritäten‹ Lehrer und (Schul-)Psychologe über die Leistungsstärke und Entwicklungsfähigkeit Ihres Kindes aussagen. Je ehrlicher und selbstbewußter Sie sich sehen, desto realistischer und gelassener können Sie auch die Lernbereitschaft und Entfaltungsmöglichkeiten Ihres Kindes einschätzen. Achten Sie keinesfalls nur auf seine schulischen Noten, sondern sehen Sie immer sein *ganzes Wesen* vor sich. Geben Sie ihm nie das Gefühl, seine schlechten Leistungen würden Folgen auslösen, die mit einem Liebesentzug Ihrerseits einhergehen. Sie würden damit beim Kind das Empfinden erzeugen, Schulprobleme kämen einem Verbrechen an den Eltern gleich, das mit der schlimmsten Strafe sanktioniert wird, die es gibt: der Verweigerung von Liebe.

— Identifizieren oder arrangieren Sie sich nicht mit dem Leistungsterror, den nicht wenige Lehrer und Schulen auf Kind und Elternhaus ausüben. Wehren Sie sich dagegen, indem Sie mit dem betreffenden Lehrer, dem Elternbeirat oder der Schulleitung ein klärendes und mutiges Wort sprechen. Nehmen Sie im Zweifelsfall Ihr Kind aus der Klasse (aus der Schule). Haben Sie keine Angst vor der vermeintlich übergroßen Macht der Schule. Unter Umständen nutzt sie diese nur dann aus, wenn sie weiß, daß Sie

Angst und Furcht vor Autoritäten und Institutionen haben, wenn sie verspürt, daß Sie schwach und hilflos erscheinen oder sich arrogant auf reine Formalpositionen rechtlicher Art zurückziehen.

Bemühen Sie sich lieber, von Anfang an mit den Lehrern Ihres Kindes in einen fruchtbaren Dialog zu treten, der von gegenseitiger persönlicher Achtung und Sympathie geprägt ist und sich nicht ausschließlich auf Noten und notenähnliche Leistungen beschränkt. Lehrer sind auch nur Menschen, und nicht wenige (auch oder gerade die, welche ›arrogant‹ und rein sachlich auftreten) empfinden sich als unsicher und mit ›Herzflattern‹ belastet, wenn die Eltern vor sie treten. Viele Lehrer fühlen sich nicht wohl dabei, als formale Funktions- und Personenträger einer Institution Rede und Antwort geben zu sollen. Oft möchten sie weit mehr pädagogische Helfer für Schüler und Eltern sein, als es ihnen von ihrer ›Rolle‹ her zusteht. Sehen Sie in Schule und Lehrerschaft nicht nur Gegenspieler, sondern auch Partner, mit denen zumindest im allgemeinen eine befriedigende Zusammenarbeit gelingt, wenn man mit einer gelasseneren Einstellung auf sie zugeht. Sie helfen daran mitzuarbeiten, was sich bislang am wenigsten positiv verändert hat, worauf es jedoch am meisten ankäme: zu einer Lockerung der immer noch vorwiegend starren zwischenmenschlichen Beziehungen in der Schule sowie von Schule und Familie zu kommen.

— Suchen Sie auch Kontakte zu den anderen Eltern der Klasse Ihres Kindes. Tun Sie das nicht erst dann, wenn es zu irgendwelchen Problemen mit einem Lehrer oder der Schule allgemein gekommen ist, sondern bemühen Sie sich innerhalb des Elternaustausches darum von Anfang an. Sie können damit eventuellen schulischen wie kindlichen Fehlentwicklungen vorgreifen und sie in einer entspannteren Atmosphäre zwischen allen Beteiligten zur Sprache (und zur Lösung) bringen. Ziehen Sie sich im Rahmen der Elternmitarbeit nicht auf die formale Begründung zurück: »Schließlich existiert ein gewählter Elternbeirat, der die Aufgabe hat, sich der Schulprobleme von Kindern, Eltern und Lehrern gewissenhaft anzunehmen!«

— So sehr das persönliche Wohl des Kindes auch von der Schule beeinflußt wird – noch wichtiger ist jenes, das es durch die Familie erfährt. *Wie* das Wohl und die Zufriedenheit in der Familie aussehen, bestimmen Sie als Eltern praktisch ganz allein. Neben finanziellen Wohlstandsbemühungen kommt Ihnen primär die psychologische Wohlstandspflege zu. Wenn Sie diese beispielsweise dadurch herzustellen suchen, daß Sie mit autoritärem und verständnisarmem Machtstreben auftreten, so unterliegen Sie einer grandiosen Täuschung. Über kurz oder lang finden Sie in Ihrem Kind keinen Partner mehr, sondern einen verbitterten und lebensuntüchtigen Mitläufer, der durch Unselbständigkeit, Überanpassung oder massive Aggressivität außerhalb wie innerhalb von Familie und Schule die vielfältigsten Probleme haben wird. Unbewältigte Ängste und Neurosen mannigfaltigster Art sind die Symptome dafür. Kindern ist es nicht möglich, sich neue Eltern auszusuchen. Dafür gelingt ihnen aber um so mehr etwas anderes: Sie können Sie z. B. durch bewußt inszenierte schlechte schulische Leistungen oder Disziplinarprobleme bestrafen und quälen oder sich emotional von Ihnen zurückziehen bis hin zum Weglaufen aus dem Elternhaus. Viele Eltern leiden darunter, sich mit ihren Kindern nicht mehr zu verstehen, und kommen sich von ihnen innerlich wie äußerlich verlassen vor. Darüber hinaus ist es keine Seltenheit, daß junge, 15- bis 16jährige Menschen, welche die Schule noch nicht abgeschlossen haben, im Streit von zu Hause ausziehen. Man kann oft geradezu darauf warten, wann sie die Schule hinschmeißen und sich auf die ›Suche nach der großen Freiheit‹ begeben. Gelegentlich endet sie in der hoffnungslosen Unfreiheit von Alkoholismus, Drogensucht, Prostitution oder Kriminalität.

Was dürften die Eltern solcher Kinder erzieherisch falsch gemacht haben? Gespräche mit von Kindern verlassenen Eltern zeigen, wie Thomas Gordon bemerkt, regelmäßig ein Hauptproblem: Stets beriefen sie sich gegenüber den Kindern auf ihre direkte und/oder indirekte Machtstellung, sofern es ihr zwanghafter Wunsch und ihre »liebende Pflicht« war, ihren Schützlingen beizubringen, »was das jeweils Beste und Richtige für sie« sei. Existiert dagegen eine familiär vertrauensvolle Atmosphäre positiver

Autorität, »in der es zwischen Eltern und Kindern weder Sieger noch Besiegte gibt«, so ist auch ein autoritäres Machtgehabe nicht der Fall. »In einer solchen Umgebung beeinflussen sich die beiden Gruppen ständig, und sie können ihr ganzes Leben lang voneinander lernen« (Gordon).

— Was in der Familie nicht gesät und kultiviert wird, kann nur durch die Hilfe der Schule unmöglich geerntet werden: Liebe, Selbstvertrauen, Mut, Hoffnung, Aufrichtigkeit, Gemeinschaftsgefühl usw. Im Gegenteil: Die herkömmliche Schule sieht sich immer weniger in der Lage, pädagogisch-psychologische Defizite der Familie aufzuarbeiten, geschweige denn auszugleichen. Und deshalb wäre es höchste Zeit, der Familie wieder denjenigen Wert beizumessen, den sie den allergrößten Teil ihrer Entwicklungsgeschichte über besaß: Natürlichste und unersetzbarste eigentliche »Schule des Lebens« für das Kind zu sein. Unabhängig davon, wie eine Schule der Zukunft aussehen mag, ist ihr »Erfolg am Kind« immer davon abhängig, inwieweit es auf eine solide Familienstruktur und -atmosphäre zurückgreifen kann.

— Die Lehrer von morgen wachsen in der Familie von heute auf. Wollen wir, daß sie als Persönlichkeiten unsere Enkel- und Urenkelkinder sinnvoller bilden und unterrichten, so liegt es entscheidend an uns, damit anzufangen, denn jeder echte Fortschritt ist nicht nur ein pures Zufallsprodukt des Himmels, sondern verlangt ein neues menschliches Bewußtsein, »eine neue Philosophie über die Beziehungen der Menschen untereinander, ein Credo, das den Menschen einen befriedigenderen und demokratischeren Umgang miteinander ermöglicht. Wir brauchen eine neue Generation von Lehrern und Eltern, die die an sie gestellten Herausforderungen annehmen. Nur so kann in den jungen Menschen, die sie unterrichten, das Beste geweckt werden« (Gordon).

Vierter Teil

Die Neue Schule – Lern- und Erfahrungsfeld des ganzen Menschen

»Unserer Zeit wird klar, daß ›Bilden‹ etwas anderes ist als ›Lehren‹; als Wissenserwerb und Wissensordnung. Bildung ist eine Arbeit am lebendigen Sein; an den lebendigen Kräften und Strebungen des Menschen; an seiner inneren und äußeren Gestalt; an seiner Innenwelt und Umwelt.« (Romano Guardini)

Der ganzheitliche Bildungsgedanke

Mit dem Nachsinnen über eine menschengerechtere *Regel*schule betreten wir ein Terrain, das in Vergangenheit und Gegenwart als Brennpunkt unzähliger Überlegungen anzusehen ist. Erinnern wir uns beispielsweise nur an die bereits genannten Bemühungen von Comenius (siehe Seite 58) oder von Pestalozzi (siehe Seite 66), aus denen hervorgeht, welch fundamentale Anstrengungen im Verlauf der Geschichte angestellt wurden, die Schule unter die Vorherrschaft humanerer und sinngebenderer Kräfte zu stellen. Besonders eine ganze Anzahl der Gedanken Pestalozzis erfuhren im Laufe der letzten 200 Jahre praktischen Einzug in das Leben und Wirken der Schulen.

Spätestens seit dem Scheitern der Bildungsreformen in den siebziger Jahren ist es um erneute schulische Veränderungs- und Bildungsbemühungen still geworden. Daran scheint auch die nach wie vor existierende Unzufriedenheit privater wic öffentlicher Kreise an der Schule nicht viel zu ändern. Manche behaupten, man könne gegen das »System Schule« als solches eben nichts Konkretes ausrichten und das Kind müsse sich ihm mehr schlecht als recht anpassen, da es absolute Realität sei. Andere sehen in der Existenz der Schule einen generellen Unfug an sich, den es gilt, aus der Welt des beginnenden dritten Jahrtausends zu schaffen, da die heutige Schule meilenweit hinter dem herbilde, was der Mensch für sein späteres berufliches wie privates Leben benötige. Auch könne nicht davon ausgegangen werden, daß der Mensch samt seiner Welt durch die gegenwärtige Schulbildung zum Geistig-Positiven hin veränderbar ist.

Der Soziologe Ralf Dahrendorf stellt ähnliche Überlegungen an, wenn er in einem unlängst erschienenen Aufsatz (*Die Zeit* Nr. 20 vom 11. 5. 1984) bemerkt, es sei grundsätzlich falsch, weiter der Hoffnung anzuhängen, durch schulische Bildung Mensch und Gesellschaft zu verändern. Er bezeichnet es als »Illusion« an sich, gerade heute davon auszugehen, die Schule könne bestimmen, was die Aufgaben der Bildung sind und wie sie, sowohl inhaltlich als auch organisatorisch, vermittelt werden sollten, damit daraus am Ende der »gebildete Mensch« erwachse. Dahrendorf argumentiert, »das Bildungswesen gehört tatsächlich nicht zu den prägenden Kräften der Gesellschaft«, da es immer mehr von »obwaltenden Umständen« der auf Flexibilität und Wandlung ausgerichteten Industriegesellschaften beherrscht und beeinflußt wird. Ein aktuelles Beispiel hierzu stellt der unaufhaltsame Einzug des Computers in die Schulen dar, der von der technologischen Industrie forciert wird. Spätestens in der nächsten Generation dürfte sich kein Mensch mehr als »gebildet« bezeichnen können, der nicht in die Techniken des Computers eingeweiht ist.

Die »obwaltenden Umstände« sind also jene, die wesentlich darüber bestimmen, was unter Bildung und Ausbildung zu verstehen ist. Sie unterliegen einem rastlosen Wandel. Was heute neu und revolutionär erscheint, kann morgen bereits alt und ›kalter Kaffee‹ sein. Glaubt man im Moment noch, auf diesem oder jenem Gebiet wissend und ›gebildet‹ zu sein, so kann man am nächsten Tag eines ganz anderen belehrt werden: Dem Menschen wird gewahr, daß das, was er unerschütterlich zu wissen glaubte, sich plötzlich als falsch oder überholt herausstellt. Ihm wird bewußt – und das betrifft vor allem den naturwissenschaftlichen wie den technologischen Sektor –, daß die Dinge nicht so sind, wie er glaubte. Man denke hierbei nur an die rapiden Veränderungen auf dem Sektor der Mikroelektronik, des Computerwesens oder der Elementarteilchen-Physik.

Was haben da noch die Worte Bildung und Neue Schule zu suchen, die womöglich der ewigen Ideenlehre Platons verschrieben sind und die Individualität des Einzelnen in den Mittelpunkt der Sinnerkenntnis stellen? Oder was hilft die hehre Bildungsidee Goethes: »Edel sei der Mensch, hilfreich und gut!«, wo es heute darum zu gehen hat, sich möglichst flexibel-wissend, clever, konkurrenzbesessen und innovativ zu zeigen, um einen Logenplatz in der Bildungsgesellschaft einzunehmen, die unter ›Bildung‹ mehr und mehr das unmittelbare Vermarkten und Umsetzen rationaler (Wissenschafts-)Fakten in den technisch-ökonomischen Alltag versteht? Wer heute das Prädikat einer erfolgreichen Bildung beanspruchen möchte, der hat vor allem über eines zu verfügen: Er muß ›auf der Höhe der Zeit‹ stehen, muß pragmatisch abschätzen können, was die Welt von morgen von ihm erwarten und verlangen dürfte, welche Schulausbildung, welches Studium oder welche Lehre ein Optimum an späterem beruflichem wie privatem Erfolg erbringen könnte.

So gesehen ist Dahrendorfs Bildungsabsage an die Schule, die nicht mehr durch eigentliche Bildung, sondern in Form von Scheinbildung à la Kenntniswissen und Notenzertifikaten hervortritt, berechtigt. Wer würde auch ernsthaft behaupten wollen, ein Abiturient, der mit 1,2 sein Abitur schafft, müßte unbedingt gebildet sein? Unbestritten ist er intelligent und hat womöglich mit immensem Fleiß und Ausdauer ein übriges zu seiner grandiosen Leistung beigetragen. Zumindest dürfte es dagegen fraglich sein, ob unser Musterabiturient mit schulischen Kriterien ausgestattet ist, die es ihm ermöglichen, über ein Ausmaß von Bildungsgütern zu verfügen, die ihm helfen, sich lebenspraktisch und sinnhaft zu verhalten. Ich meine damit, daß ein jahrelang zusammengerafftes und oft mühsam addiertes Wissen um unsere gegenwärtige Lebenswirklichkeit sowie die zweckbestimmte Schulung heute nützlicher Fertigkeiten zwar einen je nach Schultyp relativ schnellen und wirtschaftlich guten späteren Berufserfolg haben kann, der aber in der Regel auf Kosten der Möglichkeiten einer inneren Lebensführung geht, wie die realistische Schulbildung den jungen Menschen entläßt. Es ist ein Irrglaube, zu meinen, je mehr realistisches Sachwissen ein Schüler besitzt, desto gebildeter und lebenstüchtiger würde er sein. Die Praxis lehrt meist das genaue Gegenteil davon: Er kann aus dem vielen Wissen keine Zusammenhänge bilden, die es ihm ermöglichen, das Ganze einer Sache zu erkennen, das heißt, der Schüler sieht nur wenige oder gar nur einen Aspekt davon und verbohrt sich in ihn. Das hat zur Folge, daß er in eine Ideologiebefangenheit gerät, die ihn glauben macht, nur so oder so sei ein bestimmtes Problem anzugehen und zu bewerten. So entsteht eine Art von Halbbildung, die eine innerlich unvollendete Bildung ist, da sie ständig von ›unten‹ nach ›oben‹ blickt. Man könnte sagen, der Halbgebildete steigt niemals auf den Berg, von wo aus er die größere Übersicht über das Ganze hätte; vielmehr verharrt er im Tal und glaubt von dort aus den nötigen Überblick zu haben, um den Dingen gerecht zu werden. Mit anderen Worten: Er hat es gelernt, sich stets dem anzupassen und anzuvertrauen, was ist, was ihm die »obwaltenden Umstände« als *die* Realität und Wahrheit schlechthin anpreisen. Exakt nach diesem Bildungsverständnis verfahren die meisten der heutigen Schulen. Sie sind die potentiellen Förderer der später Halbgebildeten, da sie den jungen Menschen weiterhin dazu drängen und verleiten, seine Stoffinhalte lediglich intellektuell oder, was noch schlimmer ist, stupide auswendig lernend aufzunehmen. »Ins Gedächtnis gepackt, liegen sie wie fremde Körper in der Seele, hemmen die natürliche Entwicklung und verzerren und verunstalten die geistige Bildung. Eine solche Bildung ist nun allerdings ein Unglück. Ist ihre Erwerbung eine Plage, so ist ihr Besitz ein Unsegen. [...] Halbbildung macht hochmütig und herrisch. Da sie keinen inneren Wert hat, so sieht man um so mehr auf äußere Anerkennung des Vorzugs und verachtet die anderen, die keine ›Bildung‹ haben. Halbbildung macht unduldsam und brutal. Seiner selbst nicht sicher, kann man andere Art nicht gelten lassen, sondern empfindet sie als Attentat auf die eigene ›Bildung‹. Der Halbgebildete ist überall daran zu erkennen, daß er alles, was nicht den gleichen Fabrikstempel trägt, schmäht und verfolgt. Daher seine angeborene Feindschaft gegen alles Ausgezeichnete und Eigentümliche; Originalität ist ihm Insolenz« (Friedrich Paulsen, zitiert nach Flitner).

Gerade gegen jene Form von dummer, einfältiger Halbbildung wendet sich die Neue Schule. Sie weist auch die Gedanken Dahrendorfs zurück, die im Rahmen ihrer nüchtern-realistischen Sichtweise zutreffen mögen, jedoch im Zeichen einer kreativen ganzheitlichen Menschenbildung nicht zu akzeptieren sind. Folglich stellt sich der Neuen Schule die Aufgabe, zu fragen, was die Wesensmerkmale wirklicher Bildung sind und wie sie aus dem verkrusteten heutigen Zustand wieder befreit werden können. Zunächst einmal muß die Neue Schule wieder einen Platz zugesprochen bekommen, der sie aus dem Trubel der Zeit und der Welt herausnimmt. Ihr Ort ist eine Insel, die jedoch, einer Nabelschnur vergleichbar, nicht außerhalb der realen Welt steht, sondern mit ihr verbunden ist, d. h. auf der der junge Mensch sein Innenleben entdecken kann in dem Wissen, daß es stets untrennbar mit dem Außenleben verquickt ist.

Um zu jener Art von Welterkenntnis und eigentlicher Bildung vorzustoßen, benötigt jeder junge Mensch einen ausgewählten Freiraum von Welt, dem es obliegt, »die Entwicklung des Individuums dahin zu leiten, daß es seine natürliche und geschichtliche Lebensumgebung zu verstehen und in ihr zu bestätigen fähig wird« (F. Paulsen). Eine Neue Schule, die das Wechselspiel von Eigen- und Fremderfahrung, von Kopf- und Handarbeit, von Rationalität und Irrationalität, von Ich und Du, von Körper und Seele, von Gegenwärtigem und Vergangenem, von Gegenwärtigem und Zukünftigem zuläßt, bildet den denkbar günstigsten Ausgangspunkt für eine tatsächliche Bildung. Sie führt den jungen Menschen wieder hin »zu den Gedanken und Ideen, zu den Lebensformen und Bestrebungen« seiner inneren Existenz. »Wahre, rechtschaffene Bildung werden wir jedem zuschreiben, der die Fähigkeit gewonnen hat, sich von dem Punkt aus, auf den er durch Natur und Schicksal gestellt ist, in der Wirklichkeit zurechtzufinden und sich eine eigene, in sich zusammenstimmende geistige Welt zu bauen, sie mag groß oder klein sein. Nicht die Masse dessen, was er weiß oder gelernt hat, macht die Bildung aus, sondern die Kraft und Eigentümlichkeit, womit er es sich angeeignet hat« (Friedrich Paulsen).

Folgerichtig hat es der Neuen Schule nicht darum zu gehen, einen möglichst aufgeblähten Intelligenzprotz heranzuzüchten, der über ein künstlich erzeugtes Kompendiumwissen verfügt. Vielmehr muß sie danach trachten, das viele Splitterwissen, das die konventionelle Schule den Kindern vermittelt, zu reduzieren, um es dem Kind gemäß *seiner* Welt- und

Lebenssicht subjektiv lern- und erfahrbar zu machen. Dies ist genau der Punkt, wo Quantität in Qualität überspringt und die Schule vor der Frage steht, ob ihr ein Halbgebildeter mit einer Unmenge von Faktenwissen lieber ist als ein echt Gebildeter mit weniger, dafür aber um so eigentümlicherem und herzhafterem Wissen, Glauben und Originalität. In letzterem Sinn muß der Bildungsauftrag der Neuen Schule dahin gehen, das Kind mit Persönlichkeitseigenschaften vertraut zu machen, die sich durch Herzensgüte im Sinne von Liebe, Toleranz, Solidarität, Sensibilität, aber auch Widerstandskraft gegenüber allem Oberflächlichen auszeichnet. Damit einhergehend schließt echte Bildung heute immer auch neben dem Erlernen allgemeiner Kulturgüter ein Basis- und Zusammenhangverständnis mathematischer, physikalischer, chemischer, kurzum: naturwissenschaftlich-technologischer Wissens- und Könnensfakten mit ein, das dem Heranwachsenden gestattet, an der zu fordernden *positiven* Evolution des Fortschritts teilzuhaben. Folglich bezweckt die Bildungsidee der Neuen Schule keinerlei Negierung oder gar Verteufelung des technologisch-naturwissenschaftlichen Fortschritts an sich, sondern will nur seinem überzogenen und selbstanmaßenden Alleinvertretungsanspruch Einhalt gebieten. Die Absicht der Neuen Schule ist es demnach nicht, die Uhren der Zeit zurückzudrehen. Genauso lehnt sie es aber strikt ab, deren Zeiger künstlich zu beschleunigen und auf etwas Einseitiges auszurichten, was den »Fortschritt« derart verselbständigt, daß er nicht mehr zu Heil und Segen, sondern zum Fluch der Menschheit gereicht. In dieser evolutionswidrigen Negativ-Phase steckt aber die augenblickliche Menschheit. Sie ist im Begriff, mit aller Macht das Postulat Nietzsches von der Schaffung des Über-Menschen einzulösen. Dieser ist vom irrigen Glauben besessen, je mehr Evolution des Wissens er besitzt, desto weniger müsse er auf das Gesamte – auf »Gott« und Glauben hin bezogen – leben, desto mehr könne er die inneren transzendenten Kräfte seiner Person verleugnen. Nicht zuletzt deshalb gibt die Neue Schule dem ›inneren Lehrplan‹ des Menschen den Vorrang gegenüber äußeren Lehrplänen, weil ihr bewußt ist, daß alles Leben zuallererst im Seelischen gründet, das gepflegt und kultiviert werden muß, damit es durch sein Tun in der Umwelt keinen Schaden bewirkt. Die Neue Schule versucht, im Kind ein Gespür dafür herauszubilden, den materiellen Bedürfnissen und den sichtbaren Erscheinungsformen nicht absolute Priorität einzuräumen, da sie über kurz oder lang im Zeichen eines Immer-mehr-haben-Wollens und Rationalisierens als Unzufriedenheit oder Sinnleere auf die eigenen Bedürfnisse zurückschlagen. Es entsteht dann das, was man den rast- und ruhelosen Menschen bezeichnet, der sein ganzes Lebensziel darin sucht, den sichtbaren Phänomenen und Versprechungen der Welt hinterherzujagen, ohne zu erkennen, daß es etwas Höheres gibt, das *nur in ihm* zu finden ist …

Wenn der große Philosoph des 20. Jahrhunderts, Karl Raimond Popper, den Ausruf prägt: »Laßt Theorien sterben anstatt Menschen!«, so findet er damit bei der Neuen Schule ungeteilten Anklang. Poppers Appell ist dahingehend zu deuten, daß der Mensch durch Theorien und Hypothesen sein Wissen zwar ungemein vermehrt hat und auf den verschiedensten Wissenschaftsgebieten zu großen Teilobjektivitäten gelangt ist. Dennoch ist er weiter denn je davon entfernt, dadurch ›das Ganze‹ zu entschlüsseln. Im Gegenteil: Er scheint damit immer weniger zu erreichen, seine Theorien und Lernmodelle sinngebend auf das Wohl des gesamten Menschen zu übertragen. Vielmehr beweist die Tatsache der ständig größeren Aufsplitterung und Unterteilung des Menschen nach psychologischen, pädagogischen, soziologischen, medizinischen, chemischen usw. Sichtweisen den Irrtum, damit *den* Menschen wahr und objektiv zu sehen.

Mit dieser Einsicht öffnet sich uns ein Kreis ohne Anfang und Ende, der, bildlich gesprochen, den Menschen umschließt und ihm das verleiht, was wir als seinen tiefen Sinn oder seine Ganzheit bezeichnen. Um das Bewußtwerden des ihn umschließenden Kreises zu ermöglichen, benötigt die Neue Schule ein vollkommen anderes Selbstverständnis, eine radikal neue Philosophie ihrer Aufgaben. Sie weiß, daß ein primär geistig-transzendentes Weltbild nötig ist, um ihr Ziel anzustreben, und ihr ist bewußt, das Kind in einer Art und Weise zu führen, die umgekehrt alles andere als weltfremd ist. Wie das Schiff, das im Wasser sein soll, aber das Wasser nicht im Schiff, so soll die Seele des Kindes in der Welt, die Welt aber nicht in seiner Seele sein (Buddha). Mit anderen Worten: Die Neue Schule legt größten Wert auf die möglichst harmonische Ausbildung der weltlichen wie überweltlichen seelisch-unbewußten Kräfte des Kindes, was bedeutet, daß es in dem, was es tut und erfährt, von der Einsicht getragen ist, alles sollte auf das Diesseits und Jenseits zugleich ausgerichtet werden; es soll lernen, daß jedes Tun in Gedanken, Worten und Werken immer von zwei gleichseitigen oder nebeneinanderliegenden Aspekten getragen ist: von ›logisch‹ äußeren und ›unlogisch‹ inneren. Keiner von beiden Aspekten ist schließlich der ›bessere‹, wenn das Kind einen diesbezüglichen Einblick vermittelt bekommt und es ihm gelingt, zwischen ihnen eine geistige Harmonie zu finden.

Durch die Tiefenpsychologie wissen wir heute, daß gerade junge Kinder nicht umsonst einen großen Vorrat an übersinnlichen Motivationen und Wünschen haben und in der Lage sind, sich davon inspirieren zu lassen. Ja, es drängt sie danach, ihre transzendenten und mystischen Begabungen zu verwirklichen, wenn ihnen Gelegenheit dazu geboten wird. In der Neuen Schule werden sie dazu aufgerufen, ihr Unbewußtes zu öffnen und zu erschließen, um es mit dem Bewußtsein in Austausch und Einklang zu bringen. Dabei geht es darum, zur menschlichen »Wiederverzauberung der Welt« (Morris Berman) zu gelangen, die zur Rücknahme der noch immer gängigen Meinung von der nur wissenschaftlich »vernunftmäßigen Durchschaubarkeit der Welt« (H. Fuhrmann) führt. »Wiederverzauberung der Welt« bedeutet somit auch, die Verbindung zur »Wahrheit des Mythos« (K. Hübner) wiederherzustellen, das heißt, der Schüler soll erfahren, daß »auch im Denken des modernen aufgeklärten Menschen das logische Element neben Unlogischem (oder Prälogischem), Rationales neben Irrationalem steht« (H. Fuhrmann in der *Süddeutschen Zeitung* vom 7./8. 9. 1985).

Der Leser mag sich fragen, ob das nicht alles Utopie ist, was hier dem Kind vermittelt werden soll. Kann und darf die Neue Schule das in einer Gesellschaft umsetzen, die völlig andere Werte und Ziele pflegt? Und selbst wenn das möglich wäre, würden die Kinder nicht hinterher als weltfremde Wesen orientierungslos in dieser Gesellschaft herumirren oder gar zu erklärten Feinden von ihr werden?

Ich kann die Zweifler beruhigen. Die Kinder werden weder zu Totalgegnern noch zu hilflosen Bütteln ihrer Gesellschaft, im Gegenteil: Gerade sie kommen in die Lage, ihr ein Höchstmaß an Verständnis und positiver Umgestaltungskraft entgegenzubringen, denn sie erfahren am eigenen Leib, was es heißt, Geduld, Liebe, Einsicht, Vertrauen, Verständnis, Ehrfurcht, Glauben und Hoffnung zu besitzen und diese Eigenschaften auf andere Menschen und Zustände zu übertragen. Sie beachten den Ratschlag Goethes, »Ehrfurcht vor dem, was über uns ist«, zu zeigen, da »ein Gott da droben ist, der sich in Eltern, Lehrern, Vorgesetzten abbildet und offenbart«, und ein Zweites: »Ehrfurcht vor dem« aufzubringen, »was unter uns ist«, indem man trotz aller Negativerscheinungen »die Erde wohl und heiter« betrachten soll, um sich an ihr zu erfreuen. Diese Kinder können somit gar nicht zu hoffnungslosen Mitgliedern der Gesellschaft werden, da sie sich selber mögen und liebhaben können. Ihr Leben wird von jener Tugend praktisch geleitet, die lautet: »Versuche deinen Nächsten so zu lieben und zu verstehen wie dich selbst!« Denn im anderen erkennt man sich selbst bzw. der andere ist man selber. Das bedeutet: Nur wenn ich mir in meinen hellen und dunklen Seiten ungeschminkt ins Gesicht blicken kann, gelingt es mir auch besser, die negativen Seiten des Gegenübers anzunehmen und zu verstehen; sie stellen nämlich fast immer die Punkte dar, mit denen ich selber noch im unreinen bin.

Es gehört zu den Eckpfeilern der Neuen Schule, die genannten Eigenschaften schöpferisch wiederzuentdecken und zu pflegen, um so zu einer Bildungspraxis zu gelangen, die nicht nur eine Seite des Menschen tangiert und fördert: seine nur äußere, rational in der Welt agierende, halbgebildete, die (bildlich gesprochen) einen vertikalen Strich durch seine Person zieht, sie in zwei Teile trennt.

Was wird damit nochmals ausgesagt? Ausschließlich durch das Zusammenspiel beider polaren Gegensätze erreicht der Mensch seine höchste Bestimmung, ein kreativ-geistiges Wesen zu sein. Weder das nur Intellektuelle noch das nur Gefühlsmäßige können ihm zu seiner Ganzheit und Einheit, zu der Ein-Sicht verhelfen, wegen deren Mißachtung er in Leidensprozesse vielfältigster Formen, z. B. in Form von Lernschwierigkeiten, Kontaktproblemen, Krankheiten, Sinnkrisen usw., kommt. Anhand der heutigen Gehirnforschung, die besagt, daß die menschliche Großhirnrinde in zwei Teile getrennt ist, diese aber durch einen Verbindungsstrang in gegenseitiger Wechselbeziehung zueinander stehen, ist es plausibel, sich vorzustellen, »wie unheil der Mensch wäre, der nur eine der beiden Gehirnhälften besäße« (Dethlefsen).

Wir wissen, daß dem biologisch nicht so sein kann. Umgekehrt aber eröffnet sich der Eindruck, daß heute immer mehr Menschen dahingehend geschult werden, hauptsächlich nur von einer, der linken, Gehirnhälfte Gebrauch zu machen. So ist Dethlefsen nicht zu widersprechen, das schulisch-erzieherische sowie (beruflich) »wissenschaftliche Weltbild unserer Zeit« sei jenes der »linken Gehirnhälfte«, der »nur das Rationale« und »Analytisch-Konkrete« innewohnen, in der primär »nur von Kausalität und Zeit abhängige Erscheinungsformen« Platz finden. Dagegen verteufelt man die ebenso real existierenden Bewußtseinsaspekte der rechten Gehirnhälfte mit den Attributen »irrational, unvernünftig, versponnen, okkult und phantastisch«, ohne zu begreifen, daß sie »lediglich die gegenpolaren Fähigkeiten des Menschen« darstellen, »Welt zu betrachten«.

So ist der Mensch aufgerufen, aus dem Entweder-oder-Prinzip einen Sowohl-als-auch-Vorgang zu machen; es »muß sich das ›Nacheinander‹ zu einem ›Gleichzeitig‹ wandeln«. Daraus resultiert die Konsequenz, daß es der Neuen Schule nicht darum gehen kann, lediglich weiter an den Symptomen der bisherigen Schulformen mitsamt ihren curricularen Modellen und künstlich-verkrampften, doch sicher gutgemeinten Verbesserungsstrategien zu feilen. Vielmehr geht es ihr um einen ganz und gar anderen Bezugspunkt: Sie lehrt dem jungen Menschen eine geänderte Gesinnung, wie er sich und seine Welt fortan sehen soll. Er wird aufgerufen, das gewohnte einseitige Weltbild zu verlassen, um es mit einem anderen in Erfahrung und Austausch zu bringen. Erst dann gelingt es ihm, in den gegenpolaren Erscheinungen einer jeweiligen Sache gleichzeitig den Ausdruck der sie umschließenden Einheit zu erkennen.

Eine Schule, die das Kind an die Erkenntnis heranführt, daß die Welt, in der es lebt, »nur dann einen Sinn bekommt, wenn sie einen außerhalb von ihr selbst liegenden Bezugspunkt« (Dethlefsen) aufweist, der Einheit heißt, ist die denkbar beste. Sie läßt das Kind erfahren, was die höchste Form menschlicher Bildung bewirken kann: Selbsterkenntnis im Sinne von Harmonie, Klarheit, Schlichtheit und Ganzheit; bei der es weiß, daß es von etwas beeinflußt wird, dessen wahrer und ewiger Kern außerhalb der empirischen Erfahrbarkeit liegt und der den eigentlichen Fortschritt und das Ziel des Menschen symbolisiert.

Bei der Frage, mit welchen Inhalten, Methoden und Mitteln die Neue Schule es erreichen will, das Kind besagten Zuständen und Erfahrungen praktisch zuzuführen, stehen wir vor der Grundnotwendigkeit, es mit einer Art von lebendigem Lernen zu führen, das sein Augenmerk auf die Ausbildung von Kopf *und* Hand, von Intellekt *und* Gefühl, von Ich *und* Du, von Familie *und* Schule, von dieser Welt *und* der ›anderen‹ Welt richtet.

Die Grundsätze des Modells Neue Schule

Die bislang geforderten Bildungsideen und -inhalte setzt die Neue Schule aufgrund folgender Einsichten und Methoden um:

1. Als staatlich genehmigte Modellschule ist sie das Ergebnis jahrelanger Bemühungen verschiedenster Wissenschaftskreise, Lehrerverbände, Elterninitiativen, politischer Parteien, kultusministerieller Kreise und anderer öffentlicher wie privater Träger. Die Neue Schule ist keine Eliteanstalt irgendwelcher gesellschaftlicher Gruppen, sondern steht allen Kindern offen. Oberstes Ziel der Neuen Schule ist es, dem Schüler Sinn-, Wissens- und Lebensfreude zu vermitteln. Sie stellt die hierzu nötige Zeit und Geduld – die pädagogische Kraft des Vorbildes – in den Mittelpunkt, da alle ihre Lehrer grundsätzlich hinter den Zielen der Neuen Schule stehen und vor allem der ganzheitlichen Methode der Bildung von Körper, Seele und Geist verbunden sind. Die Neue Schule lehnt es kategorisch ab, die Kopflastigkeit schülerischen Wissens und Verhaltens höher einzustufen als jenes des psychosozialen wie manuellen Könnens. Dem Schüler ist erfahrbar zu machen, daß erst das *Zusammenspiel* dieser Aspekte den eigentlich gebildeten und herzlichen Menschen ausmacht.

2. Die Neue Schule kennt keine Schulabschlußqualifikationen im Sinne von Haupt-, Real- oder Gymnasialzweigen herkömmlicher Art, sondern bietet nur zwei Schullaufbahnen an, die entweder mit dem Zertifikat der »Grundlagenbildung I« nach der 10. Klasse oder mit dem der »Grundla-

genbildung II« nach der 13. Klasse abgeschlossen werden. Diese Regelung wurzelt hauptsächlich in der Überzeugung, daß es in der Gesellschaft des späten 20. Jahrhunderts blanker Unsinn ist, eine Hierarchie dreier unterschiedlich gebildeter Menschengruppen aufrechtzuerhalten und sie quasi für alle Zeiten in ›Obergebildete‹, ›Mittelgebildete‹ und ›Untergebildete‹ einzuteilen.

Die Neue Schule stellt grundsätzlich darauf ab, *jeden* Schüler seine speziellen Begabungs- und Bildungspotentiale entdecken und ausformen zu lassen. Wie aus wissenschaftlichen Untersuchungen bekannt ist, hat der Schüler hierzu um so größere Chancen, wenn er sich nicht schon nach vier, fünf oder sechs Jahren Schule entscheiden muß, welche Art von Bildungs- und Neigungsrichtung er schulisch wählen soll. Alle Schüler schließen nach den ersten zehn Jahren mit der »Grundlagenbildung I« (sie gleicht der sog. »Realschulreife«) ab, die der Pflicht- bzw. Regelschulzeit entspricht. Danach kann der Jugendliche selber entscheiden, ob er die Schule verlassen oder noch drei weitere Jahre anhängen will, um dann mit der »Grundlagenbildung II« (sie gleicht der sog. »Abiturreife«) abzuschließen. Außerdem hat der Schüler ab der 7. Klasse die Möglichkeit, zwischen drei Neigungsschwerpunkten zu wählen: dem technisch-naturwissenschaftlichen, dem sprachlich-geschichtlichen sowie dem wirtschaftlich-kaufmännischen.

3. An der Neuen Schule erhalten die Schüler zwar Noten, doch kommen diese aufgrund anderer Formen, Inhalte und pädagogischer Überlegungen zustande als gegenwärtig. So erhält beispielsweise ein Schüler, der im Fach Mathematik rechnerisch eine Eins erzielt, diese nur dann als Beweis seiner Fähigkeiten in das Zeugnis, wenn er sie auch im Rahmen seiner sozialen Fähigkeiten unter Beweis stellen kann, indem er einem schwachen Mathematikschüler seiner Klasse hilft und sich seiner Rechenprobleme annimmt. Ein notenmäßiges Durchfallen existiert praktisch nicht, da jeder Schüler eine ganze Reihe von theoretischen wie praktischen Ausgleichshilfen vorfindet. So wird z. B. die aktive Mitarbeit im Unterricht wesentlich berück-

sichtigt. Das Wort »Notenangst« ist an der Neuen Schule ein völlig unbekannter Begriff.

4. Zwischen Schule (Lehrergremium), Schüler- und Elternrat existiert ein grundsätzlich gleichberechtigtes Mitbestimmungsverhältnis, das nur in wenigen genau umschriebenen Fällen (so z. B. in finanziellen oder die Tragweite des pädagogischen Grundkonzepts der Schule überschreitenden Belangen) durch die Einspruchsstimme des Direktors außer Kraft gesetzt werden kann. Auch innerhalb der Lehrerschaft besteht ein generell gleiches kollegiales Mitbestimmungsrecht, jedoch auch hier mit der Einschränkung, daß in essentiellen, zur geregelten Aufrechterhaltung des Schulbetriebes nötigen Angelegenheiten die Veto-Stimme des Direktors den Ausschlag gibt. (So z. B. in Fällen von Lehrereinstellungen, -entlassungen oder -beurlaubungen, finanziellen Grundsatzentscheidungen und schulpolitischen Aktivitäten der breiten Öffentlichkeit gegenüber.) Die Rolle des Direktors zeigt sich maßgeblich darin, daß er integrierend wirkt, also die Bedürfnisse und Interessen der Schüler und Eltern ebenso vertritt wie die der Lehrer und sonstigen Schulangestellten. Mit anderen Worten: Der Direktor ist Vermittler und Ratgeber, aber auch, sofern nötig, klare Entscheidungsinstanz. Die Kollegen unterstützt er in ihren wichtigen pädagogischen und persönlichen Freiräumen, indem von ihnen Risikobereitschaft und Mut zur pädagogischen Verantwortung erwartet wird. Sie wissen, daß ihr ›Chef‹ auch dann hinter ihnen steht, wenn manchmal etwas mißlingt. Ein Kollegium, das sich aus derartigen Persönlichkeiten und positiven Autoritäten zusammensetzt, führt sich letztlich selbst. Obendrein strahlt es Schulatmosphäre im positiven Sinne aus, ohne diese eigens lauthals verkünden zu müssen. Sie wirkt, indem sie *ist*, auf alle an der Schule Beteiligten gleichermaßen sympathisch und vertrauensvoll.

5. Die Neue Schule ist eine Ganztagsschule, die von 9.00 Uhr morgens bis 15.30 bzw. 18.00 Uhr geöffnet hat. Die Schüler können ab 15.30 Uhr nach Hause gehen, jedoch gefällt es vielen so gut an ihr, daß sie erst gegen

17.00 Uhr oder gar noch später die Schule verlassen. Das liegt nicht zuletzt daran, daß sie viele Freizeitaktivitäten entwickeln können oder die wenigen Hausaufgaben, die ein Prinzip der Schule sind, unter eventueller Hilfestellung der anwesenden Lehrer anfertigen. Diese Regelungen und Möglichkeiten sind zumeist ganz im Sinne der Elternpaare, von denen ein großer Anteil beiderseits berufstätig ist, oder der sogenannten »Alleinerziehenden«. Gerade solchen Personengruppen will die Neue Schule Hilfe und Entlastung anbieten. Obendrein sollen die Eltern spüren, daß ihre Schützlinge hier in guten Händen sind. Das ist zugleich auch der beste Weg, mit den Eltern zu einer fruchtbaren Zusammenarbeit zu gelangen.

6. Das Lern- und Bildungsverhältnis Schüler–Lehrer drückt sich vor allem durch kontinuierliches pädagogisches Vertrauen und Hilfe aus. Deshalb führt auch jeder Lehrer in der Regel zehn Jahre lang dieselbe Klasse.

Die Schwerpunkte der Neuen Schule sind weniger organisatorisch-technischer als pädagogisch-schöpferischer Art. Sie sind die zentralen Lern- und Bildungsansprüche im Sinne menschlichen Umgehens miteinander und Voraussetzung für eine Wissensaneignung des Schülers, welche nicht der bloßen »gehirnorganischen Vernetzung« dient.

Dem Schuleintritt des Kindes mißt die Neue Schule dabei besondere Aufmerksamkeit und Förderung bei, denn er ist mit ein Schlüsselerlebnis für seine weitere persönliche wie schulische Entwicklung. Der Lehrer bemüht sich, das Kind in seiner gesamten Situation zu sehen und zu begreifen. Das ist gerade heute vonnöten, da man immer mehr auf 6jährige Kinder trifft, die erst einmal von ihrer erschreckend unkindlichen Familien- und Freizeitwelt befreit werden müssen, um auf eine ihrem psychologischen Entwicklungsstand entsprechende natürlich-kindliche Basis zu gelangen. Nicht wenige der Erstklaß-Schüler kommen mit einer derartigen Wirrheit, emotionalen Zerrüttung und inneren Unruhe zur Schule, daß es gerade in der Anfangszeit schwerfällt, der Klasse einen sinnvoll verstandenen Maßstab von Leistungs- und Konzentrationsbereitschaft, Selbstbeschäftigung sowie Stille zu vermitteln. Gerade hierzu benötigt der Lehrer eine Menge an Geduld, Vertrauen, Zeit und Einfühlungsvermögen gegenüber den Kindern. Es hilft dabei nichts, nur seine Macht auszuspielen und die Kinder autoritär im Ruhe- und Ordnungsbefehl anzubrüllen oder sie durch sonstige Reglementierungsmechanismen wie Strafarbeiten, Nachsitzen oder Ausschluß von der Schule zur ›Ruhe‹ zu bringen, denn das wäre nur eine äußere Haltung, die mit keiner inneren einhergeht. Der Lehrer hätte lediglich die Symptome bereinigt, nicht aber die eigentlichen Ursachen des kindlichen Verhaltens. Dem Lehrer an der Neuen Schule ist bewußt, daß derart neurotische Verhaltenssymptome der Kinder nicht ursächlich durch ihren eigenen Willen entstehen, sondern meist mit einer verfehlten Erziehung durch die Eltern und die unmittelbare Umwelt einhergehen.

7. Meditative Unterrichtsabschnitte dienen als geeignetes Mittel, innere Sammlung, Konzentration, Stille und Kreativität des Schülers wiederherzustellen, um sie im Laufe der Zeit auf alle Bereiche seines Lebens und Lernens auszuweiten. Wenn C. G. Jung bemerkt, die Erziehung und Ausrichtung zur Stille und zum Schweigen falle besonders dem heutigen Menschen so schwer, weil er an deren Stelle den Lärm und sonstige Ablenkungen gesetzt hat, so fühlt sich die Neue Schule dazu aufgefordert, im Rahmen ihrer Möglichkeiten Abhilfe zu leisten.

Sie geht einen methodischen Weg, der Unruhe, Aufgeregtheit und ›Dummheit‹ von Kindern die Ruhe, Besonnenheit, Konsequenz und das liebende Verständnis des Lehrers gegenüberzustellen. Der Lehrer ist dem Kind dabei Vorbild. Man kann heranwachsende Menschen nur ehrlich von etwas überzeugen und zu dessen Nachahmung anregen, wenn man selbst hinter dem steht, was sie tun sollen. So kann der Lehrer den Schülern beispielsweise schlecht den Sinn einer meditativen Erziehung zu Stille und Beschaulichkeit vermitteln, wenn seine Person Unruhe und Spaltung ausstrahlt, wenn sein eigenes ›Maß‹ nicht stimmig ist und er obendrein noch unter dem Zeitdruck irgendwelcher Lehrpläne steht.

Wie geschieht Meditation an der Neuen Schule? Zunächst einmal wäre es völlig falsch, zu glauben, Meditation sei eine hochkomplizierte, nur wenigen ›Auserwählten‹ zukommende Gnade und Technik, die jahrelanges Üben in totaler Weltabgeschiedenheit erfordere. Nein, sie ist (wie so vieles ›Geheimnisvolle‹) ganz schlicht und einfach. Man benötigt hierzu nicht unbedingt verdunkelnde Raumvorhänge, magisch anmutende Kerzenbeleuchtung, sinnesentrückte Gesichtszüge, geschlossene Augen u. v. a. m. Meditation beginnt bereits da, wo der Mensch Stille und Konzentration auf sich einwirken läßt, ihrer gewahr wird. So lehren die Pädagogen an der Neuen Schule die Schüler, zunächst einmal still zu sitzen und Freude daran zu empfinden. Sie vermitteln ihnen, die Sinne zu gebrauchen und zu schauen, wo es scheinbar gar nichts zu sehen gibt, zu horchen, wenn alles ruhig ist. Dem pausenlosen Reden und Sich-in-Szene-setzen-Wollen stellen sie das Lernen vom Schweigen und bedächtigen Sprechen gegenüber, indem sie darauf achten, die Dialoge nicht übereilt und hastig zu beginnen. Denken und Fühlen sollen damit Hand in Hand gehen und sich nicht in bloßem Geschwätz nach draußen ausdrücken. Als Vorbild dient den Lehrern eine Indianerweisheit der Dakota: »Die wahrhaft höfliche Art und Weise, ein Gespräch zu beginnen,war eine Zeit gemeinsamen stillen Nachdenkens; und auch während des Gespräches achteten wir jede Pause, in der der Partner überlegte und nachdachte. Für die Dakota war das Schweigen bedeutungsvoll. In Unglück und Leid, wenn Krankheit und Tod unser Leben überschatteten, war Schweigen ein Zeichen von Ehrfurcht und Respekt; ebenso, wenn uns Großes und Bewundernswertes in seinen Bann schlug. Für die Dakota war das Schweigen von größerer Kraft als das Wort.«

Jene Inhalte hängen auch mit dem Begriff der Zeit zusammen. Deshalb wollen die Lehrer den Schülern weitervermitteln, daß der Zeitbegriff nicht etwas ist, dem man pausenlos hinterherjagen muß oder durch den man sich in tödliche Langeweile getrieben sieht. Vielmehr öffnen sie ihnen den Blick für einen sinnvolleren Umgang mit der Zeit in der Zeit. Nicht umsonst forderte der französische Pädagoge Jean-Jacques Rousseau, daß die Erziehung nicht den Fehler begehen darf, ständig Zeit zu gewinnen, sondern Zeit zu verlieren. Die Lehrer geben daher dem Schüler Zeit, etwas auf sich wirken zu lassen, wobei die Betonung auf dem »Lassen« liegt – in der Ent-Spannung und nicht nur in der Anspannung.

Das meditative Element der Neuen Schule darf keinesfalls in dem Sinne mißverstanden werden, als wollten die Lehrer die Schüler zu einem andauernden Rückzug aus der realen Welt aufrufen. Meditation ist kein permanentes Sich-Zurückziehen aus der Welt. Vielmehr bewirkt sie das richtige, für den einzelnen bestimmte Verhalten in diese Welt hinein. Man kann sagen, daß die Meditation keine Gegnerschaft zu dieser Welt aufbaut. Statt dessen erzeugt sie im Menschen eine feinere und höhere Wellenlänge, um seine Welt nicht nur im zeitlich-räumlichen Ursache-Wirkung-Kreis erscheinen zu lassen. So verwundert es nicht, daß die Neue Schule der Meditation eine so große Rolle einräumt und sie besonders intensiv bei den Kindern der ersten Jahrgänge fördert; immer wieder stellen nämlich die Lehrer fest, wie sehr sich die Kinder nach einer mehr oder weniger schwierig verlaufenden Anfangszeit durch die meditativen Übungen in ihrem Wesen zum Positiven hin verändern und dadurch zu schöpferischen Leistungen befähigt sind.

8. Ein geregelter Schulbetrieb in Form von Anwesenheitspflicht, Leistungsbereitschaft, Selbstdisziplin sowie Anerkennung und Förderung positiver Autorität ist unverrückbarer Bestandteil der Neuen Schule. Sie ist also keine ›freie‹ Schule, in der jeder tun und lassen kann, was er will. Mit anderen Worten: Sie lehnt es ab, eine Institution planloser Gefühlsduselei, des Sich-gehen-Lassens, der zügellosen Selbstgestaltung diverser Lustprinzipien sowie der Leistungsverweigerung zu sein. Die Neue Schule legt angemessenen Wert auf die heute oft polemisch abqualifizierten Begriffe wie personale Autorität, Liebe, Gewissen, Religion, Disziplin, Ehrfurcht sowie Mut zur Eigenverantwortung. Nicht zuletzt durch sie soll das Kind aus seinen materiellen und egoistischen Verhaftungen herausgeholt werden, um zu der Erkenntnis zu gelangen, daß das Leben erst dann einen rechten Sinn erhält, wenn man sich *freiwillig* Selbstbeschränkung auferlegt, die

nicht nur der pragmatisch-rationalen Verbotseinsicht: »Du sollst nicht ...!« entstammen, sondern aus der positiven Kraft der Verantwortungsbereitschaft herrühren. Obige Eigenschaften sind nicht nur für das Zusammenleben der Menschen untereinander von eminenter Bedeutung, sondern ebenso für die Entwicklung der eigenen Persönlichkeit.

Nicht wenige mögen der Neuen Schule kritisch entgegenhalten, daß es sich bei all den genannten Werteigenschaften um menschliche Sollforderungen handelt, die längst verstaubt in den Schubladen antiquierten Denkens ruhen, die reaktionär oder konservativ verbrämt anmuten, vor allem aber nur allzu oft im Verlauf der Geschichte denjenigen Menschen und Gruppen als scheinmoralische Rechtfertigung dienten, die Druck und Macht auf andere ausübten. Demjenigen, der so oder ähnlich denkt, kann nicht grundlegend widersprochen werden, wenn man weiß, für welch menschliche Schandtaten und Exzesse z. B. die Begriffe »Pflicht«, »Disziplin«, »Leistung« und »Autorität« tatsächlich Pate stehen mußten (und immer noch müssen). Sind sie aber nur deshalb aus dem Leben auszusondern, weil sie des öfteren gröblich mißbraucht wurden und werden? Oder sind sie, sinnvoll verstanden und praktiziert, nicht dennoch die unersetzlichen Verbindungsglieder, die den Menschen auf dem Pfad zwischen Lust- und Realitätsprinzip begleiten und steuern *müssen*? Gibt es denn ein auf längere Zeit hin harmonisch lebendes Individuum, das sich genannten Werten verschließen kann?

Für dic Neue Schule liegt eindeutig auf der Hand, daß in jedem Menschen moralisch-spirituelle Gesetze walten, die unabhängig vom jeweiligen Kulturkreis zur Regelung der individuellen wie kollektiven Existenz beitragen. Werden jene Gesetze, die womöglich mindestens so real wie naturwissenschaftliche Gesetze sind, vom einzelnen nicht befolgt, erfährt er über kurz oder lang Leid und Sinnlosigkeit. Zum Beispiel wird er zu einem lern- und konzentrationslosen ›schlechten‹ Schüler, der von Mutlosigkeit und Zweifeln wider sich selbst befallen ist. Er kann ›draußen‹ in der Schule nichts leisten, weil er in seinem Inneren keine dementsprechend tragenden Kräfte vorfindet.

9. Der allgemeine Fächerkanon gleicht im großen und ganzen dem herkömmlicher Schulen. Jedoch zeigen die Lehr- und Unterrichtspläne der Neuen Schule vom Inhaltlichen her wesentliche Unterschiede auf. Sie sind davon getragen, daß der Schüler neben den allgemein zu erlernenden Wissensfaktoren eines bestimmten Faches auch dessen jeweilige Zusammenhänge und Hintergründe ent-decken soll. Am Beispiel des Unterrichts »Naturwissenschaftslehre und moderne Technologie« soll das verdeutlicht werden.

Die Neue Schule beginnt bereits ab der 4. Klasse, die Kinder mit den naturwissenschaftlichen Gesetzen und der Aussage: »Alles hängt mit allem zusammen« bewußt zu konfrontieren. Anhand von Ausflügen in die Natur zeigen die Lehrer ihnen, wie die Gesetze der Kraft praktisch funktionieren, indem sie einen Ast nach unten biegen und ihn plötzlich hochschnellen lassen. Oder die Kinder lernen, wie man eine Steinschleuder baut, um mit ihr einen Stein wegzukatapultieren. Durch Betrachten einer ›Banalität‹ wie der des Steines sollen sie erfahren, daß er ebenso ein Wunder der Natur darstellt wie ein Baum, daß kein Stein dem anderen gleicht und genauso einmalig ist wie der Mensch, daß der Stein, wie Hermann Hesse in seinem *Siddhartha* spricht, irgendwann vielleicht Erde sein wird und aus ihr Pflanzen oder Tiere werden. Das Kind soll erfahren, daß der Stein, wie alles andere in der Natur, nicht bloß etwas rein Abgesondertes, Banales und Totes ist. Vielmehr wird ihm erschlossen, was Hermann Hesse so ausdrückt: »Dieser Stein ist Stein, er ist auch Tier, er ist auch Gott, er ist auch Buddha, ich verehre und liebe ihn nicht, weil er einstmals dies oder jenes werden könnte, sondern weil er alles längst und immer ist – und gerade dies, daß der Stein ist, daß er mir jetzt und heute als Stein erscheint, gerade darum liebe ich ihn und sehe Wert und Sinn in jeder von seinen Adern und Höhlungen, in dem Gelb, in dem Grau, in der Härte, im Klang, den er von sich gibt, wenn ich ihn beklopfe, in der Trockenheit oder Feuchtigkeit seiner Oberfläche.«

Weiter erfahren die Kinder, daß und warum die Pflanzen- und Tierkultur links und rechts eines kanalisierten Flusses ganz anders aussieht als bei einem Fluß, dessen Wasserlauf in seinen ursprünglichen Bahnen verblieben ist. Die Schüler gewinnen dabei einen Einblick, daß nichts auf dem blanken Zufall beruht, d. h., daß chemische, physikalische, technische oder sonstige Eingriffe in die Natur immer ganz bestimmte Konsequenzen nach sich ziehen. Damit glaubt die Neue Schule, auch einen wesentlichen Sinnbeitrag zur Entkrampfung des Wortes Natur-Wissenschaft zu liefern, die wieder mehr die Besinnung auf das Wort »Natur« im Sinne von natürlich zulassen muß, um sich nicht ausschließlich auf das Wort »Wissenschaft« zu versteifen.

Mit den Streifzügen durch die Natur wird nichts anderes als eine ganz normale Selbstverständlichkeit eingelöst, die jedoch seit längerem von der herkömmlichen Schule nicht mehr als solche gesehen wird. Comenius, Rousseau, Pestalozzi und viele andere erblickten darin die fundamentalsten Formen vermittelnden ganzheitlichen Lernens und Unterrichtens. Als Reaktion und Ergänzung auf die vielen Schulbücher, die von irgendwelchen Kultusministerien auf den Schulmarkt geworfen werden, zeigt die Neue Schule, daß ihr Lernbegriff immer mit der natürlichen und erfahrbaren Umwelt des Schülers in Verbindung steht, daß er z. B. den Flußlauf von Elbe, Donau oder Main mit eigenen Augen wahrnehmen und nicht nur blaue und braun-graue Kleckse auf dem Atlas begutachten soll, von denen der Lehrer sagt, es seien Flüsse und Berge. Kurzum: Daß der Lehrer neben dem Unterrichten aus wissenschaftlichen Lehrbüchern mit den Kindern die naheliegende Umwelt erkunden soll, indem sie dort untersuchen, abschätzen, berechnen und empfinden, was ihnen an ihr auffällt.

Das alles versteht man unter einem »Studium des lokalen Milieus«, von dem der französische Pädagoge Célestin Freinet sagt: »Es ist kein lernschulhaftes Aufeinanderstapeln von uns unbekannten Dingen auf Kosten all des Unbekannten, mit dem sich das Kind mit großem Wagemut befassen will und muß, um zu wachsen und emporzusteigen. Wir können sagen, daß wir durch das tatkräftige Tun und den freien Ausdruck mit beiden Füßen fest auf dem soliden Boden unserer heimischen Umwelt stehen und vorsichtig die Fundamente errichten, die für immer alle weiteren Konstruktionen tragen werden.«

Eigentlich ist es nicht die Neue Schule, die den Kindern sagt: »Nun ist es an der Zeit, daß ihr diese und jene naturwissenschaftlichen und sonstigen Kenntnisse aus den Lehrbüchern wissen müßt«, sondern in den Kindern selbst beginnt ein gewisses natürliches Fragen nach Ursachen und Zusammenhängen von Phänomenen in der Natur. Die Neue Schule unterstützt und motiviert sie dabei nur. Die Praxis lehrt, daß Kinder ab etwa neun Jahren die meisten Dinge auf *ihre* Art von Vernunft sehr wohl verstehen und nachvollziehen können, wenn man sich auf ihre Sinn- und Betrachtungsebene einläßt. Vor allem muß man beginnen, vom Einzelnen zum Allgemeinen und nicht vom Allgemeinen zum Einzelnen zu gelangen. Es kommt also darauf an, *wie* dem Schüler die eine oder andere Sache unterstützend nahegebracht wird. Die Schule darf die Realität – die subjektive Wahrheit – nicht aus den Augen verlieren, da sie von eminenter Wichtigkeit für das Kind ist. Die herkömmlichen Schul- und Lernsysteme führen das Kind nicht anhand der eigenen Einzelerfahrungen an ein naturwissenschaftliches Gesetz heran, sondern es muß von einer abstrakten Wissenschaftsebene aus z. B. das Gesetz des freien Falls erlernen. Folglich bekommt es ein Gesetz vermittelt, bei dem es letztlich niemanden interessiert, ob und inwieweit es mit der individuellen Realitätssicht des Kindes in Übereinstimmung steht. Die lehrplandidaktische Hauptsache ist nur die: Der Schüler hat zu wissen, daß es das Gesetz des freien Falls gibt und wie es funktioniert. Weiß er es aufgrund der Formel, ist er ein guter Schüler; weiß er es nicht, dann ist er ein schlechter Schüler.

Die Lehrer der Neuen Schule dagegen pflegen ein ganz anderes Verständnis von pädagogischer und wissenschaftlicher Vermittlung, indem der Schüler zuallererst erfahren soll, daß seine subjektive Realität ebenso wichtig ist wie die objektiv wissenschaftliche. So bereitet es den Kindern immer wieder Freude, Steine von einer Brücke in die Tiefe fallen zu lassen. Sie beginnen hierbei Gedanken anzustellen, warum etwa ein Stein schneller auf den Boden fällt als ein Blatt. Sie möchten wissen, warum das so ist.

Dem vorher noch rein spielerisch-unbewußten Umgehen mit den Dingen gesellt sich mehr und mehr das ›wissenschaftliche‹ Fragen um den tieferen Grund hinzu. Erst jetzt sollte die Aufgabe des Lehrers beginnen, sein jeweiliges Wissen dem Schüler nahezubringen. Eine uralte chinesische Weisheit lehrt: »Der Wu-Li-Meister spricht erst dann von der Schwerkraft, wenn der Schüler fragt, warum ein Blütenblatt zu Boden fällt. Er spricht erst von Gesetzen, wenn der Schüler von sich aus sagt: ›Wie sonderbar! Ich habe zwei Steine fallen lassen, einen leichten und einen schweren, und sie sind gleichzeitig auf dem Boden aufgeschlagen!‹ Er spricht erst von Mathematik, wenn der Schüler sagt: ›Es muß doch einen einfacheren Weg geben, das auszudrücken!‹ Auf diese Weise tanzt der Wu-Li-Meister mit seinen Schülern. Der Wu-Li-Meister lehrt nicht, aber seine Schüler lernen. Der Wu-Li-Meister beginnt immer im Zentrum, im Herzen der Dinge.«

Comenius befand, es sei von entscheidender Bedeutung, beim Lernenden eine stufenmäßige Ordnung anzustreben, die vom Einfachen zum Zusammengesetzten, vom Leichten zum Schweren, der Verbindung von Lernen durch Tat und Anschauung mit Sachwissen geht und damit den Blick auf das Ganze schärft. Die Neue Schule folgt dem Gebot von Comenius. In allen Fällen geht sie den Weg vom Anschaulich-Konkreten zum Abstrakten hin. Das durchgängige Ergebnis ist: Die Schüler haben hinterher kaum Probleme mit naturwissenschaftlichen Formeln, da diese in den meisten Fällen das logisch-abstrakte Produkt vorher praktisch ausgeführter Experimente sind, die man mit eigener Hände Arbeit ausgeführt hat. Die Kinder lernen kreativ zu denken, indem sie spielerisch handeln und so auch einen Einblick in das Wesen und Wirken der Schöpfung erhalten.

Solange die Lehrer den Schülern vermitteln können, daß naturwissenschaftliches Lernen nicht etwas ist, das einmal wöchentlich im Unterrichtszimmer beginnt und dort auch wieder monoton endet, sondern praktisch alles umschließt, was der Mensch täglich verrichtet, stellt das den tiefsten und besten Sinn dar, den eine Schule vollbringen kann. Dann erst steht sie im Dienst des schöpferischen Lebens und nicht in der Gefangenheit eines abstrakten, leblosen Schulzertifikat-Wissens.

Damit erreicht die Neue Schule einerseits »den Vorrang eines an Lebenssituationen orientierten Lernens gegenüber der Vermittlung von reinen Fachinhalten«, den der Pädagogik-Professor Jürgen Zimmer fordert (zitiert nach Carna Zacharias). Andererseits schafft sie durch die Art von »Community Education«, die mit gemeinwesenorientierter Erziehung vergleichbar ist, eine Lernform, bei der Schüler und Erwachsene irgendein Projekt gemeinsam erarbeiten, wo sie miteinander schöpferisch tätig sind. Die Idee der »Community Education Schools« ist zum Beispiel in England schon seit längerem ein gutes Mittel, den Kontakt der Schule mit ihrem sozialen Umfeld wieder zu verdichten. Jürgen Zimmer berichtet: »Wenn man sich in England solche Schulen ansieht, findet man oft mindestens so viele Erwachsene wie Kinder, die sich dort treffen. Die Erwachsenen kommen weniger am Vormittag, obwohl es auch dann Mütter und Väter gibt, die mit Kindern zusammen beispielsweise eine Sprache lernen, sondern vor allem am Spätnachmittag und Abend.«

Ähnliche sozial-kommunikative Lernformen und Projekte existieren in den Vereinigten Staaten, in Lateinamerika, Afrika und Asien; ihnen ist allesamt dasselbe Ziel gemein: Durch aktives Zusammenleben lernt die junge Generation von der alten und die alte von der jungen. Dadurch wird auch dem zunehmend geringer werdenden Einfluß der Eltern auf ihre Kinder, und umgekehrt, Einhalt geboten.

10. Die Neue Schule lehnt sich an eine Lern- und Bildungsmethode an, die in der Verwobenheit von Herz, Hand und Kopf den Kernpunkt alles schöpferischen, experimentierfreudigen und verantwortungsbewußten Handelns sieht. Diese führt auch zu einer Freiheitsvorstellung, die aus der Erkenntnis resultiert, daß Freiheit immer mit Verantwortung zu tun hat, folglich Freiheit und Verantwortung zwei Seiten derselben Medaille darstellen. Die Neue Schule widerspricht der Meinung, gerade junge Menschen empfänden heute kein Bedürfnis mehr nach Bindung, Verantwortung, wohlverstandener Freiheit sowie geistiger Orientierung und lehnten Dinge wie »Wißbegierde«, »Fleiß« und »Kreativität« ab. Das Gegenteil ist

der Fall, indem die Neue Schule die allgemein benötigte Wissens- und Kulturvermittlung durch eine sie lebenspraktisch umschließende Ganzheitslehre erreicht. Diese gründet vor allem im liebenden und schöpferischen Umgang des Schülers mit sich selbst und seiner Welt und somit im Verständnis von allem.

Die Neue Schule geht davon aus, daß jedes Kind von Natur aus schöpferisch ist und daß es deshalb not tut, darauf ein unbedingtes Hauptaugenmerk zu richten. Das Kind versucht sich in allen möglichen Dingen. Manchmal wissen die Erwachsenen: So, wie es an die Sachen herangeht, kann es nicht gelingen; das ist falsch, wie es mit ihnen umgeht, aber es ist umgekehrt großartig, wie es glaubt, damit fertig zu werden. Deshalb sollte man das Kind nicht immer gleich korrigieren, auch wenn es hinterher erfahren muß, so geht es nicht, und zwar aus folgendem Grund: Unsere ganze Existenz – vom Kind bis zum Erwachsenen – ist ein Experiment, ja, das ganze Universum überhaupt, wie Gott es geschaffen hat, ist ein Experiment. ER experimentiert laufend und hat schon viele Universen geschaffen. ER hat die Erfahrungen einer Schöpfung für eine neue Schöpfung zugrunde gelegt. So entwickelt sich alles in einer grandiosen Evolution. Das heißt, das Experiment ist dabei das Allerwichtigste.

Das, was ein Kind unmotiviert macht, ist, es nur auf die *Ergebnisse* von Experimenten festzulegen. Genau das ist es, worin sich die meisten der Schulen am Kind versündigen. Es muß die Experimente, die andere vor ihm gemacht haben, aus einem Buch oder von der Tafel, wo die Regeln und Gesetzmäßigkeiten aufgeschrieben stehen, stupide imitieren und auswendig lernen. Das Kind aber möchte sie in aller Regel selber experimentell erfahren. Wenn ein Kind eine Regel lernen soll, muß es spielen und experimentieren, den Lehrsatz praktisch mit den Händen ausprobieren können, denn ein Lernen ohne Hände ist ein Un-Sinn. Hände und Kopf gehören nun einmal zusammen.

Ein weiteres geht damit einher: Das Experiment muß mit dem Theoretischen – dem Wissen – parallel laufen. Das Wort Theorie, das aus dem Griechischen stammt, heißt nichts anderes, als eine Vision zu besitzen. Eine Vision ist etwas Wunderbares. Wenn wir folglich beides miteinander in eine harmonische Verbindung setzen, erwachsen daraus Menschen, die lern- und arbeitsfroh sind. Wir haben damit Schüler, die keine Angst und Langeweile vor der Schule verspüren, sondern die sich darauf freuen, in die Schule gehen zu dürfen.

Genau hierin liegt ein zentraler Punkt der Neuen Schule. Durch die Verbindung von Theorie und Experiment werden ständig auch die Seele und der Geist geschult, und die Vision ist schließlich das, was in ›die Höhe‹ zieht. Das haben wir ansatzweise heute schon in mehreren Schulen, z. B. in der Odenwaldschule, der Rudolf-Steiner-Schule und der Montessori-Schule. Wenn man einen Menschen immer nur mit Denkwissen bombardiert, wie das die meisten unserer Schulen mehr und mehr glauben tun zu müssen, dann fängt er über kurz oder lang unweigerlich an, mit den Händen Unheil zu stiften. Er beginnt, irgendwelche Dinge zu tun, die ihm und anderen schaden. Die Hände sind dazu da, daß man sie schöpferisch gebraucht, um den Geist zu ergänzen, und nicht, um ihn vom übrigen Körper abzusondern.

Diese Grundvoraussetzungen gründen in der Liebe. Ohne sie kann kein Mensch etwas nur annähernd Sinnvolles erreichen. Leider meinen viele Eltern und Lehrer, sie müßten aus einer völlig falsch verstandenen Liebe heraus den Kindern ihre eigenen sittlichen und sonstigen Haltungen und Erfahrungen als die allein richtigen beibringen nach dem Motto: »Das Kind muß so werden wie ich oder das Kind muß ganz anders werden als ich.« Sie bedenken dabei nicht, daß die Seele des Kindes ihnen überhaupt nicht gehört, denn sie kommt aus einer ganz anderen Welt. An der Neuen Schule greifen die Lehrer nicht in das seelische Grundwesen des Kindes ein. Ebenso wie Maria Montessori vertreten sie die Auffassung, der Erzieher habe die Hände vom »Zentrum des Kindes« wegzulassen. »Was im Kinde vor sich geht, das ist das Geheimnis des Kindes, und das müssen wir achten. Das Zentrum gehört dem Individuum allein. [...] Nur durch die Peripherie, die Sinne und die Bewegung, wird das Individuum mit der Außenwelt in Berührung gebracht. [...] Sie ist für uns erreichbar, weil wir sie sehen, wie das Kind seine Wahl trifft und wie es sich mit seiner Aktivität zur Außenwelt hin ausdrückt. Dieses sehen wir, und darauf bauen wir auf.«

Die nichtbesitzende Liebe, die Theorie im Sinne der Vision und das Experiment sind also die drei erzieherischen und bildenden Faktoren, welche die Neue Schule vermittelnd umsetzt. Immer wieder erleben die Lehrer, daß sich von ihnen aus auch alles andere entwickelt, wie z. B. der Sinn für das Gemeinschaftliche, die Arbeitsfreude, das gesunde Pflichtbewußtsein, die Sitte und Moral u. v. a. m. Man handwerkt miteinander, man tut etwas für den Nächsten und lernt schon früh, anderen Menschen zu helfen und zu dienen. Das alles geht am besten und natürlichsten über die Hände und das liebende Herz.

11. Die Sinn- und Erkenntnislehre ist durchgehender Bestandteil aller Unterrichtsfächer und soll dem Schüler die Erfahrung vermitteln, über die nur sichtbaren Dinge hinauszublicken. Die Neue Schule macht ihm erfahrbar, daß es nicht zuallererst um die Quantität des Mach- und Erforschbaren, sondern um die Qualität – die Ein-Sicht – dessen geht, was *hinter* den Dingen und Phänomenen liegt bzw. liegen könnte; und daß der Mensch viel zu sehr nach dem vordergründigen Ursache-Wirkung-Prinzip lernt statt nach der sokratischen Methode vom Hinterfragen seines Wissens.

Besonders im Fach »Metaphysik und Religion« nehmen die Sinn- und Erkenntnisüberlegungen einen breiten Raum ein. Hier werden sie lebenspraktisch und offen diskutiert, ohne daß ihnen irgendein institutioneller Glaubensstempel aufgedrückt wird. Dabei zeigt sich, wieviel tiefreligiöse Wurzeln und Bedürfnisse auch in den heutigen Schülern schlummern und nur darauf warten, durch eine dementsprechend verständliche und herzliche Form geweckt und gestaltet zu werden.

Das Wort Religion bedeutet an der Neuen Schule in allererster Linie, den fragenden Rück-Bezug des Menschen auf sich selbst, auf seinen ihm angehörenden Ur-Grund herzustellen. Damit will die Neue Schule nichts anderes bewirken, als darüber nachzusinnen, was die menschliche Existenz bedeuten und woher und wohin sie streben könnte; warum z. B. Begriffe wie Moral, Nächstenliebe, Geduld, Demut, Gnade, Glaube, Hilfsbereitschaft für jeden Menschen von unersetzlichem Bestand sind und folglich zu seiner harmonischen Lebensbewältigung ursächlich beitragen. Durchgängig machen Lehrer die Erfahrung, daß Schüler der Religion an sich und den religiösen Werten im besonderen gar nicht ablehnend gegenüberstehen, sondern weit mehr den Institutionen, die glauben, die Sinnfragen im Alleinvertretungsrecht ›richtig‹ verkünden zu müssen, mit Skepsis begegnen. So verkünden die Kirchen Überzeugungen, die bei vielen Menschen nicht mehr auf eigenen inneren Erfahrungen beruhen. Deshalb können und wollen sie wenig an kirchliche Aussagen glauben. Das heißt aber bei weitem nicht, sie wären glaubenslos gegenüber den ursprünglichen Religionsaussagen eines Jesus.

Da sich die Neue Schule weniger an den Aussagen der religiösen Institutionen orientiert als an den religiösen Bedürfnissen des einzelnen, gelingt es weitaus mehr, einen unmittelbaren Bezug zu Sinn und Wesen der Religion herzustellen. Zugrunde liegt die Auffassung, daß es so viele Religionen wie Menschen gibt und daher jeder einzelne einen letztlich tiefen unmittelbaren Rückbezug zu seinen Göttern bzw. Gott herzustellen vermag. Kein anderer kann ihm dabei sagen, auf welchem genauem Weg er zu ihm findet. Jede menschliche Seele ist anders strukturiert bzw. geht einen verschiedenen Weg, ihre Religion zu finden, um sie dann im Leben zu verwirklichen. Warum sonst hätte Gott die Menschen in ihren vielfältigsten Denk- und Fühlweisen erschaffen, wenn er nicht wüßte, daß jeder von ihnen sich auf die Suche nach *seiner* Religion, nach *seinem* Selbst begeben muß, um zu jenem Punkt vorzustoßen? Gott wünscht keine religiöse Hammelherde, die in blindem Gefangensein einem Kollektivglauben nachgeht und ihm hinterherplappert. Vielmehr verlangt er, das Individuum müsse sich ein eigenes Bewußtsein seiner selbst aufbauen und es mit einer glaubend-religiösen Gesinnung verbinden.

Es dürfte klarer geworden sein, warum das Thema Religion an der Neuen Schule eine so starke Stellung einnimmt, ja, daß sie als Sinn- und Erkenntnislehre das Übergeordnete und Verbindende aller Fächer und Themen darstellt. Sie findet im »Liebe und erkenne Deinen Nächsten wie Dich selbst, denn der andere, der bist Du« ihren praktischen Ansatz und Ausdruck. Ferner versucht sie, die Aussagen früherer Zeiten lebendig zu vermitteln, nach denen der areligiöse Mensch der Feind seiner selbst ist. Nicht wegen Gott, den Göttern oder religiösen Systemen soll er glauben, sondern aus Liebe und Selbstachtung sich selbst gegenüber. Im weiteren will die Neue Schule dem jungen Menschen wieder zu Bewußtsein bringen, daß die »Religionen«, an die sich viele heute blind anklammern – die Religionen des nackten Materialismus und der arroganten Wissenschaftsgläubigkeit –, sie nur weiter in die Irre und Spaltung führen. Sie sind die Dämonen eines falschen Lebenssinns. Mit jeder Art von religiösem Nachsinnen steht die Neue Schule in guter Gesellschaft mit allen geistigen Kulturen und Traditionen, die in der Religion den Weg zur eigentlichen Selbstfindung des Menschen erblicken: der Rück-Bindung an sich selbst.

12. Die Neue Schule ist keine Institution des weltentrückten Geistes oder der blinden Zurück-zur-Natur-Ideologie, sondern vermittelt den konkreten Bezug zu den Errungenschaften des technisch-wissenschaftlichen Zeitalters. Sie will den utopischen Vorstellungen gerecht werden, eine Schule für die Kinder unserer Astronauten zu sein, indem sie in jungen Menschen weiterhin die Grundvoraussetzungen dessen schafft, was ihren Vätern heute bereits ermöglicht, als Astronauten der Welt außerhalb der Welt zu begegnen. In sämtlichen Fächern spielt die Wissensvermittlung eine bedeutende Rolle, indem den Schülern das logische und kausale Denken anhand von Formeln und Experimenten nahegebracht wird. Außerdem erlernen sie das Umgehen mit audiovisuellen Medien und anderen technisch-elektronischen Geräten.

Dies muß besonders deutlich herausgestellt werden, um den eventuellen Eindruck zu widerlegen, an der Neuen Schule würde hauptsächlich nur »unproduktiv Geistiges« gelehrt, mit dem der Schüler in seiner späteren Berufswelt nichts Konkretes anfangen könne. Dieser Vorwurf wäre schon in dem Punkt falsch, als die Neue Schule bereits ab der 3. Klasse den theoretischen wie praktischen Umgang mit dem Computer beginnt. Ihre Lehrer sind der Überzeugung, daß es völlig falsch ist, die Computertechnik zu dämonisieren, weil sie angeblich dem jungen Menschen das Denken abnimmt und ihn den Mächten eines technischen Monstergehirns ausliefert. Im Gegenteil: Die Kinder werden durch die bloße Existenz des Computers zum Denken und Spielen angeregt. Sie wollen sich mit ihm bzw. seinen Programmen und Verdrahtungen messen und in Konkurrenz treten. Freilich muß man auch hier auf das rechte Maß achten, mit dem ein Schüler verfährt. Das heißt, er muß lernen, daß der Umgang mit dem Computer nicht den einzigen Lebenssinn darstellen kann. Doch das sollte ohnehin eine Selbstverständlichkeit sein, sofern man erfährt, gegenüber den Dingen den rechten Bezug herzustellen.

Da wir in einer Welt der technischen Dimensionen und Entwicklungen leben, wäre es äußerst unrealistisch, wollte man ihre Ergebnisse nur negieren oder moralisch verteufeln. Das hieße doch, päpstlicher als der Papst zu sein, indem man in der Computertechnik (und der Technik im allgemeinen) den Auswuchs des Bösen und Menschenversklavenden sieht, von dem das Kind tunlichst ferngehalten werden muß, damit es ja nicht in Gefahr und Versuchung gerät. Genau das ist der falsche Weg, von der ›Sünde‹ Abkehr zu nehmen. Vielmehr kommt es darauf an, zu versuchen, den Computer nicht als Böses und Dämonisches dem Schüler vor Augen zu halten. Statt dessen soll er lernen, einen möglichst sinngerechten und unabhängigen Bezug zu ihm herzustellen, der ihn erkennen läßt: Auf diesem oder jenem Gebiet gereicht mir seine Existenz zu wirklicher Hilfe im Sinne von Erleichterung, da ich z. B. mehr Zeit für kreative Dinge habe wie das Experimentieren mit Motoren, chemischen Elementen oder das Sammeln und Zuordnen von Naturgegenständen wie Steine, Blumen und Hölzer. Wenn die Schüler der Neuen Schule z. B. lernen, wie man durch das richtige Eintippen in den Computer in Windeseile ein mathematisches oder chemisches Ergebnis erfährt, für das man vorher per Kopf ein paar Stunden gebraucht hat, so lernen sie, auf zwei unterschiedlichen Wegen zu ein und demselben Resultat zu gelangen. Sie haben die Wahl, es in Zukunft so oder so zu machen. Und das ist das Entscheidende dabei. Wie sie es dann später tun, bleibt ihnen selber überlassen. Die Schulpraxis lehrt, daß ein Teil der Schüler der Meinung ist, das Rechnen mit dem Kopf sei die nach wie vor sinnhaftere Tätigkeit. Der andere Teil dagegen behauptet, in der Benützung und Kenntnis des Computers liege das größere Abenteuer und der bessere Gewinn, da man u. a. von seiner Technik und den sie bietenden Möglichkeiten angetan sei, d. h. Programme selbst entwickeln und »einfüttern« könne und sich damit nicht zuletzt an den eigenen intellektuellen Fähigkeiten erprobe.

13. Nicht zuletzt beruht die »Bildung am Kind« auf einer fruchtbaren Zusammenarbeit von Schule und Eltern. Sie ist ein Herzensanliegen der Neuen Schule. Was andere Schulen krampfhaft durch theoretische und moralische »Einsichtsappelle« an die Eltern, wie wichtig doch ein vertrauensvoller Kontakt zu Lehrern und Schule sei, vergeblich anstreben, schafft die Neue Schule damit, daß sie es praktisch tut: Ihre Lehrer sind für die Eltern ganz einfach »da«, ohne daß sie das zwanghafte Gefühl haben, sie müßten mit ihnen reden, weil sie da sind. Des öfteren kommt es vor, daß Eltern, die ihre Kinder abholen, eine kurze Rast im »Schüler-Lehrer-Eltern-Café« der Neuen Schule einlegen, sei es, um nur kurz auszuspannen und einen Drink einzunehmen oder/und sich spontan mit Lehrern zu unterhalten. Gerade anhand solcher unverbindlicher Gespräche bauen sich nicht selten persönliche Vertrauensverhältnisse auf, werden Sorgen, Wünsche, Hoffnungen und Freuden ausgetauscht, entstehen neue Ideen und Projektgruppen innerhalb der Zusammenarbeit von Lehrern, Eltern und Schülern.

Daneben existiert natürlich auch noch eine formelle Kontaktbasis Eltern – Schule. Gemeint ist die Eltern-Lehrer-Schüler-Beratungsstelle, die sich hauptsächlich der schwierigen Fälle annimmt. In ihr arbeiten zwei Psychologen, ein Psychotherapeut, zwei Sozialpädagogen sowie ein Priester mit. Häufig kommt es vor, daß besonders alleinerziehende Elternteile oder Eltern, die in massiven privaten Schwierigkeiten stecken, von der kostenlosen Beratung Gebrauch machen. Sie wissen, daß ihre Probleme vertraulich behandelt werden und ihren Kindern niemals zum schulischen wie persönlichen Schaden gereichen. Generell macht die Neue Schule die Erfahrung, daß Eltern die schwierigeren Patienten sind als ihre Kinder und daß es in solchen Fällen das oberste Prinzip ist, nicht nur am Kind herumzupädagogisieren, sondern Eltern und Kind, die Familie im ganzen, als den eigentlichen Patienten zu erkennen. Aber selbst bei einer offenen und vertrauensvollen Elternarbeit gibt es immer wieder große Schwierigkeiten in puncto skeptischer Ressentiments der Eltern oder einzelner Elternteile. Der Stachel des Mißtrauens gegenüber Schule und Lehrer sitzt eben immer noch tiefer, als man gemeinhin annehmen könnte, und in diesem Punkte ist auch die Neue Schule mit ihrer Arbeit noch lange nicht zufrieden, trotz monatlicher Elternabende und sonstiger geselliger Aktivitäten.

Zu Besuch in der Neuen Schule – eine konkretisierte Utopie

Wir schreiben einen Montag im Mai 199. . Herr Wegner, der Fachredakteur einer deutschen Elternzeitschrift, macht sich auf den Weg zur Neuen Schule, die den Namen »Sokrates-Schule« trägt. Er hat den Auftrag, einige Tage lang das Leben und Lernen in der Sokrates-Schule zu beobachten.

Es ist 8.15 Uhr. Herr Wegner betritt das Schulgelände. Die äußeren Gegebenheiten vermitteln einen sehr weiten und offenen Eindruck. Das Terrain gleicht einem großen Campus. Auf den ersten Blick kann man neben vielen bankähnlichen Sitzgelegenheiten und Tischen, die infolge ihres originellen Stils auf Eigenproduktion schließen lassen, Turn- und Klettergerüste, Baumhäuser, einen Swimmingpool, mehrere Fuß- und Handballtore, verschiedene bunt angemalte Holzhütten sowie nicht näher definierbare Skulpturen wahrnehmen. Sogar ein kleiner griechischer Tempel ist zu sehen, auf den gerade Sonnenstrahlen fallen, welche die Inschrift: »Mensch, erkenne dich selbst« aufleuchten lassen. Daneben erhebt sich eine bunt angemalte verkleinerte Weltraumrakete, die mit einer Steigleiter verbunden ist und die Illusion vermittelt, man könne damit in den Weltraum fliegen. Wohin man blickt, wirkt alles sehr persönlich und mit Liebe gestaltet. Kaum einer der Gegenstände hinterläßt den Eindruck von Ungepflegtheit, nichts ist ramponiert.

Langsam betritt der Redakteur den Weg zum Haupteingangstor der Schule. Dort trifft er erstmals auf einige Schüler, die sich angeregt und lachend unterhalten und im Begriff sind, den parkähnlichen Weg zu einem der beiden Schulgebäude einzuschlagen. Ein Schüler fragt Herrn Wegner, ob er ihm helfen könne, da er vermute, dieser suche etwas. Der Redakteur antwortet, er komme wegen einer Reportage und wolle deshalb zum Direktor der Schule. »Sie meinen sicher unseren lieben Herrn Barth«, entgegnet der Schüler, »sein Büro ist im 1. Stock des Hauptgebäudes. Aber bevor Sie sich hochbegeben, werfen Sie lieber zuerst einen Blick in unseren Gemeinschaftsraum ›Schüler-Eltern-Lehrer‹. Dort sitzt er öfter bei seinem Lieblingskaffee ›Sokratesbecher‹, einer Spezialität unserer Schülerküche. Den sollten Sie unbedingt auch kosten: ein Gemisch aus schwarzem Kaffee, Zucker und von uns selber hergestellten Kräutersäften! Aber keine Angst, das Kaffeegemisch ist trotz des Namens nicht giftig, sondern macht nur stark und weise!«

Tatsächlich trifft Herr Wegner den Direktor im besagten Gemeinschaftsraum an, wo er gerade mit Eltern und Schülern ein Gespräch führt. Nach der Begrüßung durch Herrn Barth wird der Redakteur eingeladen, der Diskussion beizuwohnen. Es geht um die Konzeption eines Schüler-Eltern-Theaterstücks, das in einigen Wochen im ›Tempel‹ des Schulparks uraufgeführt werden soll.

Herrn Wegner eröffnet sich ein erstes praktisches Bild der Sokrates-Schule: Es existiert ein Treffpunkt für alle an der Schule beteiligten Personengruppen, an dem man in entspannter Atmosphäre zusammenkommen kann. Innerhalb der schulischen Mauern wird ein Theaterprojekt erarbeitet, das von Lehrern, Schülern und Eltern diskutiert, geprobt und später aufgeführt wird. Die daran beteiligten Personen arbeiten partnerschaftlich an dem Stück, das den Titel »Neue alte Welt – und der Mut zur Erziehung« tragen soll.

Zum Gespräch um 9.30 Uhr, das Direktor und Redakteur vereinbart hatten, verläßt der Schulleiter die Diskussionsrunde mit dem Hinweis: »Ich muß jetzt gehen, da ich mit unserem Gast, Herrn Wegner, der für mehrere Tage das Leben an unserer Schule beobachten will, einen Gesprächstermin habe. Ihr werdet auch ohne mich zurechtkommen. Also dann auf Wiedersehen bis zu unserem nächsten Treffen in dieser Runde am kommenden Donnerstag um acht Uhr.« Beim gemeinsamen Gang zum Besprechungszimmer von Herrn Barth nimmt der Redakteur wahr, daß in der Sokrates-Schule der Unterricht begonnen haben muß. Eine atmosphärische Mischung aus Ruhe, geräuscharmer Betriebsamkeit, Hämmern und Musizieren dringt aus den verschiedenen Schulzimmern auf die Gänge. Draußen im Park kann man mehrere Gruppen von Schülern sehen; eine davon übt sich im Volleyballspiel, die andere scheint ein altes Auto zu reparieren, und eine weitere ist dabei, den Rasen zu mähen und die Wege zu säubern. Im Schulhaus selbst stößt man auf vereinzelte Arbeitsgruppen von Schülern, die gerade ein bestimmtes Fachthema bearbeiten und dabei von ihren Lehrern assistiert werden.

Diese ersten Eindrücke schaffen in den Gedanken des Redakteurs ziemliche Verwunderung. Er hatte sich von der Sokrates-Schule ein ganz anderes Bild gemacht, das darin wurzelte, einen ziemlich lauten, unstrukturierten und disziplinlosen Haufen von Schülern und Lehrern vorzufinden, dem es in erster Linie nur darum geht, nach dem »Mach-was-du-willst«-Prinzip zu leben und der nichts von Ordnung, Ruhe und Leistung wissen will. Dies oder ähnliches hatte Herr Wegner auch mehreren Artikeln entnommen, die dem »Modellversuch Neue Schule« jene Attribute in der Praxis prophezeiten. Die nicht wenigen Gegner der Neuen Schule warfen ihren Initiatoren sogar vor, sie seien von langfristigen umstürzlerischen Weltbildern bestimmt und beabsichtigten nichts anderes, als im jungen Menschen ein wertzersetzendes, leistungsverweigerndes und agitatorisches Lernen zu initiieren, um ihn damit gegen die bestehenden gesellschaftlichen Zustände aufzuhetzen. Von alledem ist im Moment nichts zu spüren, im Gegenteil: Ein harmonischer Eindruck von Schule und Schülern hat das Vorurteil einer Kaderanstalt abgelöst, die darauf abgestellt ist, Chaos und Unzufriedenheit in den Reihen ihrer Mitglieder zu erzeugen.

Im Besprechungsraum des Direktors angekommen, erhält Herr Wegner die ersten näheren Informationen über die Sokrates-Schule. Zunächst erklärt Herr Barth, warum sie den Namen des Philosophen Sokrates trägt.

»Sehen Sie, Herr Wegner, wir haben uns lange überlegt, welchen Namen wir der Neuen Schule geben wollen, da uns bewußt war, daß jeder Name eine ganz bestimmte Widerspiegelung einer Idee oder Sache verkörpert. Wir haben uns auf den Namen Sokrates geeinigt, da er es neben Platon war, der in unserer abendländischen Tradition mit die klarsten und tiefsten Gedanken über das Wesen und den Sinn der menschlichen Existenz und Erziehung hatte. Sein eigentliches Ziel der Bildung sah er doch darin, den jungen Menschen aus dem Trugschluß seines nur sinnlichen und wissenschaftlichen Wissens herauszuführen, um ihm vor Augen zu halten, daß diese Art von Wissen keinesfalls zu seiner persönlichen Ganzheitserfahrung und somit zur Wahrheit führen kann. Folglich muß jenem einseitigen Wissen eine andere Erfahrung gegenübergestellt werden, die dem Menschen aufzeigt, daß er zum Punkt der Erkenntnis geführt werden soll, sich einzugestehen, schließlich und endlich wisse man, daß dieses Wissen allein niemals zum ersehnten Lebensglück führt. Das genau ist der Punkt, wo alles sinnliche und naturwissenschaftliche Wissen in Glauben übergeht, um zu einem wirklich menschlichen Erkennen oder Staunen zu führen. Dies zu erreichen ist die höchste Kunst der Erziehungs- und Bildungsphilosophie von Sokrates. Nun werden Sie vielleicht verstehen, warum wir unserer Neuen Schule den Namen ›Sokrates‹ vorangestellt haben. Wir vertreten seine Ideen und sind bemüht, im dialogischen Prinzip des Führens und Fragens die Schüler und Eltern, sofern letztere dazu bereit sind, dementsprechend zu bilden. Denn im richtigen Fragen und Tun, so meint Sokrates, erkennen die Schüler vieles, wie es sich verhält, und erfahren so auch am besten die Kraft und Selbständigkeit ihrer Person. Ihre geistige Stärke und Wahrheitsfindung äußert sich darum nicht im bloßen Vortragen oder Nachplappern irgendwelchen Wissens, sondern im Dialog mit anderen Menschen, im Tun dessen, daß das Suchen einen noch höheren Wert hat als das Finden und eigenes Denken und Fühlen höher sind als Abrichtung. Hierbei benötigt der junge Mensch einen Pädagogen, der sich in seine Seele hineinversetzen kann, sofern es ihm ein wirkliches Anliegen ist, bildend zu wirken.

Und noch eines, Herr Wegner: Glauben Sie nicht auch, daß unsere gesamte zivilisierte Welt – von der Umweltkrise angefangen bis hin zu der vielerorts aus den Fugen geratenen Schul- und Familienerziehung – spätestens heute die faulen Früchte davon ernten muß, daß sie die Ideen und Gebote eines Sokrates, eines Platon, eines Jesus mehr und mehr unter den Tisch gekehrt hat, daß sie ihnen seit langem die nur mehr logischen Wissensgebote und Materialismus-Ideologien entgegenstellt? Eine derartig einseitige Einflußnahme aber ist genauso ein Verbrechen an Seele und Geist des Menschen wie das Zünden einer Atombombe, bzw. ihre Zündung stellt nur das logische Ergebnis des aus dem Gleichgewicht geratenen Menschen dar.«

»Sie glauben also, Herr Barth«, entgegnet der Redakteur ein wenig ironisch, »Ihre Sokrates-Schule sei in der Lage, den Schüler wieder den wahren Kern von Bildung und Wissen neu entdecken zu lassen, ihm also das Rüstzeug zu verschaffen, das er benötigt, um zu sich selbst zu finden, und das ihm die Angst und die Sorgen nimmt, sich in der Welt da draußen nicht mehr zurechtfinden zu können?«

»Ja, davon bin ich überzeugt«, antwortet der Direktor und fügt hinzu: »Aber ich spüre, daß Sie vieles davon für Phantasterei halten, die von Weltentrücktheit zeugt.«

»Ehrlich gesagt, gewisse Zweifel habe ich schon daran, verehrter Herr Barth«, stellt Herr Wegner lakonisch fest. »Ich hoffe jedoch, der Aufenthalt an Ihrer Schule wird mich eines anderen belehren.«

»Dieser Hoffnung bin ich auch, Herr Wegner, und ich schlage deshalb vor, Sie besuchen verschiedene Unterrichtsstunden nach Ihrer Wahl, damit Sie praktisch erleben können, wie und was in unserer Schule gelehrt wird. Vorher jedoch darf ich Sie zu Beginn der Mittagspause, die von 12.00 bis 14.00 Uhr dauert, im Speiseraum allen Schülern, Lehrern und sonstigen Mitarbeitern vorstellen.«

Begleiten wir Herrn Wegner auf dessen weiteren Recherchen an der Sokrates-Schule. Nachdem seine Wünsche bei Lehrern und Schülern auf Zustimmung gestoßen sind und sich alle über einen grundsätzlichen Programmverlauf für die nächsten Tage einigten, steht für den Nachmittag ein 90minütiger Geschichtsunterricht in der 9. Klasse auf dem Programm. Seit geraumer Zeit beschäftigt sich die Klasse mit dem Leben und Wirken großer altgriechischer Denker und was der heutige Mensch aufgrund ihrer Aussagen daraus lernen kann. Heute sind es die Gedanken Platons, um die es im Unterricht geht. Die erste Irritation ergreift den Redakteur, als er kurz vor Unterrichtsbeginn um 14.00 Uhr die Mitteilung eines Schülers aus der 9. Klasse erhält, die Geschichtsstunde würde nicht im Klassenraum, sondern im Park des Schulgebäudes stattfinden – und zwar im Blockhaus »Utopia« gleich hinter dem »Tempel«. Dort trifft Herr Wegner auf den Geschichtslehrer, Herrn Reusch, und die 20 Schüler der 9. Klasse.

Der Raum des Blockhauses gleicht einem höhlenartigen dunklen Gebilde. Herr Reusch beginnt den Unterricht mit der Bemerkung: »Wie wir letzte Stunde vereinbart hatten, wollen wir uns heute mit Platons Leben beschäftigen. Vielleicht wissen einige von euch, daß Platon nicht nur einer der größten Philosophen, sondern z. B. auch Mathematiker und Politiker war. So hat er in seinem Werk ›Der Staat‹ seine Vorstellungen über Demokratie niedergelegt. Aber das soll uns heute nicht weiter interessieren. Wie ihr alle seht, befinden wir uns in einer nachgebauten Papphöhle, die zehn Schulkameraden eurer Klasse und ich gebaut haben. Wir wollen euch damit einen der Hauptgedanken in Platons Erziehungs- und Geschichtsphilosophie besser veranschaulichen. Unsere Höhle hat einen schmalen Tunnelausgang, der irgendwohin führt. Wir löschen jetzt gleich das elektrische Licht und schalten ein paar Taschenlampen ein, deren Strahlen und Schatten das Licht des Feuers in der Höhle symbolisieren sollen. Stellt euch nun vor, ihr seid Gefangene in der dunklen Höhle und müßt aneinandergefesselt so sitzen, daß ihr nur auf eine Wand der Höhle schauen könnt. Bildet euch außerdem ein, daß hinter eurem Rücken eine Mauer steht, hinter der ein Feuer lodert, dessen Schein die Wand, auf die ihr blicken müßt, erhellt. Glaubt nun weiter, daß sich auf der Mauer hinter eurem Rücken Menschen mit allen möglichen Gegenständen bewegen, deren Schatten an der Wand erscheinen, auf die ihr blickt. Ihr haltet die

Schatten für die einzige Wirklichkeit, weil ihr durch euer Gefangensein niemals vorher die Gelegenheit hattet, etwas anderes zu erfahren als das. Würde sich einer von euch Gefangenen seiner Fesseln entledigen und zum Feuer gelangen, so könnte er erkennen, daß der Schatten, den es an die Wand wirft, nicht die eigentliche Wirklichkeit darstellt.

Seiner Selbsttäuschung gewahr werdend, würde dieser Mensch über kurz oder lang damit beginnen, die Höhle weiter zu erforschen, und dabei auf einen dunklen Gang stoßen, der aus der Höhle irgendwohin führt. Sicherlich braucht er eine ganze Portion Mut und Selbstvertrauen dafür, daß er sich auf diesen neuen und unbekannten Weg begibt, um zu erfahren, wohin er führt. Je länger er ihn erforscht, desto mehr Erkenntnis erfährt er, da er wahrnimmt, daß am Ende des Ganges ein immer heller werdendes Licht auf ihn zukommt. Dort angelangt, ist er von seinem grellen Schein stark geblendet, was ihn im ersten Moment veranlassen möchte, wieder in die Dunkelheit der Höhle zurückzukehren. Mit einemmal überkommt ihn jedoch die Erleuchtung, jetzt diejenige Stelle betreten zu haben, an der er erstmals bewußt wahrnimmt, daß er im Dunkel und im Trug einer bislang für wahr gehaltenen Welt der Erscheinungen gelebt hat. Der Mensch ist somit aus dem extremen Pol des nur Dunklen herausgetreten und weiß von nun an, daß es auch den Pol des Hellen gibt. Das führt ihn erstmals zu der Erfahrung, was menschliches Leben im eigentlichen Sinn des Wortes heißt: ein Wanderer zwischen zwei Welten – zwischen zwei Polen – zu sein.

Ja, liebe Schüler, das war in etwas abgewandelter Form das berühmte Höhlengleichnis von Platon. Zum besseren symbolischen Nachempfinden soll nun jeder von euch durch den Gang unserer Höhle kriechen, um draußen jene Welt von Helligkeit und Sonne zu verspüren, die uns hier drinnen zu erfahren nicht möglich ist.«

Es erfolgt eine Interpretation und Analyse von Platons Höhlengleichnis, bei der die Schüler aufgerufen sind, ihre Gedanken und Gefühle darzulegen. Mehrere meinen, das Gleichnis sei ein wunderbares Symbol dafür, sich seines eigenen Gefangenseins bewußter geworden zu sein, indem man bislang bestimmte Dinge nur von einer Seite aus betrachtete und lebte. Ein Schüler stellt die Frage: »Ist die Geschichte der Menschheit nicht zuallermeist nach dem Höhlenprinzip verlaufen, indem man ganz bestimmte Ideologien ausrief, die stets nur das eine und angeblich allein wahre Prinzip verkündeten und den Menschen verbaten, zu denken, daß es immer ein Gegenteil von einer Sache gibt, das genauso richtig oder falsch sein kann? Und wurden zur Aufrechterhaltung dieses einseitigen Anspruchs nicht Abermillionen von Menschen verdummt und geopfert? Mußten nicht ganze Völker für ein bestimmtes ›Ideal einer richtigen Sache‹ in Kriege ziehen und unsägliches Leid auf sich nehmen, nur weil man glaubte, die Schatten an der Höhlenwand seien die einzig wahren und verbindlichen Sinnbilder, die keine andere Wirklichkeit zulassen?«

Eine Schülerin nimmt diese Überlegungen auf und fragt: »Sind nicht auch die Ideologien des Kapitalismus und des Kommunismus aus dem gleichen Holz geschnitzt, indem sie lediglich nur die eigene Denk- und Glaubensrichtung zulassen wollen und die andere ganz eliminieren, ja, als nicht existent sehen möchten? Und fühlt sich nicht jeder einzelne von uns dazu geneigt, eine ähnliche Betrachtungsweise zu pflegen, sofern er starre Positionen in der einen oder anderen Sache bezieht und sich dadurch selber den offenen Blick für andere Sicht- und Gefühlsweisen verbaut? Sollten wir darum nicht zuallererst bei uns – bei unserer eigenen Geschichte – anfangen, um zu einer Veränderung des Bewußtseins vorzustoßen? Ich jedenfalls sehe, nachdem uns das Höhlengleichnis Platons praktisch vor Augen gehalten wurde, vieles plötzlich ganz anders. Ich kann jetzt weitaus besser verstehen, warum es in meiner Familie so oft zu Auseinandersetzungen kommt, da meine Eltern in vielen Dingen genauso zwanghafte Standpunkte einnehmen – und ich natürlich auch. Ich verspüre es ab jetzt als blanken Hohn, wenn wir zu Hause viel über äußere Probleme des Friedens oder einer gerechteren sozialen Welt sprechen, dabei aber niemals praktisch begreifen, daß es doch zugleich auch um unsere eigene innere Friedfertigkeit, Gerechtigkeit und Standpunktaufweichung gehen muß, um das wahrhaftig zu erreichen, was wir draußen verändern wollen. Mir ist klargeworden, daß alle Dinge in erster Linie *in uns* liegen und nicht irgendwo da draußen. Verändern sie sich in uns, dann verändern sie sich automatisch auch draußen zu einem Besseren. Die äußere Welt stellt doch nur die sinnliche Widerspiegelung unserer inneren Welt dar. In ihrem gegenwärtigen Zustand gleicht sie mir oft dem angeketteten Gefangenen, der nicht an sich selbst glaubt und deshalb starr an dem Platz verharrt, wo er sitzt. Er meint, nichts tun zu können, weil ihm Phantasie und Mut fehlen, sich zuallererst seiner Fesseln zu entledigen.«

Der Geschichtslehrer greift die Gedanken der Schülerin auf und bemerkt: »Exakt hierin liegt auch der Erziehungs- und Bildungsauftrag in Platons Höhlengleichnis. Oberste Aufgabe von Eltern und Schule muß es sein, das Kind nicht gefesselt in der Höhle sitzen zu lassen, sondern seine Erzieher und Lehrer müssen es aus dem Dunklen oder Unbewußten seines Wesens herausführen auf den Weg, der ins Licht führt. Dabei brauchen sie Zeit und große Geduld, denn kein Kind gleicht dem anderen. Das eine möchte länger in der Höhle verweilen und sich erst einmal gründlich darin umsehen, um erst dann den Weg zu beschreiten. Ein anderes hat den intuitiven Wunsch, möglichst schnell den Gang durch den Tunnel zu durchschreiten, um auf halbem Wege festzustellen, daß es wieder ein Stück zurückgehen möchte. Und wieder ein anderes möchte irgendwo für eine Zeitlang stehenbleiben, um eine Rast einzulegen. Die Kunst des Erziehers ist es nun, diese inneren Eigentümlichkeiten des jungen Menschen zu erkennen, aber dabei nicht das Ziel aus den Augen zu verlieren: es mit dem anderen Pol – dem ›Pol des Hellen‹ – in Erfahrung zu bringen. Ihm muß, wie gesagt, gewahr werden, daß der Begriff ›Dunkel‹ erst dann einen verständlichen Sinnbezug erhält, wenn ihm der Begriff ›Hell‹ praktisch erfahrbar gegenübersteht; daß sich Hell und Dunkel gegenseitig bedingen, d. h., daß keines ohne das andere vorstellbar ist. So verhält es sich auch mit allen anderen Gegensätzen wie z. B. Gesundheit–Krankheit, Leben–Tod, oder Gut–Böse.

Wer von uns würde bei diesen Gegensätzen ernsthaft behaupten wollen, sein Lebensglück darin zu finden, daß er einen Pol ausschaltet? Natürlich besteht das Ziel vieler Menschen darin, nur gesund zu bleiben, den Tod nicht akzeptieren zu wollen und immer gut sein zu müssen. Aus diesem Grund meinen sie, den Gegensatzpol, der ihnen nicht genehm ist, ständig bekämpfen oder unterdrücken zu müssen, um ihn für immer aus der Welt zu schaffen. Das geht aber nicht. Wie ihr im Fall der Medizin sehen könnt, hat sie, seitdem sie den Menschen immer gesünder machen will, eher das Gegenteil erreicht. Er wird ständig kränker, vor allem, was das seelisch-körperliche Wohlbefinden angeht. Ähnlich verhält es sich mit den moralischen Begriffen ›Gut‹ und ›Böse‹. Je mehr man das Böse und Niedere im Menschen ausrotten will, um ihm eine nur gute Gesinnung einzuimpfen, desto böser und grausamer wird er über kurz oder lang werden. Und obendrein scheut er sich nicht, seine zutiefst inhumanen und scheinheiligen Moralgebote unter der Flagge der ›guten und richtigen Gesinnung‹ zu verkaufen. Erinnert euch hierbei nur an die Greueltaten der Kreuzzüge, der Exzesse des Dreißigjährigen Krieges oder an die Verbrechen des Nationalsozialismus. In allen Fällen glaubte man, subjektiv eine gute und gerechte Sache vertreten und erkämpfen zu müssen. Bis zum heutigen Tag lernten die meisten Menschen nichts aus der Menschheitsgeschichte, weil man sie über die Dinge nicht grundsätzlich und ehrlich aufklärte und weil sie darüber hinaus an ihrer individuellen Lebensgeschichte nichts Wesentliches lernen und verändern wollten. Statt ihre Gegensätze in sich zu vereinen und zu integrieren, schaffen sie sich ein Musterbild, das ihnen suggeriert, die Gegensätze zu spalten, zu eliminieren, abzusondern und zu verdrängen. Damit glauben sie Zustände zu erreichen, die Glück, Frieden, Harmonie oder Einheit heißen. Das aber ist genau der falsche, der tödliche Weg zu jenen Zielen, indem ich zwanghaft etwas ausschließe, was in dieser Welt absolute Realität ist: die Gegensätze.

So dürfen wir Lehrer in euch Schülern und ihr Schüler in uns Lehrern keine Gegensätze in der Art sehen, daß einer den anderen bekämpft oder auszutricksen versucht, sondern es geht in der Sokrates-Schule praktisch darum, uns in den Rollengegensätzlichkeiten erst einmal anzunehmen und zu verstehen. Erst dann können wir zu dem gemeinsamen Ziel finden, das in der kreativen Verbindung der Gegenpole liegt. Gerade weil wir den Weg gemeinsam zu gehen versuchen, gelingt es uns auch häufig, jene Harmonie oder Einheit zu erfahren und vorzuleben, um die wir von anderen Schulen, Lehrern und Schülern beneidet werden. Im Suchen und Finden des ›dritten Punktes‹, der zwischen oder über den Gegensätzen ruht und immer das Loslassen-Können eines ganz bestimmten Standpunktes voraussetzt, liegt genau das, was den Lebenssinn ausmacht: zur Ein-Sicht zu gelangen, daß alles mit allem untrennbar zusammenhängt und von einer Einheit oder Harmonie, die über oder hinter unseren sinnlichen Wahrnehmungen und naturwissenschaftlichen Gesetzen steht, umkleidet und gelenkt wird. Nennen wir sie Gott, den metaphysischen Punkt, den tiefen Sinn, das immerwährende Sein oder sonstwie, es ist vom Inhalt her dasselbe.

Sich dessen gewahr zu werden oder, wie Platon im Höhlengleichnis sagt, in der menschlichen Seele den Umschlagplatz des geistigen ›dritten Punktes‹ zu entdecken – darin liegt das wohlverstandene Ziel jeder Schul- und Menschenbildung und somit auch das geschichtliche Erbe Platons bis zum heutigen Tag.«

Mit diesen Ausführungen von Herrn Reusch endet der Geschichtsunterricht der 9. Klasse. Den Schülern merkt man sichtlich an, wie beeindruckt sie von der Thematik sind. Einige diskutieren in Gruppen miteinander, um die gewonnenen Erfahrungen persönlich auszutauschen; andere sitzen alleine da, und dem Beobachter wird klar, daß sie eben etwas vermittelt bekamen, das sie tief ergriffen habe.

Herr Wegner tritt an einen Schüler heran und fragt ihn, welchen Eindruck er aus dem Geschichtsunterricht gezogen habe.

»Ja, was soll ich sagen«, entgegnet er. »Ich bin ganz einfach angetan von Platons Höhlengleichnis, aber auch von der bildlichen Form, wie Herr Reusch und ein paar Schüler versucht haben, uns das Gleichnis spielerisch zu vermitteln. Ich glaube, ohne die praktische Darstellung mit der Höhle hätte ich da meine Schwierigkeiten gehabt. Vor allem aber sehe ich die geschichtlichen Zusammenhänge in einem ganz neuen Licht. Ich glaube jetzt besser zu verstehen, warum der Mensch bis heute seine Zufriedenheit nicht fand, weil er nur einseitig Idealen hinterherjagte, weil er einmal entweder den blinden Gefühlen und irgendwelchen totalen Glaubensdogmen vertraute oder ein andermal sein vermeintliches Heil in extremer Wissenschaftsgläubigkeit sucht, wie das heute der Fall ist.

Bei uns in der Sokrates-Schule ist das ganz anders. Hier erfahren wir eine Art von Leben, das uns den Eindruck des Fließens vermittelt, indem wir praktisch wie theoretisch lernen, was es heißt, experimentieren zu dürfen. Ich kann das doppelt gut beurteilen, da ich bis vor zwei Jahren auf einer herkömmlichen Schule war. Dort wäre es unmöglich gewesen, so ein Erlebnis wie im heutigen Geschichtsunterricht vermittelt zu bekommen. Bis ich in die Sokrates-Schule kam, ging ich in die Schule, weil ich mußte. Sie hat mir niemals Freude und Sinn vermittelt, sondern das genaue Gegenteil. Oft mußte ich mich zwingen, dem dortigen Unterricht konzentriert zu folgen. Was bzw. wem sollte man auch folgen? Die meisten Lehrer spulten phantasielos ihre Unterrichtsstunden ab, lasen aus Büchern vor oder schmierten abstrakte Formeln und Sätze an die Tafel. Freilich gab es auch einige Lehrer, die ein anderes Verständnis von Schule und Lernen pflegten, aber sie waren im institutionellen Dickicht von Lehrplanzwängen und Schulbürokratie letztlich chancenlos. Sie resignierten über kurz oder lang vor der eigenen Courage und der Durchführbarkeit gesteckter Ziele. Ich kann mich gut daran erinnern, wie oft ich sehnsuchtsvoll auf die Uhr blickte und hoffte, der Schultag möge endlich vorüber sein. Hier, in der Sokrates-Schule, ist das erst ein paarmal der Fall gewesen. Oft vergessen wir Schüler und Lehrer die Zeit – und ich glaube, das ist das beste Kompliment an einen Unterricht, der die Schüler durch Faszination, Lerneifer und Selbstbetroffenheit fesselt.

Wir Schüler haben auch nur vereinzelt echte Probleme mit den Schlagwörtern Autorität, Pflicht, Leistung, Disziplin oder Konzentration. Wir spüren genau, daß uns nichts Besseres widerfahren kann, als Lehrer zu haben, die Persönlichkeiten im Sinne von positiven Autoritäten sind. Sie ermöglichen uns, eine Grundorientierung zu finden. Ohne Scheinheiligkeit,

Machthunger und Selbstdarstellungssucht vermitteln sie uns, daß sich kein kreativer und schaffender Mensch auf Dauer gegenüber der Orientierung entziehen kann. Es kommt dabei nur darauf an, ob sie mir ein autoritärer Knochen von Lehrer aufzwingen will oder ob sie durch eine positive Persönlichkeit angeboten wird, zu der ich von mir aus gerne hochsehen möchte. Denn nur letztere hat wirkliche Autorität, ohne sie eigens herausstellen zu müssen. Sie fasziniert uns ganz einfach, auch in ihren Schwächen, denn sie wirkt gelassen, verkörpert Glaubwürdigkeit, Sicherheit und Stimmigkeit.

Unseren Lehrern kommt es weniger darauf an, den Formen der Orientierung die Priorität einzuräumen, als uns Inhalte anzubieten, die es wert sind, sich mit ihnen einzulassen. Ich glaube, das beste Beispiel dazu hat uns die Geschichtsstunde gegeben. Wer anhand Platons Höhlengleichnis seine Lebensorientierung sucht, dem kann das Leben doch gar nicht fade und sinnlos erscheinen. Derjenige begreift auch, daß er die höchste Leistung vollbringt, wenn er danach trachtet, die Gegensätze in und außer sich zu sehen und miteinander zu verbinden. Und er weiß ebenfalls, dabei nicht ohne die Worte Selbstdisziplin, Konzentration, Pflichterfüllung und positive Autorität auszukommen, sofern sie die zwangsläufigen Begleiter auf dem Weg der Orientierung darstellen. Wer z. B. die Autorität fürchtet oder ablehnt, der lehnt sich selber in einem wesentlichen Punkt seiner Existenz ab. Langfristig stiftet er Disharmonie statt geglaubter Freiheit und Zufriedenheit. Er will den anderen weismachen, nur durch die Abschaffung der Autorität könne man zur Gleichheit aller gelangen. Tatsächlich schafft aber dieser Mensch über kurz oder lang bei vielen seiner Mitmenschen Lethargie und Mutlosigkeit, die, weil sie von keiner positiven Autorität umgeben sind, langsam den Wunsch nach autoritären Strukturen hegen. Und das ist immer zugleich das Ende vom Traum der sich autoritätslos gebenden Autorität. Ihre Feinde und Widersacher warten bereits vor den Türen: die Autoritären!

Schon heute kann ich behaupten, Herr Wegner, daß die Zeit an der Sokrates-Schule zu den fruchtbarsten Erfahrungen zählt, die ich im bisherigen Leben hatte. Und zwar nicht zuletzt aus dem Grund, weil wir allesamt hier konzentriert arbeiten und uns nichts hinterhergeworfen wird. Wir sind aufgerufen, uns die Dinge zu erarbeiten; aber dieses Erarbeiten steht unter einem sinnbezogenen kreativen Ganzen, und darum ist es etwas Schönes und Motivierendes.

So, nun muß ich mich verabschieden, Herr Wegner, denn mein Vater holt mich um 16.30 Uhr ab. Wir werden uns in den nächsten Tagen sicherlich noch mal sehen und vielleicht auch sprechen. Also, dann auf Wiedersehen!«

Der Redakteur ist jetzt allein mit sich und seinen Gedanken. Er nimmt auf einer Bank im Schulgelände Platz und läßt die vielen Eindrücke des Tages nochmals Revue passieren. Es kommt ihm in den Sinn, niemals zuvor etwas derart Plastisches und Nachdenkliches in seiner langen beruflichen Laufbahn erlebt zu haben. Nochmals treten ihm die Szenen der Theaterprobe im Gemeinschaftsraum vor Augen, bei denen Eltern, Schüler und der Direktor anwesend waren; er erinnert sich an die Unterhaltung mit dem Schulleiter und vor allem an seine Schilderungen, wie die Elternmitarbeit praktisch aktiviert wird und daß dabei viele Eltern für religiöse Sinnfragen motiviert werden; er ist angetan von der Art und Weise, mit welcher Offenheit und Selbstverständlichkeit man ihn von allen Seiten als Gast der Schule willkommen hieß; daß er mit Lehrern und Schülern gemeinsam am Mittagstisch saß und die Wünsche seines Besuchsprogrammes Zustimmung und Unterstützung fanden. Vor allem aber fasziniert ihn der Umstand, wie man einen Geschichtsunterricht über Platon lebensnah und für alle Schüler spannend gestalten kann, als wäre die 2500jährige Gestalt Platons im Hier und Jetzt anwesend. Was spielte es doch für eine eminent wichtige Rolle dabei, den jungen Menschen nicht nur rein theoretisches Geschichtskopfwissen zu vermitteln, sondern sie durch gestalterische Tätigkeiten aktiv daran zu beteiligen, indem sie eine Höhle bauen und durch ihren Ausgang kriechen! Und mit was für stimmigen Aussagen verstanden es einige der Schüler, das Höhlengleichnis auf ihre persönlichen, familiären wie gesellschaftlichen Zustände hin zu übertragen!

Herrn Wegners Eindrücke machen ihn glauben, in einer anderen Welt – auf einer Insel – zu sein, die jedoch alles andere als weltfremd und isoliert erscheint. Im Gegenteil: Sie wirkt auf ihn wie eine magische Kraft, die reine Atemluft zum Leben und zum Sich-selbst-Finden gibt, auf der man der sein kann, der man ist. Hier muß kein Mensch befürchten, seine Worte und Taten würden mißtrauisch beäugt und auf die Waagschale des richtigen Verhaltens gelegt. Nein, hier ist ein Ort, wo man sich nicht hinter scheinheiligen und zwanghaften Konventionen verstecken muß, sondern sich motiviert fühlt, seine ganze Person einzubringen; wo die Menschen mit Kopf und Herz, mit Kopf und Hand lernen und miteinander arbeiten; wo sie etwas freudig leisten, weil sie einen positiven Begriff von Leistung haben, der am lebendigen Lernen orientiert ist und deshalb die Entdeckung des Sinnhaften zuläßt. Hier werden nicht die Autoritäten gefürchtet oder veräppelt, weil sie Persönlichkeiten sind und keine fehlentwickelten autoritären Rollenträger irgendwelcher Institutionen abgeben.

Aber noch zweifelt Herr Wegner, ob seine heutigen Eindrücke auch auf die Sokrates-Schule im ganzen übertragbar sind. Viel zuwenig weiß er davon bis jetzt und sieht mit großer Erwartung dem nächsten Tag entgegen.

Ein Schultag mit Kopf und Händen

Auf Herrn Wegners Dienstagsprogramm steht die ganztägige Unterrichtseinheit mit dem eigentümlichen Namen »Gestaltende und meditative Kopf- und Handlehre«. Sie setzt sich aus den Fächern Werken, Sport, Musik und Geometrie zusammen. Die 6. Klasse, in der Herr Wegner ist, zählt 22 Schüler und Schülerinnen und wird von Frau Eichler betreut. Sie begleitet die Kinder bereits seit der 1. Klasse in ihrer Funktion als Klassenlehrerin und kennt die Stärken und Schwächen aller Schüler »in vielerlei Hinsicht«, wie sie bemerkt. Auch sind Frau Eichler die familiären Verhältnisse vertraut, aus denen die Kinder kommen. Jene Umstände helfen ihr, die Verhaltensweisen der Kinder in einer Reihe von Fällen mit ganz anderen Augen zu sehen. Ähnlich verhält es sich bei den Schülern in ihrem Bezug zu Frau Eichler. Sie ist ihnen persönlich vertraut und verkörpert eine Persönlichkeit, mit der man partnerschaftlich umgehen kann und die obendrein ein Ohr für ganz private Dinge hat. In gewisser Weise stellt sie für manch einen Schüler so etwas wie eine ›Ersatzmutter‹ dar, der er sich in seinen familiären und sonstigen Nöten und Sorgen anvertrauen kann. Frau Eichlers Verdienst ist es, z. B. in manch prekären Schüler-Eltern-Schwierigkeiten vermittelt und geholfen zu haben. So gelang es ihr vor kurzem auf Bitten einer Schülerin, deren Eltern in Scheidung lebten, diese davon zu überzeugen, es wäre besser, das Sorgerecht für ihr Kind auf den Vater zu übertragen, da dieser weiterhin, im Gegensatz zur Mutter, hier wohnen bleibe und sich somit für das Kind kein belastender Schulwechsel ergebe.

Der Unterricht im Kursraum der 6. Klasse beginnt mit einer Meditation, bei der die Schüler von Frau Eichler aufgerufen werden, sich in aller Stille auf das zu konzentrieren, was ihnen für den heutigen Tag wichtig und erstrebenswert erscheint. Nach etwa fünf Minuten ergreift die Lehrerin das Wort: »Nachdem ihr durch Schweigen und Selbstbesinnung Einkehr gehalten habt, will ich auch noch kurz eine Geschichte erzählen, die vom Sinn der Meditation handelt. Eines Tages fragten einige Leute einen der Meditation kundigen weisen Mann, wie er es trotz seiner vielen täglichen Beschäftigungen erreiche, stets so gesammelt und konzentriert zu sein. Er sprach zu den Fragenden:

›Wenn ich stehe, dann stehe ich,
wenn ich gehe, dann gehe ich,
wenn ich sitze, dann sitze ich,
wenn ich esse, dann esse ich,
wenn ich spreche, dann spreche ich ...‹

Daraufhin äußerten die Leute: ›Das tun wir ja auch, aber was stellst du noch darüber hinaus an?‹ Wiederum sprach er:

›Wenn ich stehe, dann stehe ich,
wenn ich gehe, dann gehe ich,
wenn ich sitze, dann sitze ich,
wenn ich esse, dann esse ich,
wenn ich spreche, dann spreche ich ...‹

Abermals fielen sie ihm ins Wort und meinten: ›Das machen wir doch ebenfalls.‹ Er aber entgegnete ihnen:

›Nein,
wenn ihr sitzt, dann steht ihr schon,
wenn ihr steht, dann lauft ihr schon,
wenn ihr lauft, dann seid ihr schon am Ziel ...‹

Kinder, mit dieser Geschichte soll ausgedrückt werden, daß jeder von uns einen ganz anderen Bezug sich gegenüber findet, wenn er das, was er im Augenblick leistet, mit Konzentration und Wachheit tut, wenn er im Hier und Jetzt der Gegenwart ist und nicht mit seinen Gedanken schon wieder in der Vergangenheit oder Zukunft verweilt.

Unter diesem Blickwinkel wollen wir nun versuchen, das Lernprogramm des heutigen Tages zu beginnen. Ich schlage vor, daß die Werkgruppe 1, die die Leichtathletik-Hürden für den Sportplatz baut, mit ihrer Arbeit vom letztenmal fortfährt und sie, wenn möglich, noch heute beendet. Wir könnten die Hürden dann beim Sportunterricht ausprobieren und mit einem Hürdenlauf einweihen. Die Werkgruppe 2 bitte ich, weiter an Holzzirkel, Winkelmesser und Bandmaß zu bauen. Die Gegenstände stehen meines Erachtens bereits kurz vor der Vollendung, so daß wir sie für die weitere Arbeit am Nachmittag einsetzen könnten. Ich werde bei der dritten Gruppe mitarbeiten, welche die zwei Flöten und die Trommel herstellt. Wie mir Michael berichtete, gibt es da gewisse technische Schwierigkeiten, und ich hoffe, wir können das Problem gemeinsam lösen. Wer von den anderen beiden Gruppen Fragen hat, soll in die Musikwerkstatt des Tiefgeschosses kommen. Wir treffen uns dann alle wieder um elf Uhr im Kursraum. Also, viel Spaß bei eurer Arbeit!«

Herr Wegner hat beschlossen, allen drei Gruppen bei der Arbeit über die Schulter zu schauen. Zuerst begleitet er die »Gruppe Hürdenbau«. Sie arbeitet in einer werkstattähnlich ausgestatteten Remise, die an das Schulgebäude angrenzt. Zwei weitere Arbeitsgruppen von Schülern anderer Klassen befinden sich ebenfalls in dem Raum. Er verfügt über die verschiedensten Arbeitsgeräte. Vom einfachen Handwerkszeug bis zur technisch aufwendigen Fräsbank ist alles da, was das Handwerkerherz höher schlagen läßt. Die Schulwerkstatt »Pestalozzi« wird von einem eigenen Handwerksmeister geführt. Er ist den Schülern bei Holz- und Metallarbeiten behilflich und führt die älteren von ihnen z. B. in die Techniken des Schweißens und Drehens ein. Darüber hinaus ist Herr Huber die ›gute Seele‹ der Schule, zu dem die Schüler kommen, wenn an ihren Fahrrädern etwas defekt ist oder falls sie sonstige handwerkliche Probleme haben. Neuerdings bietet Herr Huber 14tägige Abendkurse für Eltern und Schüler in der Metallverarbeitung an.

Zwischenzeitlich arbeitet die Werkgruppe bereits eifrig an den Holzhürden. Herrn Wegner fällt auf, daß sie einen guten kooperativen Arbeitsstil pflegt, indem ein Teil die Löcher für die Querstangen der Hürden bohrt und andere Schüler mit dem Verschrauben dieser an die Träger beschäftigt sind. Eine weitere Vierer-Gruppe kümmert sich um die Standfestigkeit und Feinjustierung der Hürden. Bis auf zwei Hürden scheinen bei den anderen keine statischen Probleme mehr zu bestehen. Dank Herrn Hubers Hilfe gelingt es, auch sie gerade auszurichten. Die Gesichter der Schüler strahlen, als sie ihr gelungenes Werk begutachten. Einer bemerkt: »Das ist ja viel schneller gegangen als gedacht, so daß wir die restliche Zeit bis elf Uhr etwas anderes tun können. Ich werde mich solange in den Schüler-Eltern-Lehrer-Gemeinschaftsraum setzen und Comics lesen.«

Ein Mitschüler meint: »Ich gehe zu der Werkgruppe 2 hoch, um zu schauen, wie weit sie mit der Arbeit vorangekommen sind.«

»Und wir ziehen uns schnell die Badehose über und schwimmen ein paar Runden«, ist die Antwort der restlichen Schüler.

Herr Wegner schließt sich Bernhard an, der sich auf den Weg zur Arbeitsgruppe 2 begibt. Er erkundigt sich, wie es dazu kam, im Werkunterricht Laufhürden herzustellen. »Ganz einfach, Herr Wegner, ein paar von uns hatten vor einigen Wochen die Idee, die alten klapprigen Hürden durch neue zu ersetzen. Wir einigten uns schnell, sie selber zu bauen, da es doch eine tolle Sache ist, etwas mit eigener Hände Kraft zu tun, was auch von praktischem Nutzen ist. Wenn die Schüler unserer Schule im Fach Sport zukünftig die Hürden benutzen, wissen sie, daß es unsere Gegenstände sind, über die sie springen. Ist das nicht ein schönes Gefühl, die Früchte der eigenen Arbeit auch anderen zukommen zu lassen? Und uns ist bewußt, hiermit etwas getan zu haben, das nicht nur ein theoretisches und nicht weiter beachtetes Etwas ist, sondern einen konkreten Sinnbezug vermittelt. Wir haben mit dem Bauen der Hürden eine praktische Leistung vollbracht, an die wir stets denken werden und auf die wir mächtig stolz sind.«

Mittlerweile sind die beiden im Kursraum der 6. Klasse eingetroffen. Sie stoßen dort auf mehrere Schüler, die miteinander streiten und lustlos herumsitzen. Sie haben Probleme bei der Fertigstellung ihres großen Holzzirkels, mit dem sich noch kein richtiger Kreis konstruieren läßt. Einige werfen sich gegenseitig vor, das Ding dilettantisch angefertigt zu haben. Man überlegt, ob nicht Frau Eichler zu Hilfe gerufen werden soll, bis ein Mädchen aufspringt und sagt: »Ich schlage vor, wir schrauben die Schenkelbefestigung des Zirkels nochmals ab und ölen das Drehgewinde. Dann müßte sich der Zirkel doch besser drehen lassen!« Die Gruppe stimmt dem Vorschlag mit einem skeptischen »Na ja, dann probieren wir's halt noch mal« zu und macht sich an die Arbeit.

Nach kurzer Zeit stellt sich der Erfolg ein: Mit dem Holzzirkel läßt sich an der Tafel ein lupenreiner Kreis zeichnen! Ob ihres genialen Einfalls wird der Schülerin anerkennend auf die Schultern geklopft und man verspricht ihr, eine Pausen-Cola zu stiften. Da die anderen Gegenstände, der Winkelmesser und das Meßband, bereits fertiggestellt sind, beschließt die Gruppe, die anderen Schüler zu besuchen, die mit Frau Eichler die Flöten und die Trommel bauen.

Sie treffen auf recht entmutigt wirkende Kameraden, die trotz der fachlichen Hilfe der Lehrerin mit der Arbeit noch nicht recht weitergekommen sind. Die Trommel liegt noch ohne Bespannung herum, und bei einer Flöte sieht es auch nicht viel besser aus: Sie gibt noch keine nennenswerten klangvollen Töne von sich. Da die Zeit auf 11 Uhr zugeht, schlägt Frau Eichler vor, die Arbeit bis zur nächsten Woche liegenzulassen, um dann in Ruhe daran weiterzuarbeiten. Einige der Schüler sind damit nicht einverstanden und meinen, sie möchten wenigstens die Trommel heute noch fertigstellen. Man einigt sich darauf, daß vier Schüler die Arbeit an der Trommel während der Mittagspause beenden sollen.

Pünktlich um 11 Uhr findet sich die komplette 6. Klasse wieder im Kursraum ein. Bei Getränken und Brotzeit wird über die Ergebnisse der drei Werkgruppen gesprochen, indem ihre Arbeiten vorgezeigt und kritisch gewürdigt werden. Herrn Wegner wird dabei gewahr, mit welcher Einfühlungskraft und gegenseitigem Verständnis die Kinder in der Lage sind, sich mit den Erfolgen oder Mißerfolgen ihrer Kameraden zu identifizieren. Er hat das Gefühl, daß fast jeder den anderen in seinen Erfahrungen verstehen kann und alle bestrebt sind, als Klassengemeinschaft zu agieren, in der nicht Neid und Mißgunst regieren, sondern die von einer Atmosphäre gegenseitiger Anerkennung und Akzeptanz getragen wird.

Nach Ende der Aussprache erfolgt eine zehnminütige Entspannungsübung aller. Sie wird mit Kissen am Boden liegend durchgeführt und von meditativer Gitarrenmusik aus dem Kassettenrekorder begleitet. Die Schüler sollen dabei nochmals reflektieren, was sie in den letzten zweieinhalb Stunden erlebt und geleistet haben. Der Vormittagsunterricht endet kurz vor 12 Uhr und geht in die zweistündige Mittagspause über. Frau Eichler und Herr Wegner verabreden sich zum Mittagessen, um zu einem Erfahrungsaustausch zu gelangen.

Für Herrn Wegner ist es verwunderlich, wie selbständig und aufgabenbezogen 12jährige Kinder planen und arbeiten können, obgleich sie unter keiner direkten Aufsicht der Lehrerin stehen. Bislang war er der Meinung, daß eine derartige Unterrichtsform im Chaos enden müßte. Das jedenfalls war die Auffassung der Lehrer anderer Schulen gewesen, mit denen er gesprochen hatte. Aber auch in diesem Punkt hat ihn die Sokrates-Schule spätestens seit heute vormittag eines anderen belehrt.

»Frau Eichler, liegt der Erfolg Ihres Unterrichts, und der ganzen Schule überhaupt, nicht entscheidend darin, daß das meiste, was die Schüler tun, unmittelbar sie selbst betrifft und dadurch ein hohes Maß an Identifikation oder Nicht-Identifikation – an konkreter Erlebnisfähigkeit – entsteht? Ich kann mir z. B. gut vorstellen, mit einem anderen Verständnis über eine Hürde zu springen, die ich selber hergestellt habe. Genauso leuchtet mir ein, einen anderen Sinnzusammenhang gegenüber geometrischen Figuren herzustellen, die ich mit einem selbstproduzierten Zirkel, Meterband und Winkelmesser konstruiere und abmesse.«

»Das sind genau die Dinge, Herr Wegner, die in jedem Menschen das Lernen und Erfahren erst zum eigentlichen Erlebnis werden lassen, indem sich Zusammenhänge offenbaren, die dem Individuum sonst nicht bewußt werden. Es geht uns doch ähnlich: Es ist ein gewaltiger Unterschied, ob ich irgendein Produkt im Laden kaufe oder die Möglichkeit habe, es selber zu erstellen. Dabei will ich gar nicht behaupten, das sei immer zugleich die qualitativ bessere Alternative. Ich stelle nur fest, daß der Bezug zu einem bestimmten Gegenstand zwangsläufig ein ganz anderer ist, wenn ich bei seiner Entstehung von Anfang an mit Kopf und Hand dabei bin. Und es wird mir jedermann recht darin geben, daß ich zu einer Eigenproduktion ein weitaus innigeres Verhältnis habe, wenn mir etwas zum unmittelbaren Erlebnis wird.«

»Genauso denke ich auch, Frau Eichler, und mir wird zunehmend bewußter: Darin liegt das Erfolgsgeheimnis Ihrer Schule. Es dürfte auch den Grund dafür ausmachen, warum Ihre Schüler trotz eines ungewohnt freien Disziplinarrahmens dennoch disziplinierte und konzentrierte Leistungen erbringen, ja, diese sich geradezu abfordern wollen, weil ihnen bewußt ist, darin den Ausdruck der eigenen Identität und Selbstverwirklichung widergespiegelt zu bekommen.«

»Natürlich ist auch bei uns nicht alles Gold, was glänzt, indem wir nicht alle Schüler für unsere Ideen gewinnen können«, meint Frau Eichler. »Von den knapp 260 Schülern haben wir etwa 25 Prozent, die sich mit dem kreativen Lernsystem in den ersten Jahren nur schwer zurechtfinden und dabei zwangsläufig Sand ins Getriebe des Schullebens bringen. Nicht, daß sie sich bewußt dagegenstellen würden, nein, das meine ich nicht. Sie haben ganz einfach große Schwierigkeiten mit dem Angebot, sich selber lernend besser zu erfahren. Freilich könnten wir leicht sagen: Mit solch schwierigen Schülern haben wir nichts im Sinn und deshalb verweisen wir sie von der Schule. Formal gesehen wäre das ganz leicht, indem wir ihnen den Stempel des ›schlechten‹ und ›motivationswidrigen‹ Schülers aufdrücken, der nicht für die Sokrates-Schule geeignet ist. Jedoch entspräche das nicht unserem Weltbild vom sich entwickelnden Menschen. Von ganz wenigen Ausnahmen abgesehen, gibt es für uns den ›schlechten Schüler‹ an sich nicht, sondern nur den, der langsamer lernt und motivierbar ist als ein anderer. Jene Erkenntnis haben wir obendrein aus der Schulpraxis gewonnen, und wir können daher behaupten: Je länger ein Schüler bei uns verweilt, desto unwahrscheinlicher wird es, daß er seine neurotischen Symptome z. B. in Form von Konzentrations-, Motivations- oder Kontaktschwierigkeiten beibehält.«

Der Nachmittagsunterricht beginnt am Sportplatz, die Schüler haben die vormittags fertiggestellten Gegenstände mitgebracht. Frau Eichler versammelt die Klasse um sich und teilt mit: »Jetzt wollen wir eine Kombination aus Werken, Geometrie und Sport versuchen. Leider müssen wir heute die musischen Belange herauslassen, da die Instrumente noch nicht fertig sind. Wie ihr wißt, steht das Fach Geometrie erst seit den Osterferien auf dem Lehrprogramm. Euch ist bisher bekannt, daß Geometrie diejenige Wissenschaft ist, die sich auf den Raum bezieht und u. a. mit Geraden, Strecken, Rechtecken, Vielecken, Quadraten, Kreisen, Dreiecken und Winkelgraden zu tun hat. Auch habt ihr einiges darüber erfahren, wie man beispielsweise den Kreisumfang oder den Inhalt des Quadrats berechnet. Ihr sollt jetzt versuchen, die theoretischen Erkenntnisse anhand eurer selbst angefertigten Hürden und geometrischen Meßgeräte auszuprobieren. Macht zuerst folgendes: Bildet aus den zehn Hürden eine Gerade und meßt ihre Gesamtlänge aus. Versucht dann, aus ihnen ein Rechteck, ein Quadrat und ein Dreieck mit verschiedenen Winkelgraden zu bilden; bestimmt dabei die jeweiligen Flächeninhalte der verschiedenen geometrischen Figuren.«

Erneut wird Herr Wegner Zeuge eines regen Interesses, mit dem die Schüler an die Experimente herangehen, wie jeder auf unterschiedliche Art bemüht ist, alleine, in Zweier- oder Vierergruppen den gestellten Aufgaben zu begegnen. Manche übernehmen die Meßfunktionen, andere sind dabei, die Hürden in die jeweils richtige geometrische Form zu bringen, und der restliche Teil sitzt oder steht herum und erteilt ›fachliche Beratung‹. Frau Eichlers Rolle besteht darin, im einen oder anderen Fall den Schülern Hilfestellung zu geben und sie beim Ausrechnen der Flächen- und Winkelinhalte zu unterstützen. Nebenbei photographiert sie die entstandenen Figuren für die geplante Schulausstellung »Kunst der geometrischen Formen«.

Nach Beendigung der Übungen werden alle Schüler gebeten, einen Kreis zu bilden. »Ihr wißt«, sagt Frau Eichler, »daß jeder geometrische Kreis einen Mittelpunkt hat, von dem aus alle Entfernungen zum Kreisrund gleich sind. Zum besseren Verständnis könnt ihr mit eurem großen Holzzirkel so einen Kreis nochmals im Sand der Sprunggrube konstruieren. Überlegt euch nun, wie man mit den Händen einen Menschenkreis bilden kann, bei dem jeder von euch zum Kreismittelpunkt den exakt gleichen Längenabstand einnimmt. Erst dann ist es ja ein geometrischer Kreis und keine deformierte ›Blase‹. Laßt euch dabei Zeit mit den Überlegungen; eigentlich ist es aber recht einfach!«

Ein angeregtes Experimentieren und Diskutieren hebt an, und auf einmal scheint man des Rätsel Lösung zu wissen. Zwei Schüler kommen auf Frau Eichler zu und sagen: »Wir haben das Problem gelöst. Es ist wirklich ganz einfach. Wir schlagen einen Stock in die Erde, genauso, wie man die Zirkelnadel in ein Papier sticht. Dann messen wir für jeden von uns gleichlange Stricke ab und befestigen sie alle am Stock. Daraufhin verbindet jeder Schüler seinen Strick mit dem Körper und geht solange damit, bis er nicht mehr weiterkommt. Wir brauchenuns dann nur noch zu einem Kreis zusammenzustellen und ihn mit den Händen schließen – und schon ist er ein ganz runder, dessen Kreispunkte, also wir, alle im gleichen Abstand zu seinem Mittelpunkt, dem Stock, stehen.«

Bereits nach kurzer Zeit ist aus den theoretischen Überlegungen und praktischen Experimenten reale Wirklichkeit geworden. Indem die Schüler Hand in Hand ein Kreis sind, erleben sie auch sein Zentrum, seine Mitte oder Einheit, von der aus alles angefangen hat und jetzt wieder zurückfließt. Sie können erfahren, daß jeder von ihnen ein Teil des Ganzen ist und das Ganze einen Teil von ihnen darstellt. Ein Schüler bemerkt: »Jetzt habe ich erst wirklich verstanden, was ein Kreisradius ist und wie man den Umfang berechnet. Das Lustige daran ist: Ich bin im Moment der Radius und ein Punkt des Kreises zugleich und stelle somit auch ein Stückchen des Kreisumfanges dar. Ist das nicht komisch und zugleich absolute Realität?« Seine Kameraden nicken ihm anerkennend zu und meinen: »Ja, so ist es, und so klar und einfach lassen sich die Dinge erschließen, wenn sie nicht nur mit dem Kopf erfaßt werden, sondern auch mit den anderen Körperteilen.«

Frau Eichler meldet sich mit der Bemerkung zu Wort: »Ihr alle habt in der Geometriestunde wunderbar zusammengearbeitet, und jeder dürfte zu einer ganzen Reihe neuer Erkenntnisse gelangt sein. Ich kann jedem dafür nichts anderes als die Note Eins geben. Sie wird zu gleichem Anteil mit der Note verrechnet, die ihr nächste Woche in der Geometrieschulaufgabe schreibt. Der Stoff der Schulaufgabe dürfte euch nicht schwerfallen, weil er sich um das dreht, was wir heute praktisch experimentiert haben: das Wissen um die Formen geometrischer Figuren sowie deren mathematische Berechnung. Solltet ihr noch Fragen dazu haben, so kommt zu mir!«

»Da dürfte es nichts mehr zu fragen geben«, rufen die Schüler. »Es ist uns doch jetzt sonnenklar, wie das Konstruieren und Berechnen der geometrischen Figuren funktioniert. Warum sollten wir da noch vor der Schulaufgabe Angst haben oder Unsicherheit zeigen?«

Der Unterrichtsnachmittag endet mit sportlichen Übungen. Hierbei verwenden die Schüler ebenfalls ihre selbstproduzierten Gegenstände. Eine Gruppe erprobt die Hürden anhand von 110-m-Hürdenläufen. Ein anderer Teil der Klasse zieht es vor, mit den Stricken, die eben noch den Kreisradius darstellten, ein Tauziehen zu veranstalten. Wieder andere üben sich bei gymnastischen Kreisspielen, die durch die rhythmischen Klänge der zwischenzeitlich fertiggestellten Trommel untermalt werden. Und schließlich entspannen sich ein paar Schüler zusammen mit Frau Eichler bei meditativen Übungen.

Herr Wegner verabschiedet sich von der 6. Klasse. Zu Frau Eichler gewandt, meint er, heute anhand der näheren Zusammenhänge der schöpferischen Bildung und Erziehung erkannt zu haben, wie diese zu einer unmittelbaren Erlebnisfähigkeit im Kind führt und daß darin zugleich der spezielle Schlüssel einer lebendigen Schule liegt.

Physik kann Science-fiction sein

Für den heutigen Mittwoch hat sich Herr Wegner das Fach Physik ausgewählt. Diesmal interessiert ihn weniger der Unterrichtsverlauf, sondern er fragt nach dem, was die Physikinhalte ab der 9. Klasse beim Schüler auslösen sollen.

Er wird dabei an seine Schulzeit erinnert, war Physik doch sein absolutes ›Horrorfach‹, dessen ursächlichen Sinn und Strukturaufbau er nie richtig begriffen hatte. Entsprechend schlecht waren die Noten gewesen.

Gesprächspartner Herrn Wegners ist der Naturwissenschaftler Herr Miller, der zunächst einmal dem Redakteur mitteilt, daß das Fach Physik nicht gesondert im Lehrplan steht. Vielmehr gehört es dem Oberbegriff »Naturwissenschaftslehre und moderne Technologie« an, zu dem die Fächer Mathematik, Chemie, Naturlehre und praktische Computertechnik zählen.

»Nun aber zum Physikunterricht als solchem, Herr Wegner. Sie dürfen davon ausgehen, daß unsere Physik-Lehrinhalte wie z. B. die Gesetze der Kraft, des Lichts, der Wellenfunktionen, der verschiedenen mathematischen Gleichungen in vielen Fällen identisch sind mit denen der herkömmlichen Schulen. Worin wir uns von ihnen unterscheiden, ist zum einen das Herausnehmen einer Reihe quantitativer Lehrplanaspekte nach dem Motto: ›Lieber weniger Quantität und dafür mehr Qualität!‹ Zum anderen geht unser Bemühen dahin, die rein wissenschaftsbezogenen Lernschritte und Kenntnisse nicht nur als solche abgesondert in den Köpfen der Schüler stehenzulassen, sondern sie auf die Tragweite ›des Ganzen‹ auszurichten.«

»Bedeutet das, Herr Miller, daß Sie den Schülern z. B. auch einen Eindruck davon vermitteln wollen, die Auswirkungen der Umweltkrise seien ein wesentliches Produkt der längst verlorenen Ganzheitsbetrachtung menschlichen Denkens und Handelns?«

»Das natürlich auch, Herr Wegner. Zunächst jedoch geht es uns darum, in den Schülern Verständnis dessen zu erzeugen, warum die ökologische Krise von heute das fast zwangsläufige Resultat eines Weltbildes ist, das seit langem in der Sichtweise und Beurteilung von materiellen Abläufen die einzige Wahrheit und Wirklichkeit sah. Das nährte den Glauben, alles Existierende müsse auf materielle und kausale Art bestimmt und gedeutet werden. Daraus hat sich in den letzten Jahrzehnten auch das explosionsartige Ansteigen naturwissenschaftlicher Fragen und Entdeckungen ergeben, die einzig und allein nur an dem interessiert sind, was experimentell gemessen und bewiesen werden kann. Streng genommen hat dieser Prozeß bereits mit Galilei begonnen, der als erster Naturwissenschaftler nach dem Mittelalter die materielle Welt zu quantifizieren begann. Im 17. Jahrhundert war es der Name Descartes, der weitere epochale Entdeckungen der Mathematik machte und die Vorstellung des Universums von einer einzigen großen Maschine konzipierte. Schließlich blieb es Newton vorbehalten, diejenigen Gesetze zu erforschen, nach denen die ›Maschine Universum‹ angetrieben wird. Bis zum heutigen Tag sind jene Entdeckungen die tragenden Säulen der Wissenschaft, welche dem Menschen erfahrbar machen, daß er sich nicht als blindes und an unkontrollierbare Schicksalsmächte ausgeliefertes Wesen ansehen muß, das von magischen und unerforschlichen Kräften bestimmt wird.

Ohne Newtons physikalisches Naturgesetz der Schwerkraft wäre es u. a. nicht möglich gewesen, die Raumfahrt zu starten, indem er die richtige Behauptung aufstellte, daß die gleiche Kraft, die Pflaumen zur Erde zieht, auch den Mond auf dessen Umlaufbahn um die Erde und die Planeten auf ihren Umlaufbahnen um die Sonne hält. Die Pionierleistung Newtons lag also darin, allgemeingültige Naturgesetze aufgestellt zu haben, nach denen die Erscheinungsformen des Kosmos unter Zuhilfenahme der menschlichen Ratio zu entschlüsseln sind. Hinsichtlich der Physik Newtons können wir also verallgemeinernd sagen: ›Wenn das und das jetzt der Fall ist, dann wird dies und jenes als nächstes passieren.‹ Damit hat die Naturwissenschaft dem Menschen eine unerhörte Macht über sich selbst und die Naturgegenstände verschafft; stellenweise ist sie so weit gegangen, zu behaupten, er könne damit in Zukunft Gott vom Thron stürzen und sich an seine Stelle setzen. Aber, wie der Naturwissenschaftler Joseph Weizenbaum bemerkt, ist der Preis, der von Beginn an laufend bezahlt werden mußte, sehr hoch, wenn Menschen von Machtversprechungen geblendet und verführt werden.«

»Wenn ich Sie richtig verstehe, Herr Miller, möchten Sie damit dem Schüler klarmachen, daß jenes Verrennen in nur einen Punkt von Welterklärung und Weltbeherrschung zur Folge hatte, zu fragen, ob uns auch wirklich das Recht zusteht, unsere Welt ausschließlich nach genannter Richtung zu erforschen und zu bewerten«.

»Genauso ist es! Durch die radikale Verwissenschaftlichung praktisch aller Bereiche haben wir spätestens seit der Mitte des 20. Jahrhunderts aufgehört, uns mit ›unwissenschaftlichen‹ Werten wie Gefühl, Glaube oder Schönheit ernsthaft zu befassen, weil sie jenseits der strengen wissenschaftlichen Meßbarkeitsmaßstäbe liegen. Wollten die Begriffe von der Wissenschaft untersucht werden, so müßte jeder von ihnen auf rein logisch-materieller Basis erforschbar sein. Aber das geht nicht, da ich etwa die Worte ›Gefühl‹ und ›Schönheit‹ nicht ›materialisieren‹ und sie keinem rationalen Ursache-Wirkung-Regelkreis zuordnen kann. Unerbittlich beginnt sich spätestens heute zu zeigen, daß das Weltbild der Naturwissenschaften einen gewaltigen Haken hat, der zum Vorschein kommt, wenn jungen Menschen erstmals die eklatanten Widersprüche besagter Ideologie bewußt werden und ein sinnvolleres Leben schwierig zu machen scheinen.«

»Herr Miller, wie reagieren die Schüler, wenn Sie mit ihnen derartige Überlegungen anstellen? Finden sie überhaupt einen dementsprechenden Zugang, oder sehen sie die Sachverhalte nicht als recht abstrakte Dinge an?«

»Eine berechtigte Frage, Herr Wegner, die ich Ihnen gerne beantworte. Zunächst einmal sind viele Schüler davon angetan, wenn sie im Physik- und Chemieunterricht über Struktur, Aufbau und Wirkkraft des Atoms eine ganze Menge wissenschaftlicher Formeln und Fakten erfahren und ihnen zudem vermittelt wird, es handle sich hierbei um forscherische Höchstleistungen menschlicher Intellektualität. Zum anderen müssen sie aber erfahren, wie die Produkte dieser gehirnorganischen Superleistungen in der Praxis den Weltfrieden bedrohen, indem sie in Form von Atombomben, anderen Kriegswaffen oder Umweltverseuchungsprodukten die gesamte Menschheit und Natur existentiell gefährden. Das stellt nun für die meisten einen eklatanten Widerspruch dar: Auf der einen Seite die faszinierenden Errungenschaften und Wirkweisen der Naturwissenschaften zu erfahren und auf der anderen Seite ihre praktisch-bedrohlichen Auswirkungen sowie Folgen auf den Menschen mitzuerleben.

Erziehung und Bildung sollten jedoch ein Geschehen sein, bei dem der junge Mensch die grundlegenden Deutungen und Werte seiner Kultur als ein zusammenhängendes kreatives Ganzes erfährt. Statt dessen wird er laufend mit widersprüchlichsten wissenschaftlichen wie nichtwissenschaftlichen Ideologien und Wertmaßstäben konfrontiert, die ihm mehr und mehr unverständlich und disharmonisch erscheinen, die ihn allzu leicht in die Bewußtseinsirre treiben. So behauptet z. B. der religiöse Teil der Erziehung und Bildung, das menschliche Leben sei zutiefst mit Gott und seinen moralischen Geboten verbunden, wogegen die physikalische, chemische und naturkundliche Schulbildung die Auffassung vertritt, daß ein mechanisch funktionierendes materielles Universum die einzige wissenschaftlich erklärbare Realität darstelle und der Mensch als evolutionäres Zufallsprodukt ein Teil von ihm sei.

Um mit diesen Widersprüchen vermeintlich fertig zu werden, tritt der Mensch die Flucht in die Selbsttäuschung an, indem er die Ganzheitsfragen tunlichst zu verdrängen versucht. Er vermeidet es, sich und der Welt ungeschminkt ins Gesicht zu blicken, und sieht überwiegend nur als wahr und opportun an, was dem jeweiligen Zeitgeist, der heute ›technologisch-wissenschaftliche Sachlichkeit und Vernunft‹ heißt, entspricht. Er sieht nicht mehr die Dinge, wie sie sind, sondern wie sie zu sein haben; er sieht nicht mehr den Kreis des Lebens, in dem alles mit allem untrennbar verwoben ist, sondern nimmt nur noch einzelne Kreisabschnitte oder Spezialdisziplinen wahr, verrennt sich in ihnen und glaubt fatalerweise, damit das Geheimnis des Lebens als Ganzes wissenschaftlich entschlüsseln zu können.«

»Herr Miller, ist es richtig, daß die meisten Schulen dazu einen gewichtigen Teil beitragen, indem sie immer mehr zur sachlich-objektiven Wissens- und Könnensvermittlung übergehen, ohne sich ernsthaft dafür zu interessieren, *zugleich* mit den Schülern in einen Dialog über Sinn- und Wertfragen – das übergeordnete Ganze – einzutreten?«

»Leider ist dem meist so, und darum sehen wir an der Sokrates-Schule es als dringlich an, daß der Schüler von Anfang an lernt, sein Leben mitsamt seinen ›Wirklichkeiten‹ als einen einzigen unteilbaren Kreislauf zu erkennen. In diesem Sinne ist auch unser Fach ›Naturwissenschaftslehre und moderne Technologie‹ inhaltlich aufgebaut. Letztlich stellt es nichts anderes als eine Sinn- und Erkenntnislehre unter dem Spezialaspekt naturwissenschaftlichen Denkens dar.

Versuchten wir z. B. das Fach Physik nur seiner Formeln und Gesetze wegen zu unterrichten, so würden wir die Schüler exakt in den Verwirrungen und Problemen unterstützen, an denen viele Menschen kranken: dem Nichtwissen um die eigentlichen Zusammenhänge und Sinnbezüge. Echte Kreativität schließt nämlich immer auch die grundsätzliche Ein-Sicht in die Natur der Dinge und ihre Beziehungen untereinander mit ein. Ohne die Ent-Deckung solch tieferer Einsichten wird jedes naturwissenschaftliche oder sonstige Lernen auf die Dauer zu einer abgestumpften und routinemäßigen Pflicht, deren man sich spätestens dann nicht mehr erinnert, sobald sich die Tore der Schule hinter einem geschlossen haben.

Besonders abenteuerlich empfinden es die Schüler der höheren Klassen, wenn wir mit ihnen in die Gebiete Elementarteilchen-Physik und subatomare Quantenphysik vorzudringen versuchen. Die Quantenphysik beschäftigt sich mit subatomaren Phänomenen, die in einer ›anderen‹ Welt liegen und die exakten Wahrnehmungsgrenzen menschlicher Sinne übersteigen. Gary Zukav behauptet in seinem physikalischen Meisterwerk ›Die tanzenden Wu-Li-Meister‹, das mit zur Lieblingslektüre unserer Schüler gehört, daß der Mensch hierbei mit der Kunst des nur rationalen Verstehens am Ende sei.«

»Können Sie mir das bitte näher veranschaulichen, Herr Miller?«

»Gerne, Herr Wegner. Ich versuche es anhand von Beispielen zu tun. Dem Schüler werden Kenntnisse von den tiefsten Tiefen subatomaren Geschehens vermittelt, daß es z. B. im Rahmen der Quantenphysik gar nicht geht, von ›Realität‹ und ›Objektivität‹ zu sprechen, ohne ihr die Eigenschaft einer unentwegten Veränderung zuzubilligen. So offenbaren bestimmte Experimente, das Licht sei eine Wellenerscheinung; andere dagegen weisen dem Licht eine Teilchenerscheinung nach. Wir brauchen dabei nur eine entsprechende experimentelle Ausrüsung zu wählen – und schon zeigt sich das eine oder andere wissenschaftliche Ergebnis!«

»Heißt das, Herr Miller, die Quantenphysik nimmt an, unser Begriff von nur *einer* wissenschaftlichen ›Wirklichkeit‹ wäre nichts als Einbildung, da sie in Wahrheit, zumindest auf subatomarer Ebene, überhaupt nicht als solche existiere, d. h. es dort *viele* ›Wirklichkeiten‹ gibt und diese vom jeweiligen Bewußtseins- und Betrachtungsstand des Forschers abhängen?«

»Jawohl, Herr Wegner, so ist es! Man könnte sagen, dort gibt es nichts, was es nicht gibt – vom augenscheinlich menschlich Logischsten bis zum Unlogischsten. Genauso phantastisch erscheint es den Schülern, wenn sie das Experiment mit den Holzfasern vernehmen. Untersucht man mikroskopisch deren Zellen, so zeigen sich Moleküle, die in Atomen strukturiert sind. Atome wiederum sind Gebilde subatomarer Elementarteilchen. Ich darf Ihnen hierzu kurz eine Passage aus dem Buch Zukavs vorlesen, der hierzu aussagt: ›Das Wort »Materie« ist in Wirklichkeit eine Reihe von unscharfen Mustern. Die Suche nach dem allerletzten Material, aus dem das Universum besteht, endet mit der Entdeckung, daß es so etwas gar nicht gibt. Falls es irgendeinen allerletzten »Stoff« gibt, aus dem das Universum besteht, so ist es reine Energie, aber subatomare Partikel bestehen nicht aus Energie, sie *sind* Energie. Das ist es, was Einstein 1905 theoretisch erklärte. Auf der subatomaren Ebene gibt es keine klare Trennungslinie mehr zwischen Ereignis und Ursache, zwischen dem Handelnden und der Handlung. Auf der subatomaren Ebene sind der Tänzer und der Tanz eins. Der Elementarteilchenphysik zufolge besteht die Welt grundsätzlich aus tanzender Energie; aus Energie, die überall vorhanden ist und ständig wechselnde Formen annimmt. »Hier« wird ständig erzeugt, vernichtet und wieder erzeugt. Wo eben noch »nichts« war, ist auf einmal »etwas«, und im Nu ist dieses Etwas wieder verschwunden, und es besteht keine Trennung zwischen »leer« und »nicht leer« oder zwischen »etwas« und »nicht etwas«. Und somit vermittelt die Quantenphysik dem Betrachter ein »Bild vom Chaos unter der Ordnung«, nach denen die Gesetze nicht festlegen, was unbedingt erfolgen muß, sondern angeben, was nicht auftreten kann.‹

Zukavs Ausführungen zielen zwangsläufig auf eine Bewußtseinsebene ab, die man als ›Erleuchtung‹ bezeichnen könnte. Sie erfordert, daß der Mensch die Starrheit gegenüber seinen selbstgewählten Begriffen und Vorstellungen abwirft und den Schleier seiner Selbsttäuschung lüftet; denn die

Welt der Gegenstände und Begriffe wirkt auf den ›Nicht-Erleuchteten‹ wie eine aus unendlich vielen voneinander unabhängigen Dingen existierende. Das ist aber nicht richtig. Sie sind alles andere als tatsächlich unabhängig. Vielmehr wird dem der Erleuchtung zustrebenden Menschen langsam etwas anderes bewußt: Alle diversen Teile des Kosmos sind Ausdruck des ›gleichen Ganzen‹. Wir sollten uns also damit abfinden, daß es aufgrund der quantenphysikalischen Resultate keine Objektivität im Sinne Newtons gibt.«

»Herr Miller, was Sie mir gerade geschildert haben, klingt teilweise wie ein Science-fiction-Roman, der mir sagt: Letzten Endes führt mich die Quantenphysik zum Glauben und nicht zum absoluten wissenschaftlichen Wissen. Und sie bringt mich zu Sokrates' Aussage zurück, nach der ich streben soll, zu wissen, daß ich schließlich und endlich nichts weiß. Bedeutet das für den Schüler nicht eine krasse Desillusionierung und Verunsicherung sich selbst und der Welt gegenüber – und, nochmals gefragt, ist er dem allem überhaupt psychisch und intellektuell gewachsen?«

»Keine Sorge, Herr Wegner. Für den Großteil unserer Schüler rufen diese oft mehr als irrealen Einblicke in die subatomare Welt – und es kann sich hierbei nur um ganz schemenhafte grundsätzliche Einblicke handeln – eigenartigerweise ganz andere Zustände hervor. Sie gelangen zu einem Verständnis und Glauben gegenüber der Vielschichtigkeit menschlicher Natur- und Welteinsicht und erfahren, daß z. B. ganz bestimmte physikalische Gesetze auf der Makroebene absolut stimmig und wissenschaftlich verläßlich sind, die Abläufe auf der Mikroebene subatomaren Geschehens aber umgekehrt alles andere als exakt voraussagbar und objektiv erscheinen. Was lernen sie weiter daraus? Und warum legen wir gerade auf solche ›weltfremden‹ Dinge einen großen Wert? Die Schüler gewinnen ein Bewußtsein dafür, daß das immer differenziertere subatomare Forschen und Denken, soll es ein wieder der Ganzheit zustrebendes sein, zusehends mehr in einem Glauben endet, der jenseits aller menschlichen Vernunft liegt. Aus jener Art von Glauben resultiert im Schüler auch ein Gewissen, das nicht nur dem sogenannten ›Up-to-date-Gewissen‹ gesellschaftlicher Konventionen und Machbarkeitsideale dient, sondern ursächlich der inneren Stimme des Menschen verpflichtet ist. Sie ist das Göttliche und signalisiert uns, was jenseits aller empirischen Vorstellungen als ›wahr‹ und ›richtig‹ gilt. Es ist das Ewige in uns. Nach meiner Auffassung, Herr Wegner, stellt letztere Art von Gewissen das einzige im Menschen dar, das gewiß weiß, denn es verkörpert den Gott in ihm, der besser weiß, als der wissenschaftliche Mensch je wissen kann.

Im Glauben, der auf einem derartigen wissenden Gewissen beruht, wurzelt auch die Erkenntnis, daß letzten Endes alles mit allem zusammenhängt, egal, ob es naturwissenschaftlich, psychologisch, astrologisch, geschichtlich, soziologisch oder sonstwie beweisbar ist oder nicht. Und hier liegt der Schnittpunkt für das wahre Verständnis des Menschen von sich selbst und allem anderen. Er ist zugleich der Anfang einer ganz neuen Wissenschaft, die mit allen Dingen ›tanzt‹ und keines von ihnen absondert.«

»Herr Miller, ich glaube nun, eine Antwort auf meine eingangs gestellte Frage erhalten zu haben, wie Ihre Schule versucht, im jungen Menschen ein wirksames Bewußtsein darüber zu erlangen, worin die eigentlichen Ursachen und Veränderungsmöglichkeiten der Umweltprobleme und sonstigen Schwierigkeiten liegen. Darüber hinaus bin ich ähnlicher Ansicht, daß wir kurz vor dem Ende des herkömmlichen Wissenschaftsdenkens stehen, das den Anfang einer gänzlich neuen Wissenschaftsära einläuten dürfte. Nach meinen Erfahrungen scheint es bereits in vielen Bereichen des Lebens auf.

Noch ist es mehr ein vages Verspüren als ein Erkennen, wenn sich Menschen vor Augen halten, daß unsere gesamten Umweltprobleme und -katastrophen in der Regel das praktische Folgeergebnis naturwissenschaftlich-technologischer Entdeckungen sind und es so nicht mehr lange weitergehen kann. Ähnliches gilt für den Bereich der zwischenmenschlichen Beziehungen, wo man sich und die anderen immer weniger versteht und langsam einsieht, daß die Lösungen der Probleme nicht in erster Linie durch wissenschaftsähnliche Kommunikations- und Verhaltenstheorien à la Kopfwissen gelingen können. Vielmehr bedarf es wieder der Einbeziehung ganz anderer Bewußtseinsebenen in Form von Liebe, Glaube und Hoffnung, um den Verirrungen gerecht zu werden.

Und nicht zuletzt gibt uns die so oft zu Unrecht verteufelte Astrologie mit dem Hinweis auf das zu Anfang des 3. Jahrtausends beginnende Wassermann-Zeitalter ein hoffnungsvolles Zeichen. Der Wassermann symbolisiert geistiges Wissen in Form von Erkenntnis. Das neue Zeitalter wird ein ganz anderes menschliches Bewußtsein ausformen, das an einem tiefen Verständniswissen von Gesetzen interessiert ist und nach Energien forscht, die hinter dem verborgen sind, was sichtbar und beweisbar ist. Nach wie vor handelt es sich dabei um wissenschaftliches Suchen und Finden, aber nicht auf die Art und Weise, wie es die Wissenschaft der letzten rund einhundert Jahre tat, indem sie nur das als Wahrheit anerkannte, was man logisch und sichtbar beweisen konnte.«

»Es freut mich, daß Sie die Entwicklungen ähnlich wie ich sehen, Herr Wegner, und nicht zuletzt auch deshalb darf ich ohne Anmaßung behaupten, die Sokrates-Schule ist einer der ersten bewußten Vorreiter hierzu. Womöglich klingt es dennoch vermessen, wenn wir Lehrer mit unseren bescheidenen Möglichkeiten diesbezüglichen Prophezeiungen und Entwicklungen Unterstützung leisten wollen. Doch was versuchen wir schon anderes, als den Schülern ins Bewußtsein zu rufen, daß das Leben nicht dazu da ist, es fortgesetzt in eine wissenschaftliche oder sonstige Falsch-oder-richtig-Schubladenwelt einzuteilen, es völlig zu entmystifizieren und statt dessen zu rationalisieren, zu differenzieren, zu katalogisieren, kurzum: es sachlich ›beherrschbar‹ und ›lebenswert‹ zu machen. Es geht doch ursächlich nicht darum, wieviel und wie genau man weiß, sondern daß und um was man weiß, was man erkennt! Erkenntnis ist aber immer eine Sache von Kopf und Herz, die aus der göttlichen Kraft des Glaubens resultiert. ›Der Kopf weiß – das Herz glaubt!‹ lautet eine Redensart, und der Vermittler von beiden ist die Erkenntnis oder der tiefe Sinn. Alle wirklich großen Geister der Menschheitsgeschichte wie z. B. Sokrates, Plato, Pythagoras, Leonardo da Vinci, Michelangelo, Pascal, Comenius, Rousseau, Pestalozzi, Goethe, Herder, Schiller, Einstein, Heisenberg und Wernher von Braun haben auf diese Weise hochkarätige schöpferische Leistungen und Entdeckungen vollbracht, indem sie sich der geistigen Wirkkraft der Erkenntnis anvertrauten. So gesehen waren sie niemals nur Wissenschaftler in der herkömmlichen Bedeùtung des Wortes, sondern ganzheitsbestrebte Individuen, denen sich der Sinn des Lebens darin auftat, hinter die Dinge sehen zu lernen und sie mit Glaube und Demut zu bestaunen.

Die Aussage des Vaters der modernen Raumfahrt, Wernher von Braun, ist hierfür symbolhaftes Zeichen: Es sei nicht voraussagbar, Art und Form künftiger menschlicher Entdeckungen zu berechnen. Umgekehrt kann man aber sicher sein, daß sie zu einer revolutionsähnlichen Perspektive menschlichen Denkens und Handelns Anlaß geben. Und gerade deshalb, so meint der Pionier der Weltraumfahrt, soll die Menschheit nicht zu sehr besorgt sein, daß z. B. künftige Astronauten und Weltraumwissenschaftler dort draußen im Kosmos in Selbstanmaßung und Gottähnlichkeit ausarten. Im Gegenteil: Das unendliche Weltall mit seinem Sternenhimmel, das sie umschließt, mahnt, daß Kräfte existieren, die unendlich mächtiger sind als die Antriebsaggregate ihrer Raumschiffe; daß ein Geist vorherrscht, der gewaltiger ist als die Technik aller Computer der Welt.

Heute ist es uns noch nicht möglich, unseren Schülern jenen ›äußeren Sternenhimmel‹ in Form eines Raketenausflugs sichtbar zu machen. Um so besser können wir sie aber ihrem ›inneren Sternenhimmel‹, der lediglich ein Abbild des äußeren symbolisiert, zuführen, wenn wir in ihnen die Kraft und Sichtweise aufdecken, die eben weitaus größer ist als nur der ›Anschub‹ ihres intellektuellen oder emotionalen Könnens. Eine solche schulische Bildung kann niemals eine verlorene und unnütze sein, egal, was immer auf ihren Lehrplänen im einzelnen stehen mag. Es ist eine Bildung im weisesten Sinne des Wortes, die dem nackten Intellekt der Selbstanmaßung nicht die Priorität vor dem Gefühl und dem bloßen Gefühl nicht die Vorherrschaft über den Intellekt zubilligt. In diesem harmonischen Zusammenspiel der beiden menschlichen Kräfte steigt jene dritte Kraft wie Phönix aus der Asche hervor, die sich Geist der Erkenntnis nennt und den Schüler zu einem spielerisch-schöpferischen Wesen formt, zu einem Wesen, das sich der Freude am Leben verpflichtet fühlt, die dementsprechend positiv auch auf seine Umwelt und Familie ausstrahlt. In vielen Fällen können wir beobachten, wie es Schülern im Laufe der Zeit gelingt, auf ihre Familien jene Lebensgesinnung zu übertragen, indem sie den Eltern die ›Lebenskraft Freude‹ aktiv vorleben und so unbeabsichtigt therapeutisch wirken.

Ja, Herr Wegner, nun habe ich Ihnen eine Fülle von Gedanken nahezubringen versucht. Einiges davon mag Ihnen recht idealistisch erscheinen, aber unsere Realität von Schule ist eben eine ganz und gar andere als jene, die in den herkömmlichen Schulen von den ›richtigen‹ Realisten ausgeübt wird. Allerdings scheinen sie eine sehr fragwürdige Ansicht von ›richtiger‹ Realität zu haben. Bis heute ist es ihnen nicht gelungen, eine durchgängige Schul- und Unterrichtsform mit den hierzu geeigneten Persönlichkeiten zu finden, die junge Menschen zur Faszination, Kreativität und Selbsterkenntnis – zur Persönlichkeitsbildung – anleitet. Was die vergangenen und gegenwärtigen Schulen in der Regel ›produzieren‹, ist in dieser Hinsicht zu großen Teilen, verzeihen Sie bitte den schlimmen Ausdruck, ›schülerische Ausschußware‹, die über und über mit groben Webfehlern behaftet ist. Weniger der Stoff an sich – der Schüler – ist schlecht, sondern viel eher seine Produzenten – Schule und Lehrer.«

»Nach drei Tagen Sokrates-Schule sehe ich die Tragweite Ihrer letzten Bemerkungen, Herr Miller, in einem ganz anderen Licht. Ich kann mich damit solidarisch erklären. Auch empfinde ich Ihre Aussagen hinsichtlich der Inhalte und Formen der Lernziele des Naturwissenschaftsunterrichts nicht als idealistisch, vielmehr als aufrüttelnd und begeisternd – als realistisch und dringend erforderlich für ein neues Schul- und Unterrichtssystem.

Was meine Person anbelangt, so weiß ich jetzt besser, warum mich die naturwissenschaftlichen Fächer in meiner Schulzeit nie innerlich ansprachen. Abstrakte Formeln und ein paar gestellte und herabgespulte Experimentchen konnten in mir weder Erlebnis noch Motivation hervorrufen.

Darüber hinaus erfuhr ich kein einziges Mal um die Zusammenhänge und Sinnfragen, die sich speziell aus den quantenphysikalischen Resultaten ergeben – daß im subatomaren Bereich Naturwissenschaft in Metaphysik übergeht, ja, beide womöglich gar nicht voneinander zu trennen sind. Es ist ein tiefes Erlebnis, dies alles rund 20 Jahre nach Verlassen der Schule heute erstmals vermittelt zu bekommen! Noch mehr freut es mich zu wissen, daß eine Schule existiert, in der junge Menschen all das zur Richtschnur ihres künftigen Lebens mitbekommen können, in der sie erfahren, wie die Schule zu einem einzigen Experiment wird und das eigene spätere Leben maßgeblich von diesen Eindrücken positiv profitieren kann. Ich habe keine Schwierigkeiten, mir vorzustellen, einen geeigneteren Beruf gewählt zu haben, wenn ich damals eine Schule wie Ihre besucht hätte. Womöglich wäre ich heute sogar Physiker. Jedenfalls weiß ich mit Sicherheit, daß mir der Aufenthalt an Ihrer Schule als Schüler eine Unmenge von Freude, Wissensdurst und Faszination bereitet hätte.«

Wie ein Elternabend zum Erlebnis wird

Herrn Wegners Aufenthalt an der Sokrates-Schule neigt sich mit dem Besuch des Elternabends am Donnerstag dem Ende zu. Er erinnert sich der Worte des Direktors, Herrn Barth, vom Montag, die Elternarbeit sei ein Herzensanliegen aller Lehrer. Nach dem, was er bislang erlebt hat, sieht Herr Wegner der Veranstaltung mit Neugierde entgegen. »Was wird diesmal an neuen Erlebnissen auf mich warten?« fragt er sich.

Der offizielle Beginn des Elternabends ist auf 19 Uhr festgelegt. Die ersten Eltern treffen viel eher ein. Die meisten von ihnen scheinen sich bereits näher zu kennen, was eine locker-beschwingte Atmosphäre erzeugt, die Herrn Wegner denken läßt, es handle sich mehr um eine gesellige Feier als um einen Elternabend, bei dem es um die Belange von Schülern und Eltern geht. Zwischenzeitlich hat sich die Aula des Schulgebäudes mit Eltern gefüllt. Auch ist eine ganze Anzahl von Schülern mit anwesend. Unter ihnen erblickt Herr Wegner Bernhard aus der Klasse von Frau Eichler.

»Hallo, Herr Wegner, schön, Sie hier anzutreffen! Sie scheinen sich ja gar nichts bei uns entgehen zu lassen, nicht einmal das kalte Buffet und den Wein, den es nachher gibt!« Der Redakteur blickt Bernhard fragend an, und dieser äußert: »Sagen Sie bloß, Sie hätten das nicht vorher gewußt?«

»Nein, Bernhard, das war mir wirklich nicht bekannt. Aber ich hätte es mir eigentlich denken können, daß so etwas bei euch zum guten Ton gehört. Ich nahm an, das hier sei ein Elternabend und keine ...«

»Ja, ja, Herr Wegner«, fällt ihm Bernhard ins Wort, »Sie wissen eben doch noch nicht ganz über unsere Schule Bescheid. Gerade weil es ein Abend mit Eltern ist, setzt das doch eine ganz bestimmte Gastgeberrolle voraus, der unsere Schule dadurch gerecht wird, Gäste wie Gäste zu empfangen. Und dazu gehört auch, sie zu bewirten.«

Trotz dieser Erklärung schaffen Bernhards Worte bei Herrn Wegner einige Verwirrung, da er immer noch mit einer Vorstellung von Elternabenden vertraut ist, die alles andere als ›privat‹ und ›gemütlich‹ wirkt und eher sachlich-würdevolle und ernste Gesichter von Lehrern und Eltern zum Gegenstand hat, die über die Leistungen der Schüler ›Gericht‹ halten. Statt dessen nimmt Herr Wegner ein reges Unterhalten, Lachen und Nachsinnen der Anwesenden wahr. Es wird durch Herrn Barths Begrüßung unterbrochen.

»Liebe Eltern, liebe mitgekommene Schüler, liebe Kollegen! Wie jeden Monat, so darf ich Sie auch heute wieder alle herzlich bei uns an der Sokrates-Schule willkommen heißen. Es ehrt uns Lehrer, daß Sie trotz der bald beginnenden Ferien so zahlreich erschienen sind. Wie Sie wissen, steht heute nochmals das Thema ›Praktische Zusammenarbeit Familie – Schule‹ auf dem Programm. Die Elternvertreter und wir haben für die einzelnen Diskussions- und Spielgruppen folgende Themen ausgewählt:

– Die unterschiedlichen Erziehungsziele und -stile von Eltern und Schule und ihre möglichen Auswirkungen auf das Kind.

– Das Zeitproblem der Eltern – Ausdruck mangelnden Interesses am Kind?

– Volleyballturnier Eltern gegen Lehrer und Schüler.

– Was können Eltern und Schule tun, um dem Kind die Folgen einer Scheidung zu erleichtern?

– Gesang und Musizieren von Eltern, Schülern und Lehrern.

– Religiöse Sinnfragen in Familie und Schule.

Wie gewohnt, wollen wir nach Einnahme des Buffets um 20 Uhr in die verschiedenen Gruppen gehen. Um 21.30 Uhr treffen wir uns nochmals im Plenum, um die Ergebnisse aus den Gruppen kurz miteinander auszutauschen. So, nun wünsche ich uns allen einen ertragreichen Abend und nicht zuletzt einen guten Appetit! Außerdem darf ich Ihnen, liebe Eltern, noch einen Gast vorstellen. Herr Wegner ist Redakteur einer großen Elternzeitschrift und hat den Auftrag, eine Reportage über das Leben unserer Schule zu schreiben. Falls er Fragen an Sie hat, bitte ich Sie, ihm diese ganz offen zu beantworten, denn unser guter wie unser schlechter Ruf stehen auf dem Spiel ...« Herrn Barths Worte werden von Gelächter und Applaus abgelöst.

Herr Wegner gesellt sich zu einer Gruppe von Eltern, die mit dem Geschichtslehrer, Herrn Ebert, im Gespräch ist. Die Unterhaltung dreht sich um das leidige Thema Noten. Ein Ehepaar meint: »Unsere beiden Kinder haben an der Sokrates-Schule nur ganz wenig Probleme damit. Im Gegenteil, sie würden es auf Dauer nicht gutheißen, wenn es gar keine Noten gäbe, da sie immer auch einen gewissen objektiven Einblick in die Leistungen des Schülers geben.«

»Dem stimme ich grundsätzlich zu, Ilse«, bestätigt eine Mutter, »denn junge Menschen scheinen ein ganz bestimmtes Verlangen danach zu empfinden, Leistungen, die sie vollbringen, auch bewertet zu sehen. Natürlich darf die Beurteilung nicht so aussehen, daß sich die Noten nur aus einem sturen, bürokratischen schriftlichen wie mündlichen Schulaufgaben- bzw. Abfrageschema ergeben, bei dem die sonstigen Eigenschaften des Schülers, wie z. B. soziales Verhalten, praktische Geschicklichkeit oder momentane private Krisensituationen, nicht wesentlich mitberücksichtigt werden. Das ist doch der springende Punkt bei der Sache und nicht die Forderung nach Abschaffung der Noten an sich.«

»Ihre Meinungen decken sich genau mit unseren Erfahrungen, Frau Weiß«, erwidert Herr Ebert. »Den Schülern geht es in allererster Linie um eine gerechte und ehrliche Behandlung ihrer Leistungen. Sie fühlen sich sogar ungerecht behandelt und werden mißtrauisch, wenn man ihnen Noten oder sonstige Bewertungskriterien ausstellt, von denen sie spüren, daß der Lehrer sie ihnen ganz einfach hinterherwirft. Es gibt immer wieder Schüler, die in dem einen oder anderen Fach eine 5 schreiben. Hinterher erkennen sie selber, daß es Mist war, was sie fabrizierten, doch kein einziger kam bisher auf den Gedanken, zu sagen: Daran ist euer blödes Notensystem schuld und deshalb soll es abgeschafft werden. Vielmehr ist ihnen klar, damit eine Art von äußerer Hilfe zu erhalten, die ihnen signalisiert: In diesen und jenen Punkten liegen die Fehler und Ursachen, die zu meiner schlechten Leistung geführt haben.

Es ist sehr wichtig, mit den Kindern offen darüber zu sprechen und sich von ihnen die Gründe sagen zu lassen, warum sie glauben, eine schlechte Note erzielt zu haben. Bei vielen stellt sich schnell heraus, daß es weniger fachliche Verständnisprobleme sind, sondern daß es sich mehr um Motivations- und Konzentrationsschwierigkeiten verschiedenster Arten handelt, seien sie pubertär oder familiär bedingt.

Es klingt doch ganz natürlich, von einem 14jährigen Mädchen zu hören, ihre 5 in der Mathematik-Schulaufgabe sei das indirekte Resultat des ersten Verliebtseins in einen Jungen. Sollten wir Lehrer und Eltern uns nicht darüber freuen und dem Mädchen insgeheim zu der schlechten Note gratulieren, wenn wir wissen, daß es dafür zum erstenmal die Erfahrung des Verliebtseins macht? Das heißt beileibe nicht, ihm zu signalisieren: Von jetzt ab kannst du ruhig schlechte Noten schreiben, denn die Liebe geht vor. Vielmehr geht es darum, das Mädchen in seiner gegenwärtigen Situation zu verstehen und ihm pädagogisch die richtigen Konsequenzen anzubieten. Ihm muß einsichtig werden, daß auf Dauer die Schule und die

Noten eine ähnliche Realität und Verbindlichkeit verkörpern wie das Erwachen der Liebe zum anderen Geschlecht. Beide Belange sind also im Rahmen eines neuen Lern- und Erfahrungsabschnitts gegenseitig in Austausch und Harmonie zu bringen. Das heißt, sowohl die Eltern müssen neu hinzulernen, als auch das Mädchen – und nicht zuletzt deren Freund. Dazu benötigt das Kind die Liebe und das Vertrauen von Eltern und Lehrern, denn es kann die gestellten Erwartungen erst dann positiv erfüllen, wenn es spürt: Hier ist jemand, der es gut mit mir meint, der mich gern hat und mich nicht aus Freude an autoritären Machtgelüsten bevormundet und maßregelt. Niemals kann man dem Kind in diesen Belangen mit sogenannten vernünftigen Verbots- und Einsichtsappellen begegnen, sondern nur durch das verstehende Vertrauen und liebevolle Verständnis für seine Situation. Erst durch sie gelange ich zu einem eventuell nötigen fruchtbaren und konsequenten Erziehungsverhalten gegenüber dem Kind, das dann auch von ihm akzeptiert und angenommen werden dürfte.

In jenen Phasen benötigen wir Erzieher besonders viel Zeit und Geduld für das Kind. Der Lehrer muß ihm darüber hinaus die Chance geben, die schlechte Note durch eine Wiederholung der Schulaufgabe auszumerzen, und/oder verstärkt die mündlichen und praktischen Leistungen aus dem Unterricht heranziehen. Wir Lehrer an der Sokrates-Schule haben die Möglichkeiten hierzu und können, in Zusammenarbeit mit den Eltern, eine vernünftige pädagogische Bildungs- und Notenpraxis gewährleisten, die dem Kind nicht schadet, sondern hilft.

Ich muß es noch einmal betonen: Nicht die Noten als solche fürchten die Kinder, sondern die höchst sinnwidrige Art und Weise, wie sie zustande kommen – nämlich nur als Ergebnisse rein intellektuellen oder technischen Könnens und Wissens. Das ist der größte Unfug, jungen Menschen dadurch Angst vor ihrer Kreativität und Leistungsbereitschaft einzuimpfen, daß sie erfahren müssen, daß immer nur die eine Hälfte ihrer Person – die sogenannte ›sachliche‹ und ›intelligente‹ – bewertet wird.«

»Herr Ebert, Sie sprechen uns ganz aus dem Herzen. Wir Eltern sind stolz und glücklich, unsere Kinder auf der Sokrates-Schule zu wissen, die den Noten-Unsinn nicht mitmacht, der auf anderen Schulen nach wie vor munter betrieben wird.«

Andere Eltern- und Lehrergruppen, die Herr Wegner aufsucht, beschäftigen sich mit Fragen wie »Leistung und Autorität«, »Wohin geht es in den bevorstehenden Ferien?«, »Was machen die Fortschritte des Schüler-Eltern-Lehrer-Theaterstückes?« oder »Wie können wir die Elternarbeit innerhalb und außerhalb der Schule noch besser gestalten?« Die Gespräche werden mit der Bitte des Elternsprechers beendet, man möge nun die einzelnen Gruppen aufsuchen. Herr Wegner hat sich für die Diskussionsgruppe »Das Zeitproblem der Eltern – Ausdruck mangelnden Interesses am Kind?« entschieden. Sie ist aus Eltern, Lehrern und zwei Schülern zusammengesetzt und arbeitet an der Frage, wie Eltern und Lehrer gemeinsam besser helfen können, den Kindern bei persönlichen wie schulischen Problemen beiseite zu stehen.

Einige Eltern berichten, daß die Kinder ihnen vorwerfen, sich durch sie nicht richtig angenommen und verstanden zu wissen, zumindest nicht so, wie von den Lehrern an der Sokrates-Schule. Dort habe man Zeit und Muße füreinander und erlebe nicht das Gefühl von Isolation und Abgeschobenheit. Besondere Probleme damit haben die alleinstehenden Elternteile, die neben den Erziehungsaufgaben zumeist noch für die finanzielle Sicherung der Familie sorgen müssen.

Ein Schüler ergreift das Wort und sagt: »Ich finde es einfach schlimm, daß wir keine richtige Familie mehr sind, seitdem sich meine Eltern scheiden ließen. Ich leide darunter, daß sich meine Mutter kaum mehr Zeit für mich nimmt, weil sie sechs Tage in der Woche arbeiten gehen muß und auch Erholung für sich braucht.«

Herr Barth greift die Bemerkung des Schülers auf und fragt, was die anderen dazu meinen und wie das Problem angegangen werden könnte. Die Mutter des Schülers meldet sich zu Wort: »Es ist richtig, was Florian sagt, und ich leide selber darunter. Aber durch meine Berufstätigkeit ist es fast unmöglich, mehr Zeit und Geduld für meinen Jungen aufzubringen. Abends falle ich müde und erschöpft in den Sessel und finde nur selten die

Kraft und Bereitschaft, mich mit Florians Fragen und Bedürfnissen aktiv zu beschäftigen.«

»Uns geht es gleich«, rufen zwei Mütter, »und auch unsere Kinder werfen uns ähnliches vor.«

»Und bei uns zu Hause sieht es nicht viel anders aus, obwohl wir nicht geschieden sind«, bemerkt ein Ehepaar lakonisch und fragt: »Leiden wir denn nicht alle darunter, zu wenig Zeit für uns und unsere Kinder zu haben? Oder ist das vielleicht nur eine Einbildung, eine willkommene Ausrede dafür, vor uns und den anderen zu fliehen? Sind uns andere Dinge vielleicht viel wichtiger, z. B. die Geschäfte, Stammtische, ›Dallas‹ und ›Denver-Clan‹ oder Fußballeuropacupspiele im Fernsehen? Für diese Sachen haben wir doch Zeit, nicht wahr?«

»Ja, so gesehen stimmt vieles davon«, äußern die Diskussionsteilnehmer.

»Liebe Eltern, wenn Sie zugeben, daß Sie im Rahmen Ihrer ohne jeden Zweifel knapp bemessenen Zeit dennoch mehr Zeit für die Fragen und Bedürfnisse Ihrer Kinder hätten, so sagen Sie damit, daß es Ihnen aus irgendeinem Grund wichtiger ist, diese mit anderen Sachen auszufüllen«, bemerkt Herr Barth. »Ich weiß nicht, warum das so ist, und glaube, daß hier nicht der richtige Platz ist, das näher zu untersuchen. Es sollte zunächst jedem einzelnen überlassen sein, darüber ernsthaft nachzudenken. Was wir uns jedoch jetzt fragen sollten, ist, wie wir gemeinsam in Zukunft mit dem Problem umgehen können. Von unserer Seite aus kann ich mir vorstellen, mit den Schülern ausführlich darüber in Freistunden zu sprechen. Das würde jedoch bedeuten, daß Sie sich zu Hause mit den Kindern der Sache ebenfalls aktiv annehmen müßten. Mit anderen Worten: Bei Ihnen, liebe Eltern, müßten konkret ein Gesinnungswandel und ein Bemühen vor sich gehen, damit beide Teile, Eltern und Lehrer, erreichen, daß die besagten Schwierigkeiten von Kindern und Eltern nicht länger auftreten. Ob wir sie damit ganz aus der Welt schaffen können, ist eine andere Frage, aber die sehe ich nicht als entscheidend an. Vielmehr, und das berichtete doch vorhin eine Mutter, geht es den Kindern hauptsächlich darum, in ihren Sorgen und Nöten *in Ruhe* angehört und verstanden zu werden. Ich begreife sehr gut, daß gerade die Kinder unserer Schule sehr sensibel auf Ihre, entschuldigen Sie bitte, Zeit- und Kommunikationsdefizite reagieren, da sie diese Erfahrung bei uns nicht machen. Wir sprechen mit Ihren Kindern sehr viel, und nicht selten haben deren persönliche Störungen und Fragen Vorrang gegenüber den Unterrichtsinhalten.

Gerade unsere hektische Zeit leidet unter dem Fehlen eines ruhigen und bedächtigen Gesprächs. Viele von uns können dem anderen nicht mehr richtig zuhören, weil wir den Gesprächspartner gar nicht verstehen wollen, ihn bereits im Satz unterbrechen und kaum mehr in der Lage sind, das, was er mitteilen will, zunächst einmal so stehenlassen zu können, wie er es meint. Statt dessen glauben wir, sofort unsere Meinungen und Ansichten dagegenhalten zu müssen. Wann haben Sie, liebe Eltern, zuletzt nach einem Satz, den Ihnen das Kind sagte, geschwiegen und dabei wirklich überlegt, was es damit gemeint haben dürfte? Haben Sie nicht vielmehr seine Worte dazu benutzt, um vorschnell mit den Ihrigen eine Entgegnung, Bestätigung oder Relativierung zu finden? Wann saßen Sie überhaupt zuletzt in der Familie zusammen und haben bewußt geschwiegen, dabei die Stille verspürt und aus ihr heraus zu einem Gespräch und nicht zu einem Geschwätz und Zer-Reden gefunden?

Sie sollten das Gespräch genauso pflegen wie Ihren Körper oder den Lack Ihres Autos, denn nur so wird es Ihnen wieder zur Freude und erhält Sinn. Und plötzlich werden Sie feststellen: Ich habe Zeit und Raum dafür, mir ist es weitaus mehr wert als das viele Seichte, was uns die Unterhaltungsindustrie an Zerstreuungsmöglichkeiten anbietet. Denn beim Gespräch sind Sie schöpferisch, wenn Sie beispielsweise Ihrem Kind zuhören und seine Fragen und Wünsche mit den Ihren in Verbindung setzen. Beim Fernsehen und Kino sind Sie das nicht, da schauen Sie alle nur auf das Bild und erwarten sich etwas, das zwar Ihre Neugierde und Spannung befriedigen mag; aber andererseits sind Sie dabei nicht Sie selbst – Sie sind nicht schöpferisch mit Ihrer Person.

Ich will damit keinesfalls das Fernsehen oder die vielen anderen Kommunikationsmittel verurteilen und ablehnen, sondern warne nur vor ihrem versklavenden Einfluß, sofern sich der Mensch davon nicht distanzieren kann. Wer glaubt, sich nur so unterhalten und entspannen zu können, der kann eines Tages durch das Protestverhalten der eigenen Kinder oder des Partners eines ganz anderen belehrt werden.«

»Ihre Worte, Herr Barth, haben mir geholfen, Erziehungsfehler gegenüber meiner Tochter aufzudecken«, äußert eine Mutter. »Obwohl ich mit Marion viel spreche, glaube ich dennoch, sie dabei nie richtig verstanden und angenommen zu haben, weil ich, wie Sie sagten, gar nicht richtig auf ihre Worte eingehe. Ich mache exakt das, worunter sie leidet: Ich höre ihr nicht ruhig zu, unterbreche sie ständig und rede selber viel und unnütz über Dinge, die gar nicht auf Marions Wellenlänge liegen. Deshalb verstehen wir uns in letzter Zeit auch immer weniger – wir reden und leben aneinander vorbei. Marion sagt nur: ›Ich gehe lieber zu meiner Lehrerin, zu Frau Eichler, die versteht mich wenigstens und ist nicht so borniert wie du!‹ Dabei bekomme ich stets ein schlechtes Gewissen, keine gute Mutter für Marion zu sein, und obendrein bin ich eifersüchtig auf Frau Eichler, die die ›bessere Mutter‹ für mein Kind zu sein scheint.«

»Ich empfinde es als mutig, wie ehrlich Sie Ihre Gefühle darlegen können, Frau Gerber«, antwortet Herr Barth »und ich gewinne zunehmend den Eindruck, daß es nottut, die weitere Zusammenarbeit Eltern–Schule gerade in den heute angesprochenen Punkten zu vertiefen. Wie Sie ja alle wissen, stehen Ihnen zusätzlich die persönlichen Beratungshilfen unserer Psychologen und Sozialpädagogen jederzeit zur Verfügung.«

»All die zusätzlichen Angebote und Hilfen sind eine sehr schöne Sache, Herr Barth, die eine Reihe von uns Eltern auch in Anspruch nehmen, aber mir persönlich wäre es ein Bedürfnis, am jetzigen Thema in derselben Gruppenzusammensetzung demnächst weiterzuarbeiten. Es ist mir wichtig, von euch noch mehr Meinungen zu hören, wie ihr die Schwierigkeiten mit euren Kindern erlebt und damit in Zukunft umzugehen gedenkt. Ich fühle mich jetzt nicht mehr allein, sondern erlebe, wie viele von uns im gleichen Boot sitzen. Wenn ich unser Gespräch auf einen Nenner bringen darf, so heißt er doch: Wir haben viel zuwenig Zeit für unsere Kinder erübrigt und scheinen sie dadurch in ihren Bedürfnissen nicht ernst zu nehmen! Wir sind zu egoistisch und selbstfixiert und bilden uns ein, wir täten das Beste für sie, wenn wir ihnen möglichst viele materielle Freiheiten schaffen.«

»Jawohl, ich kann dem nur zustimmen, was Michaels Vater eben sagte«, ruft Florian trotzig aus. »Ihr sollt euch endlich einmal klarer darüber werden, daß ihr euch in vielen Dingen einer Zeit unterwerft, die es überhaupt nicht wert ist. Ich meine die Jagd nach vorwiegend materiellen Sachen, die man gar nicht in dem Ausmaß benötigt, wie ihr das immer vorgebt. Beispielsweise müßte meine Mutter nicht sechs Tage in der Woche arbeiten. Vier bis fünf Tage genügten, wenn sie nicht von der Einbildung besessen wäre, spätestens alle vier Jahre ein neues Auto kaufen, mindestens einmal im Jahr eine möglichst weite und exklusive Ferienreise buchen und nach dem neuesten Modeschrei gekleidet sein zu müssen. Mutti, ich pfeife darauf, wenn du mir sagst: ›Aber Florian, das tue ich doch alles auch für dich!‹ Ich könnte dich viel lieber haben, wenn du mir mehr Zeit schenken und sie weniger für das Erreichen materieller Sachen verwenden würdest. Meine Zufriedenheit liegt eben nicht darin, im neuesten Automodell zu sitzen oder möglichst weit in den Urlaub zu fliegen und im vollklimatisierten Hotel zu wohnen.«

Florians Bemerkungen lösen betroffenes Schweigen aus. Nach einer Weile meint Herr Barth: »Florian, deine Worte haben uns sehr nachdenklich gestimmt, wir sollten das nächste Mal unbedingt ausführlicher darüber reden.«

»Am besten gleich beim nächsten Elternabend nach den Ferien, und in der Zwischenzeit kann jeder von uns nähere Gedanken anstellen, was wir in Zukunft bessermachen müssen«, schlagen die Eltern vor.

»Gut, und auch wir Lehrer werden bis dahin Überlegungen anstellen. Nun müssen wir aber das Thema beenden, um rechtzeitig bei den anderen im Plenum zu sein. Ich danke allen für ihr offenes und ehrliches Einbringen in das Gespräch. Ich glaube, nur so kann ein Elternabend Sinnvolles leisten und zum Verstehen manch gegensätzlicher Probleme und Positionen beitragen.«

Beim anschließenden Treffen im Plenum erfolgen kurze Informationen über das, was in den jeweiligen Gruppen geschah, und gegen 22 Uhr klingt der Elternabend an der Sokrates-Schule aus. Alle sind sich einig, daß er eine gute Gelegenheit darstellte, Besuchern wie Lehrern neue Kontakte, Eindrücke, Überlegungen und Zusammenarbeitsmöglichkeiten zu vermitteln.

Herr Wegner zieht auf dem Heimweg ein erstes Fazit seines viertägigen Aufenthalts an der Sokrates-Schule. Er hat sie als eine Einrichtung pulsierenden Lernens und Lebens erfahren, in der Bildung im wahrsten Sinne des Wortes zum geistigen Erlebnis wird. Sie besteht nicht aus primär kultus-bürokratisch verordneten abstrakten Leerformeln und lebensarm-distanziert unterrichtenden Pädagogen, sondern ist gefüllt mit lebendigen Menschen und Inhalten, die zum Lernen des Lernens und mithin zum freudigen Leben führen. Hier wird Bildung nicht vom Katheder anmaßender Gelehrsamkeit plakativ über die Köpfe der Schüler hinweg verkündet. Vielmehr besteht sie darin, im jungen Menschen diejenigen Bewußtseinszustände anzusprechen, die es ihm erst ermöglichen, einen aufgeweckten und mutigen Bezug sich selbst und der Welt gegenüber zu finden.

Und Herr Wegner formuliert bereits die ersten Sätze seiner Reportage: »Seit kurzem existiert in der Bundesrepublik ein Schulmodell, das weit über die Grenzen unseres Landes hinaus Wegweiser einer ersten sinnvollen Bildungspolitik ist. Es vermittelt dem Schüler ein Schulverständnis, das von *kreativem* Lernen und Handeln – von Leben schlechthin – erfüllt ist. Es steht im Zeichen von Wissen *und* Glauben, von Bewußtsein *und* Unbewußtsein, von Kopf *und* Hand – von Selbsterkenntnis.«

Anhang

Literaturverzeichnis

Theodor W. Adorno: *Erziehung zur Mündigkeit. Vorträge und Gespräche mit Hellmut Becker 1959–1969,* Frankfurt 1973

Hans Aebli: »Die geistige Entwicklung als Funktion von Anlage, Reifung, Umwelt- und Erziehungsbedingungen«, in: *Begabung und Lernen,* hrsg. von Heinrich Roth, Stuttgart 1971

Franz Alt (Hrsg.): *Das C. G. Jung Lesebuch,* Olten 1983

Ruth Bang: *Das gezielte Gespräch,* München 1968

Herbert Bath: *Emanzipation als Erziehungsziel?,* Bad Heilbrunn 1974

Michael Behr: *Schulen ohne Zwang: Wenn Eltern in Deutschland Schulen gründen,* München 1984

Rudolf Bergius: »Analyse der ›*Begabung*‹: Die Bedingungen des intelligenten Verhaltens«, in: *Begabung und Lernen,* hrsg. von Heinrich Roth, Stuttgart 1971

Morris Berman: *Wiederverzauberung der Welt,* München 1984

betrifft erziehung: *Schule ohne Zwang. Célestin Freinet und seine Pädagogik,* Weinheim 1981

Otto Betz (Hrsg.): *Zugänge zur religiösen Erfahrung,* Düsseldorf 1980

Friedrich Braasch: *Jeder Mensch braucht Zukunft,* Freiburg 1976

Gottfried Bräuer u.a.: *Studien zur Anthropologie des Lernens,* Essen 1968

Wolfgang Brezinka: *Erziehung als Lebenshilfe,* Wien 1961

Peter Brügge: *Die Anthroposophen,* Hamburg 1984

Beatrice Caesar: *Autorität in der Familie,* Reinbek 1972

Dieter Claessens: *Familie und Wertsystem,* Berlin 1972

Thorwald Dethlefsen: *Schicksal als Chance,* München 1979

Thorwald Dethlefsen: *Krankheit als Weg,* München 1983

Deutscher Bundestag (Hrsg.): *Die Lage der Familien in der Bundesrepublik Deutschland,* Bonn 1979

Lutz van Dick: *Alternativschulen,* Reinbek 1979

Friedrich Edding: »Wieviel Bildung braucht die Wirtschaft?«, in: *Die Schulen der Nation,* hrsg. von Klaus von Dohnanyi, Düsseldorf/Wien 1971

Irenäus Eibl-Eibesfeldt: *Grundriß der vergleichenden Verhaltensforschung,* München 1967

Irenäus Eibl-Eibesfeldt: *Der vorprogrammierte Mensch,* Wien/München/Zürich 1973

Karl Erlinghagen: *Autorität und Antiautorität,* Heidelberg 1973

Hans J. Eysenck: *Die Ungleichheit der Menschen,* München 1975

Joachim Fest: *Das Gesicht des Dritten Reiches,* München 1963

Wilhelm Flitner: *Die Erziehung,* Bremen 1953

Viktor E. Frankl: *Der Mensch vor der Frage nach dem Sinn,* München 1985

Viktor E. Frankl: *Der unbewußte Gott,* München 1985

Derek Freeman: *Liebe ohne Aggression,* München 1983

Ludwig von Friedeburg: »Demokratische Strukturen für die Schule«, in: *Die Schulen der Nation,* hrsg. von Klaus von Dohnanyi, Düsseldorf/Wien 1971

Carl J. Friedrich: *Tradition und Autorität,* München 1974

Heinrich Fries: *Abschied von Gott?,* Freiburg/Basel/Wien 1981

Erich Frister: »Zur Funktion des Lehrers in der heutigen Gesellschaft«, in: *Die Schulen der Nation,* hrsg. von Klaus von Dohnanyi, Düsseldorf/Wien 1971

Erich Fromm: *Anatomie der menschlichen Destruktivität,* Stuttgart 1974

Peter Fürstenau: »Zur Psychoanalyse der Schule als Institution«, in: *Die Schulen der Nation,* hrsg. von Klaus von Dohnanyi, Düsseldorf/Wien 1971

Hans Jochen Gamm: *Anthropologische Untersuchungen zur Vater-Rolle,* Essen 1965

Mahatma Gandhi: *Handeln aus dem Geist,* Freiburg 1983

Berthold Gerner (Hrsg.): *Pestalozzi,* München 1974

Thomas Gordon: *Lehrer-Schüler-Konferenz,* Hamburg 1977

Gustav Grauer: »Die Entwicklung des Leistungsstrebens«, in: *Familienerziehung, Sozialschicht und Schulerfolg,* Weinheim/Basel 1973

Carl F. Graumann / Manfred Hofer: »Lehrerverhalten und Schülerverhalten«, in: *Pädagogische Psychologie,* Bd. 1, hrsg. von F. E. Weinert u. a., Frankfurt 1974

Liz Greene: *Kosmos und Seele,* Frankfurt 1978

Karl-Heinz Günther u. a.: *Geschichte der Erziehung,* Berlin 1971

Jürgen Habermas: *Technik und Wissenschaft als »Ideologie«,* Frankfurt 1971

Heinz Heckhausen: »Anlage und Umwelt als Ursache von Intelligenzunterschieden«, in: *Pädagogische Psychologie,* Bd. 1, hrsg. von Franz E. Weinert u. a., Frankfurt 1974

Josef Hederer/Hans Schiefele/Walter Tröger: *Pädagogik,* Bd. 1, München 1974

Hartmut von Hentig: *Systemzwang und Selbstbestimmung,* Stuttgart 1977

Hermann Hesse: *Siddhartha,* Frankfurt 1969

Hermann Hesse: *Lektüre für Minuten,* Frankfurt 1977

Elfriede Höhn: *Der schlechte Schüler,* München 1967

Klaus Horn: *Dressur oder Erziehung,* Frankfurt 1969

Joseph Huber: *Die Regenbogen-Gesellschaft,* Frankfurt 1985

Kurt Hübner: *Wahrheit des Mythos,* München 1985

Karlheinz Ingenkamp: »Möglichkeiten und Grenzen des Lehrerurteils und der Schultests«, in: *Begabung und Lernen,* hrsg. von Heinrich Roth, Stuttgart 1971

Institut für Lehrerfort- und weiterbildung Mainz (Hrsg.): *Kooperation zwischen Schule und Eltern in der Hauptschule,* Mainz 1981

Joachim Jllies: *Die andere Seite der Biologie,* Freiburg i. Brg. 1978

Jugendwerk der Deutschen Shell (Hrsg.): *Näherungsversuche Jugend '81,* Opladen 1983

C. G. Jung: *Über die Psychologie des Unbewußten,* Frankfurt 1975

Magda Kelber: *Fibel der Gesprächsführung,* Opladen 1975

Ludwig Kerstiens: *Erziehungsziele neu befragt,* Bad Heilbrunn 1978

Hans Werner Kilz (Hrsg.): *Gesamtschule,* Reinbek 1981

Hermann Kissener: *Lebenszahlen,* München 1983

Wolfgang Klafki: »Der konsequente Schulversuch in der Bundesrepublik: Die integrierte Gesamtschule«, in: *Die Schulen der Nation,* hrsg. von Klaus von Dohnanyi, Düsseldorf/Wien 1971

René König: »Soziologie der Familie«, in: *Soziologie,* hrsg. von Arnold Gehlen und Helmut Schelsky, Düsseldorf/Köln 1968

Joel Kramer: *Die Leidenschaft der Erkenntnis,* München 1981

Samuel Noah Kramer: *Die Geschichte beginnt mit Sumer,* Frankfurt 1959

Samuel Noah Kramer: *Die Wiege der Kultur,* Frankfurt 1968

Walther Kranz: *Die griechische Philosophie,* Bremen o. J.

Friedrich Kroeger: »Einswerden der Welt«, in: *esotera* Nr. 2/3, Freiburg i. Brg. 1984

Ruprecht Kurzrock (Hrsg.): *Die Institution der Ehe,* Berlin 1979

R. Lempp: »Der unerreichbare Vater«, in: *Einführung in die Neurosenlehre,* hrsg. von E. Wiesenhütter/Bethel, Stuttgart 1969

Rüdiger Liedtke: *Die Vertreibung der Stille,* München 1985

Christoph Lindenberg: *Waldorfschulen: angstfrei lernen, selbstbewußt handeln,* Reinbek 1983

Wolfgang Longardt (Hrsg.): *Keine Angst vorm Elternabend,* Gütersloh 1982

Konrad Lorenz: *Die acht Todsünden der zivilisierten Menschheit,* München 1973

Konrad Lorenz: *Der Abbau des Menschlichen,* München 1983

Heinz-Rolf Lückert: »Die Chancen der Begabungsförderung«, in: *Die Schulen der Nation,* hrsg. von Klaus von Dohnanyi, Düsseldorf/Wien 1971

Hans Maier: »Die Gesamtschule. Ziele – Probleme – Befunde«, in: *Kirche und Gesellschaft* Nr. 67, Köln 1980

Maud Mannoni: *»Scheißerziehung«,* Frankfurt 1979

Herbert Marcuse: *Versuch über die Befreiung,* Frankfurt 1969

Herbert Marcuse: *Der eindimensionale Mensch,* Neuwied 1969

Bruno Martin: *Handbuch der spirituellen Wege,* Reinbek 1985

Paul Matussek: *Kreativität als Chance,* München 1974

Gérard Mendel: *Die Revolte gegen den Vater,* Frankfurt 1972

Gérard Mendel: *Generationskrise,* Frankfurt 1972

Wolfgang Metzger: »Kann man schöpferisches Denken üben?«, in: *Einführung in pädagogisches Sehen und Denken,* hrsg. von Andreas Flitner, München 1967

Alice Miller: *Am Anfang war Erziehung,* Frankfurt 1980

Alexander und Margarete Mitscherlich: *Eine deutsche Art zu lieben,* München 1970

Thomas Molnar: *Die Zukunft der Bildung,* Düsseldorf 1971

Maria Montessori: »Geordnete geistige Entwicklung«, in: *Einführung in pädagogisches Sehen und Denken,* hrsg. von Andreas Flitner, München 1967

Maria Montessori: *Spannungsfeld Kind – Gesellschaft – Welt,* hrsg. von Günter Schulz-Benesch, Freiburg 1979

Günther Mühle: »Definitions- und Methodenprobleme der Begabungsforschung (Einführendes Gutachten)«, in: *Begabung und Lernen,* hrsg. von Heinrich Roth, Stuttgart 1971

Anton Neuhäusler: *Grundbegriffe der philosophischen Sprache,* München 1967

Erich Neumann: *Tiefenpsychologie und neue Ethik,* München 1973

Erich Neumann: *Ursprungsgeschichte des Bewußtseins,* München 1974

Vance Packard: *Die geheimen Verführer,* Berlin 1970

Peter Partner: *Den anderen verlieren – sich selbst finden,* München 1985

Peter Partner: *Das endgültige Ehebuch für Anfänger und Fortgeschrittene,* München 1985

Friedrich Paulsen: »Bildung«, in: *Die Erziehung* von Wilhelm Flitner, Bremen 1953

Herbert Pietschmann: *Die Welt, die wir uns schaffen,* Wien/Hamburg 1984

Stuart Piggott (Hrsg.): *Die Welt, aus der wir kommen,* München/Zürich 1961

Arno Plack: *Die Gesellschaft und das Böse,* München 1968

Arno Plack: *Wie oft wird Hitler noch besiegt?,* Düsseldorf/Heidelberg 1982

Platon: *Der Staat,* Stuttgart 1965

Marie-Louise Plessen/Peter von Zahn: *Zwei Jahrtausende Kindheit,* Köln 1979

Karl Popper: *Ausgangspunkte – Meine intellektuelle Entwicklung,* Hamburg 1979

Adolf Portmann: *Um das Menschenbild,* Stuttgart 1970

Jörg Ramseger: *Gegenschulen,* Bad Heilbrunn 1975

Albert Reble: *Geschichte der Pädagogik,* Stuttgart 1964

Horst Eberhard Richter: *Patient Familie,* Reinbek 1970

Horst Eberhard Richter: *Gotteskomplex,* Reinbek 1979

Fritz Riemann: *Lebenshilfe Astrologie,* München 1977

Heinrich Roth (Hrsg.): *Begabung und Lernen,* Stuttgart 1971

Heinrich Roth: *Pädagogische Anthropologie,* Hannover 1971

Jean-Jacques Rousseau: *Emile, oder die Erziehung,* Stuttgart 1963

Carl Sagan: *Unser Kosmos,* München 1982

Walter Schäfer/Wolfgang Edelstein/Gerold Becker: *Probleme der Schule im gesellschaftlichen Wandel. Das Beispiel Odenwaldschule,* Frankfurt 1972

Hans Scheuerl: »Der Dialog in Erziehung und Unterricht«, in: *Einführung in pädagogisches Sehen und Denken,* hrsg. von Andreas Flitner, München 1967

Hans Schiefele: *Schule und Begabung,* München 1971

H. Schiefele/A. Krapp: *Studienhefte zur Erziehungswissenschaft Teil 1: Grundzüge einer empirisch-pädagogischen Begabungslehre,* München 1973

Kurt Schilling: *Geschichte der Philosophie,* München 1951

Wolfgang Schmidbauer: *Erziehung ohne Angst,* München 1974

Barbara Schmitt-Wenkebach: *Elternbildung als sozialpädagogische Aufgabe,* Neuwied/Darmstadt 1977

Gerd Schmitz: *Leistungsanforderungen der Schule – Was ist notwendig, was ist zumutbar?,* hrsg. von der Zentralstelle Bildung der Deutschen Bischofskonferenz, Bonn o. J.

Alfons Otto Schorb: »Erziehung zur Zukunft – Fehlanzeige«, in: *Attacken auf die pädagogische Provinz,* hrsg. von M. Bräumeiser, Stuttgart 1970

Schule & wir: *Elternbeirat,* hrsg. vom Bayer. Staatsministerium für Unterricht und Kultus, Heft 4, München 1984

Rudolf Seiß: *Beratung und Therapie im Raum der Schule,* Bad Heilbrunn 1976

Margit Seitz: *Der Meditationsführer,* München 1985

Bo Sigrell: *Problemkinder in der Schule,* Weinheim 1972

Charles E. Silbermann: *Die Krise der Erziehung,* Weinheim/Basel 1973

B. F. Skinner: *Wissenschaft und menschliches Verhalten,* München 1973

Helm Stierlen: *Adolf Hitler, Familienperspektiven,* Frankfurt 1975

Helm Stierlen: *Eltern und Kinder im Prozeß der Ablösung,* Frankfurt 1975

G. Struck (Hrsg.): *Partnerbild und Ehe,* Freiburg 1967

Herbert Stubenrauch: »Narziß. Oder ein neuer Sozialisationstypus?«, in: *Pädagogik extra,* 15. 1. 1978

Josef Thayer: »Persönlichkeitsbildung durch partnerschaftliches Handeln an der Schule – Modellsituation zur Vorbereitung auf die Praxis«, in: *Erzieherausbildung zwischen Anspruch und Wirklichkeit: Probleme auf dem Weg zu christlicher Partnerschaft,* München 1980

Walter Tröger: *Erziehungsziele,* München 1974

Walter Tröger: »Erziehungsziele angesichts der Aufgaben der Zeit«, in: *Aspekte christlicher Erziehung in der Schule,* hrsg. von Hermann Maier, Regensburg 1978

Hans E. Ulrich: »Die Welt als Traum. Wie wirklich ist die Wirklichkeit?«, in: *esotera* Nr. 8, Freiburg i. Brg. 1985

Veit Valentin: *Illustrierte Weltgeschichte,* Köln 1976

Lyall Watson: *Der unbewußte Mensch,* Frankfurt 1979

Paul Watzlawick u. a.: *Menschliche Kommunikation,* Bern 1974

Erich Weber: *Autorität im Wandel,* Donauwörth 1974

Franz E. Weinert: »Die Familie als Sozialisationsbedingung«, in: *Pädagogische Psychologie* Bd. 1, hrsg. von Franz E. Weinert u. a., Frankfurt 1974

Wilhelm Weischedel: *34 große Philosophen in Alltag und Denken,* München 1980

Theodor Wilhelm: *Jenseits der Emanzipation,* Stuttgart 1974

Michael Winkler: *Stichworte zur Antipädagogik,* Stuttgart 1982

Hubert Wißkirchen: »›Mündigkeit‹ als Schlagwort und Erziehungsziel«, in: *Erzieherausbildung zwischen Anspruch und Wirklichkeit: Probleme auf dem Weg zu christlicher Partnerschaft,* München 1980

Gotthard Wunberg: *Autorität und Schule,* Stuttgart/Berlin/Köln/Mainz 1966

Hellmut Wolff: *Metaphysik der Ehe,* Pforzheim 1976

Hellmut Wolff: *Besinnung und Einkehr,* Vortragsniederschriften, Kempten o. J.

Carna Zacharias: *Wo liegt Utopia?,* München 1985

Werner Zielinski: »Die Beurteilung von Schülerleistungen«, in: *Pädagogische Psychologie* Bd. 1, hrsg. von Franz E. Weinert u. a., Frankfurt 1974

Gary Zukav: *Die tanzenden Wu-Li-Meister,* Reinbek 1981

Register

Und bist du nicht willig, so brauch' ich – Musik.
Wie wir durch Musik und Lärm manipuliert, zwangsbeglückt – und gleichgeschaltet werden

Das Auge läßt sich schließen, die Nase fest zuhalten – der akustischen Glocke sind wir gnadenlos ausgeliefert ... Es ist eine Tatsache, daß wir ständig von Klangtapeten und Musikteppichen umgeben sind: beim Aufwachen und Einschlafen, beim Essen und während der Arbeit, beim Einkaufen und im Auto. Geräusche verfolgen uns überall hin. Überwiegend stromlinienförmige Musikarrangements vermitteln das Gefühl von Geborgenheit, Wärme, heiler Welt und regen in Wirklichkeit doch nur Ersatzhandlungen an: Wir kaufen, konsumieren und lassen uns einlullen. Kritikfähigkeit und eigene Kreativität werden auf ein Minimum reduziert.

Der Schriftsteller und Journalist Rüdiger Liedtke geht im vorliegenden Buch der Frage nach, warum wir alle widerstandslos mit dieser Zwangsbeglückung leben, warum wir uns Tag für Tag durch akustische Müllhalden quälen. Er macht deutlich, wie ein weltweites Netzwerk von Agenten, Arrangeuren, Produzenten, Servicesendern, Plattenfirmen, Geräteherstellern usw. gezielt dafür sorgt, daß wir offene Ohren (und Herzen) für ihre Botschaften haben. Sie alle wissen, wie unsere Sinne auf bestimmte Geräusche – vor allem auf Musik und Rhythmus – reagieren: Von beschleunigtem Atem über erhöhten Blutdruck, Muskelanspannung bis zum rhythmusangepaßten Herzschlag. (Stundenlanger, sich steigernder Trommelwirbel, der abrupt endet, ist z.B. eine uralte afrikanische Hinrichtungsmethode. Sie führt unweigerlich zum Herzstillstand!)

Schon immer war es so, daß gerade das Magische in der Musik eingesetzt wurde, um zu beeinflussen und zu manipulieren. Zu allen Zeiten und in allen Kulturen wurde durch Rhythmus Arbeitsleistung gesteigert, Kriegswilligkeit erzeugt. Aber niemals zuvor in der Geschichte der Menschheit hat es eine akustische Glocke gegeben, die mit unserer heutigen Situation vergleichbar wäre. Sie ist haarscharf abgestimmt auf die menschliche Leistungsbereitschaft, beruht auf wissenschaftlich ausgetüftelten Manipulationserfahrungen. So wie ausgewählte Beschallung im Kuhstall dem Vieh alle Blockaden nimmt und die Euter-Schleusen öffnet, so macht sie auch uns Menschen gefügig.

272 Seiten, gebunden, DM 34,–; ISBN 3-89114-018-5

Utopien sind es, die die Welt bewegen.
Das Buch der Hoffnung und wahren Realität.

Im Duden wird das Wort Utopie »als unausführbar geltender Plan ohne reale Grundlage« definiert. Das entspricht auch durchaus dem allgemeinen Sprachgebrauch. »Das ist doch utopisch« heißt soviel wie »Das ist doch unmöglich«. Carna Zacharias' Buch will nicht nur nachweisen, daß das Wort Utopie ursprünglich einen anderen Sinn hatte, und damit einen Begriff rehabilitieren. Die Autorin macht auch deutlich, daß eine Menschheit, die darauf verzichtet, utopisch zu denken, sich selbst aufgibt und damit verloren ist.

Mit dem Orwell-Jahr 1984 und der Wiederentdeckung der negativen Utopien ist der Eindruck erweckt worden, als würden aufgeklärte, kluge Leute nur noch pessimistische Zukunftsmodelle ernstnehmen können. Diese negativen Utopien haben uns zwar die Augen geöffnet, wir alle kennen unsere Lage – wer sehen will, kann sehen. Das vorliegende Buch über die Hoffnung und die Kraft positiver Utopien will diese Warnungen und Analysen über das drohende Schicksal der Erde nicht entkräften, sondern versuchen, aus diesen Erkenntnissen Schlüsse zu ziehen. Denn unsere Krise ist zu gefährlich, als daß wir die Realität denen überlassen dürften, die sich damit brüsten, Realisten zu sein. Sie sind es nämlich, die uns in diese Lage gebracht haben.

Utopien wurden immer in Krisen- und »Wendezeiten« entworfen – und Utopien wurden zu allen Zeiten nicht nur geträumt, sondern auch gelebt. In einer Reihe von Interviews (z. B. mit Wolfgang Jeschke, Heide Göttner-Abendroth, Marina Gambaroff, Karl Held, Constanze Eisenbart, Otto Schily, Jürgen Zimmer, Dieter Hagenbach, Michael Lukas Moeller) zu verschiedenen Lebensbereichen werden entsprechend konkrete Ansätze sichtbar. Damit macht Carna Zacharias auf »realistische«, greifbare Weise nachvollziehbar, daß die Utopie – vorausgesetzt, sie wird richtig verstanden und mit Kreativität und Phantasie gleichgesetzt – eine äußerst effektive Möglichkeit der Krisenbewältigung ist. (Vielleicht sogar die einzige.) Nur mit Hilfe von Utopien ist die Realität wiederzuerobern.

Carna Zacharias
WO LIEGT UTOPIA?
Nur wer träumt, ist Realist
"Jeder von uns ist ein Engel mit nur einem Flügel. Und wir können nur fliegen, wenn wir uns umarmen."
Schönbergers Verlag